E. Pestel

Eine Chance für die Menschheit

ad libri

Edition Eduard Pestel, Band 1

Wir danken Frau Anneliese Ude-Pestel,
die die Herausgabe dieses Bandes ermöglichte.

Eduard Pestel

Eine Chance für die Menschheit

Perspektiven für die Welt von morgen

Gesammelte Schriften
und Vorträge

adlibri Verlag

Erstausgabe, Mai 2011

www.adlibri.de
Redaktion: Rainer E. Kirsten
Umschlaggestaltung: Wibcke H. Klett
Umschlagfoto: Joachim Giesel,
© Photographie Joachim Giesel
Satz: KlettMedia, Hamburg
Herstellung: BoD, Norderstedt
Printed in Germany 2011
ISBN 978-3-89927-027-3

„Wenn wir nicht die Liebe
in die Welt bringen, sind wir verloren."

Eduard Pestel

3. Ressourcen und Engpässe

4. Wie können wir überleben?

Anhang

Zur Edition Eduard Pestel

> *„Unsere Spezies steht heute auf dem Höhepunkt ihrer zahlenmäßigen und geographischen Verbreitung, ihrer Macht und ihres Anteils an der Produktivität der Erde, die sie sich aneignet. Das ist die gute Nachricht. Die schlechte lautet, daß wir dabei sind, alles Erreichte sehr viel schneller wieder rückgängig zu machen, als wir es schufen. Unsere Macht droht uns selbst zu vernichten. Wir wissen noch nicht, ob wir uns mit einem Schlag in die Luft jagen werden, oder ob unser Ende langsamer eintreten wird, als Folge einer Kombination aus Treibhauseffekt, Umweltverschmutzung, der Zerstörung natürlicher Lebensräume, der wachsenden Zahl hungriger Mäuler bei gleichzeitiger Abnahme der Nahrungsressourcen sowie der Ausrottung der Pflanzen- und Tierarten, die unsere Lebensgrundlage bilden."*
>
> Jared Diamond: Der dritte Schimpanse. Evolution und Zukunft des Menschen, Frankfurt 1994

Mit der *Edition Eduard Pestel* soll ein Wissenschaftler geehrt werden, der – unter anderem als einer der Mitbegründer des Club of Rome – schon früh mit aller Klarheit künftige, die Menschheit gefährdende Entwicklungen vorausgesehen und ein entsprechendes Umdenken angemahnt hat und dessen Gedanken und Wirken in unsere Gegenwart und auch unsere Zukunft hineinreichen.

Wir wollen mit der *Edition Eduard Pestel* jedoch nicht allein den Wissenschaftler Eduard Pestel ehren, wir wollen das Andenken an den *Menschen* Eduard Pestel lebendig halten, dessen Sorge um die Entwicklung einer „Menschheit am Wendepunkt" (so der Titel des berühmten, von ihm mitverfassten zweiten Berichts zur Weltlage an den Club of Rome) aus einer Verbindung von Wissen, ethischem Denken und Menschlichkeit entsprang – und der damit nicht nur Dinge, sondern auch die Menschen in seinem Umfeld bewegt hat.

Die Warnungen und Forderungen, die Eduard Pestel in den 70er und 80er Jahren des vergangenen Jahrhunderts formulierte, haben heute, 20 Jahre nach seinem Tod, nichts von ihrer Relevanz verloren – sie sind aktueller und drängender denn je. Es ist inzwischen in das allgemeine Bewusstsein gedrungen, dass die gesamte Menschheit sich in jeder Beziehung auf das Leben in einer begrenzten Welt einrichten muss, dass nur drastische wirtschaftliche, technologische und damit einhergehende gesellschaftliche Veränderungen einen Kollaps unserer Systeme verhindern können – und dass es dazu auch grundlegender, globaler Änderungen in den Werten und Einstellungen der Menschen bedarf, unter anderem auch einer neuen Ethik und einer geänderten Haltung zur Natur.

Die *Edition Eduard Pestel* soll ein Forum für Autoren und Institutionen sein, die sich mit den globalen Krisen der Gegenwart und der nächsten Zukunft beschäftigen und damit zur Suche nach Problemlösungen für eine dauerhaft gedeihliche Entwicklung der Welt beitragen. Neben Neuerscheinungen wird die Edition mit Neuauflagen auch vergriffene, immer noch aktuelle Werke zu den genannten Problembereichen wieder allgemein zugänglich machen und deren Lieferbarkeit dauerhaft sicherstellen.

Somit wird mit dieser Edition ein Ort geschaffen, in dem wichtige Buchveröffentlichungen mit Gedanken zur Welt von heute und mit Perspektiven für die Welt von morgen (wieder) lebendig gemacht werden – ein Ort, an dem sichergestellt ist, dass bewahrenswerte Gedanken und Konzepte für eine lebenswerte Welt nicht untergehen, sondern für die Zukunft bewahrt werden.

Hamburg, im Mai 2011

Anneliese Pestel
Rainer E. Kirsten

Hinweis zu diesem Band

„Unsere Chance heißt Vernunft. Lernen für die Welt von morgen“ war der Titel eines 1980 erschienenen Buches von Eduard Pestel, mit dem er einen Beitrag für die Suche nach einer dauerhaft gedeihlichen Entwicklung einer globalisierten Welt liefern wollte.

Die in diesem Buch geäußerten Gedanken und Überlegungen haben auch heute, mehr als ein Vierteljahrhundert nach seinem Erscheinen, nichts von ihrer Bedeutung verloren.

In diesem Auftakt-Band der *Edition Eduard Pestel* sind die heute noch aktuellen Aufsätze aus *„Unsere Chance heißt Vernunft“* neu aufgelegt und um zahlreiche weitere Aufsätze, Reden sowie Auszüge aus den wichtigsten Werken Eduard Pestels ergänzt.

Die Beiträge in diesem Buch sind nicht chronologisch, sondern nach thematischen Gesichtspunkten geordnet.

Die Redaktion

1.

Organisches Wachstum – Grenzen des Wachstums

Menschheit am Wendepunkt

Vorwort* (gemeinsam mit Mihailo Mesarovic) aus: Mihailo Mesarovic, Eduard Pestel: Menschheit am Wendepunkt. 2. Bericht an den Club of Rome zur Weltlage. Stuttgart 1974

*Titel von der Redaktion geändert. Der Text dieses Beitrags wurde redaktionell geringfügig bearbeitet (s. Anhang, Editorische Hinweise) und um einige Abschnitte gekürzt. Art und Umfang größerer Kürzungen sind jeweils an den entsprechenden Textstellen vermerkt.

In den vergangenen Jahren ist eine ganze Reihe von Untersuchungen zur langfristigen Weltentwicklung veröffentlicht worden, deren Ergebnisse zumeist in düsteren Prognosen mündeten, die dann prompt in weiten Kreisen verächtlich als unbegründete Kassandrarufe abgetan wurden. Doch die Krisen, welche die Welt gegenwärtig in rascher Folge bedrängen, sind unmissverständliche Zeichen dafür, dass die Menschheit an einem Wendepunkt in ihrer geschichtlichen Entwicklung angelangt ist. Um die düsteren Vorhersagen tatsächlich wahr zu machen, gibt es kein geeigneteres Mittel, als die Sturmzeichen der Zeit geflissentlich zu übersehen und so weiterzumachen wie bisher. Darauf weisen auch die wissenschaftlichen Untersuchungen, auf denen der hier vorgelegte Bericht beruht, deutlich hin. Es ist höchst dringlich geworden, die Augen nicht länger vor möglichen Katastrophen zu verschließen, sondern diesen entschlossen entgegenzutreten und nach Alternativen für die zukünftige Entwicklung zu suchen. Das Konzept des »organischen Wachstums« für die Menschheit, dem wir das Wort reden, wird dementsprechend als unser Beitrag zur Suche nach einer dauerhaft gedeihlichen Entwicklung der Welt angeboten.

Das Konzept des organischen Wachstums des Weltsystems sollte nicht als einfältiges »Einheits-Welt«-Konzept der Menschheitsentwicklung aufgefasst werden; ein solches Konzept würden wir als geradezu ungeeignet für einen globalen Ansatz zur Suche nach Wegen ablehnen, welche die Menschheit aus ihrer gefährdeten Lage herausführen könnten. Jeglicher für eine derartige Aufgabe brauchbare Ansatz muss von der regionalen Mannigfaltigkeit unserer Welt ausgehen. Alle Vorschläge für Wege zur weiteren Entwicklung müssen die Eigenarten und Möglichkeiten der unterschiedlichen Weltregionen berücksichtigen; sonst kann es zu keiner dauerhaften Ausgewogenheit zwischen ihnen, zu keiner Überwindung enger nationaler Interessen, zu keiner globalen Solidarität kommen. Es würde dann kein Hineinwachsen der Menschheit in eine organische Einheit aus ihrem gegenwärtig noch embryonalen Stadium geben.

Die Schlussfolgerungen und Empfehlungen, die wir formuliert haben, sind das Ergebnis der Analyse alternativer langfristiger Weltentwicklungsmöglichkeiten. Unsere Untersuchungen wurden mit Hilfe eines flexiblen, rechnergestützten Planungsinstrumentes durchgeführt, das als Kern ein regionalisiertes Mehrebenen-Modell des Weltsystems enthält. Dieses Modell unterscheidet sich fundamental von allen zuvor bekannt gewordenen; denn es trägt der in der heutigen Welt vorhandenen Mannigfaltigkeit Rechnung. Das Modell bildet also die Welt als ein System ab, welches aus unterschiedlichen, untereinander abhängigen und sich gegenseitig beeinflussenden Teilen aufgebaut ist. Es stützt sich auf alle uns gegenwärtig verfügbaren relevanten Daten und auf ein Verständnis der verschiedenen, hier angesprochenen Entwicklungsprozesse, das dem heutigen Stand der entsprechenden wissenschaftlichen Disziplinen entspringt. Und schließlich spiegelt das Modell in seiner Struktur auch die adaptive Natur und die subjektiven Aspekte wider, die jedem System innewohnen, in dem der Mensch eine wesentliche Rolle spielt.

Eine Reihe kritischer Problemfelder ist untersucht worden, insbesondere die Nahrungsmittelverknappung in vielen Teilen der Welt, die Energiekrise, das Bevölkerungswachstum und die Unterschiedlichkeit in der wirtschaftlichen Entwicklung. Zwei Klüfte, in ständiger Erweiterung begriffen, scheinen die gegenwärtigen Menschheitskrisen zu kennzeichnen: die Kluft zwischen Mensch und Natur und die Kluft zwischen »Nord« und »Süd«, reich und arm. Dem weiteren Auseinanderklaffen muss kräftig entgegengewirkt werden, sollen welterschütternde Katastrophen vermieden werden.

Die wissenschaftlichen Grundlagen für die Forschungsarbeiten wurden 1971 gelegt. Damals, etwa ein Jahr vor Erscheinen der MIT-Studie*, entschlossen sich die Verfasser, gemeinsam ein Projekt unter dem Titel »Strategie zum Überleben« in Angriff zu nehmen, das sich konkreten globalen Problemen widmen sollte. Es war von vornherein unsere Absicht, uns mit den Weltproblemen nicht in abstrakter Form, sondern konkret auseinander zusetzen und damit realistisch der Mannigfaltigkeit der verschiedenen Weltregionen Rechnung zu tragen. Wir hofften, auf diese Weise politischen und wirtschaftlichen Entscheidungsträgern in aller Welt ein umfassendes globales Planungswerkzeug an die Hand geben zu können, das ihnen helfen sollte, im Vorausbegreifen der in naher und fernerer Zukunft auf uns zukommenden Krisen frühzeitig genug zu handeln, anstatt im Geiste kurzfristigen Pragmatismus lediglich zu reagieren.

Das Projekt, dessen Förderung die Stiftung Volkswagenwerk großzügig übernahm, ist auf unsere Einladung hin wiederholt der kritischen Erörterung durch Wissenschaftler verschiedener Fach-

* *MIT-Studie:* Eine vom Club of Rome beauftragte, am MIT (Massachusetts Institute of Technology, Cambridge/USA erstellte systemanalytische Studie, in der das Systemverhalten der Welt als Wirtschaftsraum bis zum Jahr 2100 mithilfe eines computergestützten Simulationsmodells („Weltmodell") unter verschiedenen Szenarien untersucht wurde, unter Berücksichtigung der Faktoren wirtschaftliche Entwicklung, Bevölkerungswachstum, Rohstoffreserven, landwirtschaftliche Technologien, Ökologie sowie der gesellschaftspolitischen Entwicklung. Die Studie wurde1972 unter dem Titel „The Limits to Growth" (deutsch: Die Grenzen des Wachstums) veröffentlicht. Mit ihren düsteren Prognosen für das 21. Jahrhundert erregte die Studie großes Aufsehen und löste weltweite Diskussionen mit zum Teil heftigen kontroversen Reaktionen aus. (Die Reaktion)

richtungen unterworfen worden, so zum Beispiel auf zwei internationalen wirtschaftswissenschaftlichen Symposien in New York und auf der Reissensburg bei Ulm sowie auf einer einwöchigen, eigens hierfür einberufenen Konferenz am Internationalen Institut für angewandte Systemanalyse (IIASA) in Laxenburg bei Wien, an der über hundert Wissenschaftler aller relevanten Disziplinen teilnahmen. Für den wissenschaftlich interessierten Leser sind nahezu dreißig Berichte über alle Aspekte des Projekts von IIASA zugänglich gemacht worden. Dort sind auch die zahlreichen Referenzen und Quellenangaben zu finden, die hier nicht zitiert werden. Die in diesem allgemeinen Bericht an den Club of Rome verwendete Sprache wurde bewusst einfach und möglichst frei von Fachausdrücken gehalten, die dem Laien nicht geläufig sind. Wir hoffen, dass es uns dabei gelungen ist, in unserer Darstellung dennoch die Präzision der wissenschaftlichen Arbeit zu bewahren. ....

[Abschnitt gestrichen (es wird die didaktische Aufbereitung der Texte in *„Menschheit am Wendepunkt“* erläutert).]

Unsere Arbeit, die das zentrale Projekt der gegenwärtig im Club of Rome betriebenen Aktivitäten darstellt, endet keineswegs mit der Veröffentlichung dieses Berichts und der zuvor erwähnten wissenschaftlichen und technischen Berichte. Wir meinen jedoch, dass die von uns bisher gefundenen Ergebnisse und das – wie wir glauben – tiefgreifende Verständnis, welches wir durch die jahrelange intensive Beschäftigung mit dem Modell, ihrer Datenbasis und den drängenden Fragen unserer Zeit erworben haben, eine Veröffentlichung nicht nur ausreichend rechtfertigen, sondern uns nahezu zwingen, die Aufmerksamkeit der allgemeinen Öffentlichkeit auf diese dringlichen Probleme zu lenken. Täten wir dies nicht, so würden wir gegen eine unserer grundlegenden Prämissen verstoßen und den gleichen fatalen Fehler begehen, der nur allzu häufig bei vielen Entscheidungen gemacht wird, nämlich eine konstruktive Inangriffnahme hinauszuzögern, anstatt im Vorausbegreifen zukünftiger kritischer Entwicklungen zu handeln.

Wir weisen also den oft erhobenen Vorwurf scharf zurück, dass Wissenschaftler Feststellungen und Empfehlungen in bezug auf Situationen nicht veröffentlichen sollten, in denen Ermessenselemente und Ungewissheit eine erhebliche Rolle spielen und die der Nachprüfung im wissenschaftlichen »Versuch« kaum zugänglich sind. Eine solche Handlungsweise würde Wissenschaftler von der Betrachtung und Erörterung der langfristigen Zukunft der Menschheit praktisch ausschließen, da hier der in den Naturwissenschaften übliche Grad der Begründung und Gewissheit einfach nicht erreichbar ist. Wissenschaftler würden somit – wie wir meinen – ungerechtfertigterweise gezwungen, die Arena öffentlicher Diskussion denen zu überlassen, die zumeist weit weniger Informationen über den zukünftigen Gang der Dinge in dieser Welt besitzen. Mit dieser Feststellung wollen wir allerdings keinesfalls zum Ausdruck bringen, dass die Intuition, Erfahrung und Weisheit nicht wissenschaftlich geschulter Menschen von vornherein in Frage zu stellen seien. Wir sind vielmehr der Hoffnung, dass die freimütige und unverhüllte Darlegung unserer »Welt-Anschauung« fruchtbare Diskussionen auslösen und zu einer gemeinsamen Arbeit mit all denen führen wird, die täglich schwierigen und häufig auch schmerzhaften Entscheidungen im politischen und wirtschaftlichen Leben gegenüberstehen. ....

[Abschnitt gestrichen. Er behandelt verschiedene Veranstaltungen, die weltweit zum behandelten Thema durchgeführt wurden.]

[Abschnitt gestrichen. Er nimmt Stellung zu den in *„Menschheit am Wendepunkt“* nicht behandelten politischen Problemen, insbesondere zu der militärischen und ideologischen Polarisierung zwischen den Weltmächten, der Eskalation der Rüstung und der Möglichkeit eines Atomkrieges zwischen den Supermächten USA und Sowjetunion.]

Während der Abbau der Rüstung eine von der überwältigenden Mehrheit der Menschen offensichtlich nicht in Frage gestellte Voraussetzung für einen dauerhaften Frieden ist, ist bei vielen noch heute die Feststellung umstritten, dass aus zunächst kaum erkannten Anfängen sich in den vergangenen Jahrzehnten eine weit subtilere und völlig neue Gefahr für das Überleben der Menschheit entwickelt hat. Diese steigt mit jedem Jahr unheilvoller neben der Drohung eines atomaren Weltbrandes empor: das Syndrom weltweiter Probleme – nicht nur materieller Natur –, das, historisch gesehen, mit unglaublicher Geschwindigkeit wächst und vom Club of Rome als »Problematique Humaine«* bezeichnet wird. Wir glauben in der Tat, dass auch ohne einen atomaren Weltkrieg die menschliche Existenz, so wie wir sie heute begreifen, ernsthaft gefährdet ist, wenn kein Weg gefunden werden kann, dieses Problemsyndrom zu lösen. Wir haben daher unsere Forschungsarbeit auf die Suche nach Antwort auf diese lebenswichtigen weltweiten Fragen gerichtet. Für den Fall, dass diese Probleme nicht gemeistert werden, wird es auch keine geistige und militärische Abrüstung geben. Zerrissenheit und Ungerechtigkeit werden dann schließlich die Menschheit in den Abgrund endgültiger Vernichtung stürzen. ....

[Das Vorwort schließt mit einem Dank an die Mitarbeiter, die zur Forschungsarbeit beigetragen haben.]

* *Problematique Humaine:* Gemeint ist hier das Problem der Sicherstellung bzw. Bewahrung der menschlichen Existenz (die Redaktion).

Zur Natur der Weltkrisen

aus: Mihailo Mesarovic, Eduard Pestel: Menschheit am Wendepunkt. 2. Bericht an den Club of Rome zur Weltlage. Stuttgart 1974

Der Text dieses Beitrags wurde redaktionell geringfügig bearbeitet (s. Anhang, Editorische Hinweise) und um den Schlussteil gekürzt. Art und Umfang größerer Kürzungen sind jeweils an den entsprechenden Textstellen vermerkt.

Dass die Menschheit gegenwärtig von einer Krise in die andere taumelt, ist sicherlich keine erstmalige Erscheinung in ihrer Geschichte. Noch niemals ist die Menschheit während längerer Zeiträume von Krisen verschont geblieben; ja, die Geschichte kann sehr wohl als eine Kette von Krisen betrachtet werden. Die Geschichte zeigt aber auch, dass der Mensch es immer wieder verstanden hat, früher oder später die Krisen seiner Zeit zu meistern. Rückblickend betrachtet scheint es, als hätte man alle Krisen dank neuer technischer Errungenschaften und dank unseres gesellschaftlichen und wirtschaftlichen Anpassungsvermögens stets noch so rechtzeitig in den Griff bekommen, dass dem Triumphzug des Fortschritts immer wieder freie Bahn geschaffen wurde.

Warum sollten wir nun angesichts der Krisen der Gegenwart nicht glauben dürfen, dass auch diese wie die Krisen der Vergangenheit überwunden werden? Sollten wir nicht einfach fortfahren wie bisher, im Vertrauen darauf, dass wir uns für die Bewältigung der Aufgaben der Gegenwart und Zukunft auf unsere Erfahrung aus der Vergangenheit verlassen können? Die Antwort auf diese Fragen ist leider negativ, denn wir haben aufgrund unserer Untersuchungen die Überzeugung gewonnen, dass die Probleme unserer Zeit nicht auf dem Routinewege gelöst werden können. Zunächst einmal ist festzustellen, dass in der Gegenwart zahlreiche Krisen zur gleichen Zeit existieren. Natürlich sind auch früher Krisen gleichzeitig in Erscheinung getreten, aber nie so viele auf einmal und niemals so eng miteinander verkettet. Ferner unterscheiden sich Eigenschaften und Ausmaß der Krisen von heute von denen der Vergangenheit darin, dass die heutigen nicht von selbst irgendwie zu einem Ende kommen werden. So furchtbar etwa der »Schwarze Tod« im Mittelalter war, schließlich verschwand er quasi von selbst, wie er gekommen war. Auch die schrecklichsten, blutigsten Kriege fanden stets ihr – zeitweiliges – Ende. Heute jedoch stehen wir vor globalen Krisen wie Bevölkerungsexplosion, Umweltverfall, Nahrungsmittelverknappung, die nur in globalen Katastrophen enden können, wenn man ihnen ihren Lauf lässt. Diese Einschränkung, – »Wenn man ihnen ihren Lauf lässt« – deutet schon auf einen wesentlichen Unterschied zu vielen Krisen der Vergangenheit hin, der darin besteht, dass wir – grundsätzlich – den heutigen Krisen Einhalt gebieten können, eben weil sie der Mensch selbst ausgelöst hat. Unsere Möglichkeiten hierfür sind sicherlich äußerst beschränkt, aber sie sind prinzipiell vorhanden. Im Gegensatz dazu hatte der mittelalterliche Mensch keine Wahl, als zum Beispiel die Seuchen sich austoben zu lassen.

Ein anderer Faktor, durch den sich die gegenwärtigen Krisen von denen der Vergangenheit unterscheiden, besteht in der Natur des Krisenursprungs. Die Krisen der Vergangenheit hatten in der Regel einen »negativen« Ursprung wie »böse« Ziele rücksichtsloser Menschen – Aggressoren und Diktatoren – oder unheilvolle Ereignisse wie Erdbeben, Flutkatastrophen und Seuchen. Im Gegensatz dazu scheinen die gegenwärtigen Krisen »positiven« Ursachen zu entspringen, sozusagen die Ergebnisse bester menschlicher Absichten zu sein, die unseren traditionellen Wertvorstellungen entsprechen, an denen bisher nicht gerüttelt werden durfte. Denken wir nur an die fortwährenden, erfolgreichen Anstrengungen, harte menschliche Muskelarbeit durch Ausnutzung der in der Natur vorhandenen Energiequellen zu ersetzen; Gruppen von Menschen – Familie oder Nation – durch eine große Nachkommenschaft zu stärken; menschliches Leiden durch Besiegen von Krankheiten und Seuchen zu lindern; oder mit Hilfe unserer technischen Fähigkeiten die natürliche Umwelt zum alleinigen, maximalen Nutzen für die Menschen umzugestalten. Heute scheint es, dass gerade diese Verhaltensweisen, die – unabhängig von allen möglichen Ideologien und religiösen Überzeugungen – tief im Menschen wurzeln, die Ursache all unserer Schwierigkeiten sind. Soll nunmehr, um diese Krisen zu überwinden, das »traditionell Gute« zum »reaktionär Schlechten« abgestempelt werden? Müssen wir nun alle unsere Wertvorstellungen ändern, die uns, wie der ständige Fortschritt in der Vergangenheit beweist, bislang eine »gute« Richtschnur waren?

Der Fortschritt in den letzten drei Jahrhunderten wurde bisher danach bewertet, in welchem Maße der Mensch über die Natur triumphieren konnte. Wir haben uns so an diese Erfolgsserie gewöhnt, dass wir die Herrschaft des Menschen über die Natur als selbstverständlich hinnehmen und weitere Siege in dieser Auseinandersetzung nur noch als eine Frage der Zeit ansehen. Selbst der Kampf gegen den Krebs wird nicht mehr als »Krieg« geführt, den man auch verlieren kann, sondern eher als ein »Feldzug« zur endgültigen Liquidierung eines Feindes, der noch eine gewisse Zeit Widerstand leisten kann, aber schließlich keine andere Wahl mehr hat, als sich endgültig zu ergeben. Doch nun in den neuen Krisen ist der Gegner wiederum die Natur, aber ganz anders, in vielfältiger Weise und nicht leicht durchschaubar, wohl auch sehr viel mächtiger, als wir je annahmen. Betrachten wir zum Beispiel unser Verhalten den natürlichen unersetzlichen Rohstoffen gegenüber. Im ungehemmten Streben nach wirtschaftlichem und materiellem Wachstum hatten wir so getan, als ob uns natürliche Rohstoffe unbeschränkt zur Verfügung ständen, einschließlich Energie und Nahrungsmittel. Heute wissen wir, dass dies nicht zutrifft. Selbst wenn wir voraussetzten, dass für alle Rohstoffe, die immer schneller zur Neige gehen, Ersatzstoffe gefunden werden könnten, so ist es noch keineswegs sicher, dass diese dann auch tatsächlich zu dem Zeitpunkt verfügbar sind, zu dem man sie benötigt, um »Entwicklung« und »Fortschritt« nicht unterbrechen oder gar abbrechen zu müssen. Die Folgen wären dann, angesichts der wachsenden Größe und Komplexität der menschlichen Gesellschaft, wahrscheinlich anhaltende schwere wirtschaftliche und politische Erschütterungen und katastrophale Zusammenbrüche. Die Auseinandersetzung des Menschen mit seiner natürlichen Umwelt reicht jedoch viel weiter als nur bis zur Nutzung oder zum Missbrauch ihrer Rohstoffquellen. Schließlich hängt unsere Existenz von der Stabilität des Ökosystems[1] ab, von dem auch wir selbst nur ein Teil sind. Aber gerade diese Stabilität gefährdet der Mensch in seiner Auseinandersetzung mit der Natur. Während er sich immer mehr zur herrschenden Kraft in der Gestaltung des Lebens auf der Erde aufschwang, brachte sein Aufstieg gleichzeitig eine Verarmung der Mannigfaltigkeit der Natur mit sich. Tiere und Pflanzen, die den Menschen schädlich oder nicht unmittelbar nützlich erschienen, wurden systematisch ausgerottet oder zumindest erheblich zurückgedrängt. Sollte sich dieser Trend fortsetzen, so wird schließlich das Leben auf der bewohnbaren Erdoberfläche auf einige wenige Arten reduziert werden.

Wir wissen heute – besser als unsere Vorfahren –, dass die Existenz allen Lebens auf der Erde – unser eigenes eingeschlossen – von der Stabilität des Ökosystems abhängt. Eine artenverarmte Erde mag auf die Dauer nicht die für laufende Anpassung und Überleben notwendige Stabilität besitzen. Wie das »Umkippen« (ein lokal begrenzter Zusammenbruch des Ökosystems) eines Sees oder Flusses tödlich für seine »Bewohner« ist, so würde ein großräumiger Zusammenbruch des Ökosystems verheerende Folgen für Millionen von Menschen haben. Es ist vielleicht eine der großen Ironien in der menschlichen Entwicklung, dass der moderne Mensch, der mit all seinem technischen Rüstzeug nicht mehr wie seine Vorfahren seine Existenz durch die mächtigen, zerstörerischen Kräfte der Natur bedroht sieht, nunmehr umgekehrt durch die Zerbrechlichkeit ihres Lebensgewebes in seiner Existenz gefährdet ist. Gerade durch das immer stärkere Eingreifen des Menschen in die natürlichen Prozesse wird die Stabilität des Ökosystems ständig stärker beeinträchtigt. Bei der Verfolgung seiner kurzfristigen Interessen setzt er zum Beispiel Tausende von oftmals ungenügend erprobten neuen Chemikalien ein, welche schwerwiegende biologische Folgeerscheinungen haben können, solche genetischer Art nicht ausgeschlossen. Zur Vergrößerung seiner Bequemlichkeit und im Namen des Fortschritts setzt so der Mensch selbst die zukünftige Qualität seiner eigenen Spezies aufs Spiel!

Es besteht kein Zweifel darüber, dass der »Fortschritt« in unserer Welt die Kluft zwischen den Menschen und der Natur ständig erweitert hat. Hier liegt der wahre Kern unserer gegenwärtigen Weltkrisen. Für den seiner natürlichen Umwelt entfremdeten Menschen ist ihre Kapazität in jeder Beziehung unerschöpflich, und so befindet sich – ganz logischerweise – die Menschheit von heute mitten in einer unkontrollierten Wachstumsphase, in welcher die Menschen – Krebszellen nicht unähnlich – die Erde ausbeuten, sich und ihre sie tragende Umwelt dabei selbst zerstörend. Damit sind wir längst über die Anfangsphase der möglicherweise gesunden organischen Entwicklung einer neuen menschlichen Gesellschaft hinaus, deren Ära vor knapp zweihundert Jahren mit der ersten industriellen Revolution begann. Der gegenwärtige Menschheitskurs muss korrigiert werden; die Signale der Weltkrisen von heute können nicht länger unbeachtet bleiben, denn sie sind nicht mehr nur Anschauungsmaterial für den Ernstfall der Krisen von morgen. Sie stellen vielmehr die ernsteste Bewährungsprobe der Menschheit in ihrer Geschichte dar. Sollte sie nämlich in der Bewältigung dieser Krisen scheitern, so wird der Übergang vom undifferenzierten zum organischen Wachstum nicht gelingen. Dann dürfte diese Ära der Menschheit in einer vernichtenden Katastrophe enden. Wenn wir aber die gegenwärtigen und die sich am Horizont abzeichnenden Krisen sicher in den Griff bekommen, gewinnen wir wieder die Chance, den Bruch zwischen Mensch und Natur dauerhaft zu heilen.

[Der Schlussteil dieses Beitrags, in dem Fragestellungen und Zeithorizont der MIT-Studie *Menschheit am Wendepunkt* (vgl. voriges Kapitel) erläutert werden, wurde gestrichen.]

[1] *Ökosystem:* Ein natürliches, aus lebenden (Pflanzen, Bakterien, Tieren, Menschen) und unbelebten (Luft, Wasser, Mineralien, technischen Erzeugungen) Bestandteilen gebildetes System, das als stabil bezeichnet werden kann, wenn die Wechselwirkungen zwischen den Komponenten des Ökosystems nicht zur Entartung und Ausrottung vieler lebendiger Komponenten beziehungsweise zur »Unbewohnbarkeit« großer Teile der unbelebten Umwelt führen.

Fortschritt und Vernunft

Vortrag, gehalten am 19.11.1979 vor der Geschäftsleitung des Otto-Versands, Hamburg. Erstabdruck in: Eduard Pestel, Unsere Chance heißt Vernunft. Lernen für die Welt von morgen. Braunschweig 1980

Der Text dieses Beitrags wurde redaktionell geringfügig bearbeitet (s. Anhang, Editorische Hinweise) und um einige Abschnitte gekürzt. Art und Umfang größerer Kürzungen sind jeweils an den entsprechenden Textstellen vermerkt.

Ich möchte diesem Vortrag den Untertitel geben »Unsere Chance heißt Vernunft!«. Chance, bedeutet das neue Möglichkeiten für noch größeren Wohlstand, oder Ausweg aus Gefahren, die uns unmittelbar im Nacken sitzen? Beides liegt eng nebeneinander, wie wir noch sehen werden. Und wie wollen wir Vernunft definieren?

Haben Sie Nachsicht mit einem Nichtphilosophen, wenn er einer wissenschaftlich haltbaren und gleichzeitig griffigen Definition mit der Aussage ausweicht, unter Vernunft verstehe er ein menschliches Verhalten, das sich nicht mit der Betrachtung von Teilaspekten begnügt, nicht der Verfolgung partikulärer Interessen dient, sondern das sich um die Wahrnehmung des jeweils betroffenen Ganzen bemüht. Der Mensch handelt somit vernünftig, wenn er bei der Lösung eines Problems nicht nur die technischen Möglichkeiten in Erwägung zieht, nicht nur die wirtschaftlichen Aspekte, nicht nur die gegenwärtige und künftig zu erwartende Energieressourcen-Situation, nicht nur die Interessen bestimmter Industrien und Wirtschaftskreise, aber auch nicht nur die Risiken für Mensch und Natur. Vielmehr erfordert Vernunft, dies alles und noch viel mehr gleichzeitig in Betracht zu ziehen und nach der schwierigen Abwägung des Für und Wider bei so unterschiedlichen Gesichtspunkten den Versuch zu machen, mit der stets fälligen, ja unausweichlichen Entscheidung unparteiisch das Gesamtinteresse nach bestem Wissen und Gewissen wahrzunehmen. Das erfordert dann auch den Mut, das auf solche Weise als notwendig Erkannte möglich zu machen.

Sie werden dieser Bedeutung von Vernunft unschwer entnommen haben, dass hier der Politiker, nicht der Wissenschaftler spricht. Der Wissenschaftler ist der Wahrheitssuche verpflichtet, und da, wo die Ergebnisse solchen Bemühens Entscheidungsträgern als Orientierung dienen können oder gar sollen, ist ihm auch die von partikulären Interessen freie Wahrnehmung des Ganzen auferlegt. Aber sein Wirken vollzieht sich stets in einiger Distanz von der Entscheidung. Dem Politiker hingegen, ja jedem, der Entscheidungen für andere trifft, obliegt es jedoch, ihm vernünftig erscheinende Einsichten auch im politischen oder wirtschaftlichen Raum durchzusetzen.

Wer wie ich von der Wissenschaft in die Politik geraten ist, empfindet es besonders deutlich, wie für ihn bei seinem politischen Entscheiden und Handeln das Schuldigwerden unvermeidbar ist; denn er muss sich ja, um das von ihm als vernünftig Erkannte durchzusetzen, der Hilfe von machtausübenden Menschen und Gruppierungen versichern, die notwendigerweise in hohem Maße der Wahrnehmung partikulärer Interessen verpflichtet sind; und so muss er – von seltenen und dann politisch zumeist als unwichtig angesehenen Fällen abgesehen – Kompromisse eingehen, das heißt, das Vernünftige kompromittieren. Er leidet dabei – vielleicht mehr als andere – zusätzlich noch unter der Einsicht, dass er nicht nur seine Entscheidungen in Unkenntnis vieler dadurch betroffener Umstände und daraus entstehender Folgen zu treffen hat, sondern darüber hinaus noch weiß, dass er sehr viel mehr wissen könnte, um solche Unkenntnis zu mindern, wäre ihm nur die Muße vergönnt, die er als Wissenschaftler hatte, und besäße er nur die Distanz zu den ihn bedrängenden partikulären Interessen.

Das Wissen um diese wohl unabänderliche Beschaffenheit der Politik, solange Menschen Politik betreiben, bietet dem Feinfühligen nicht nur Trost, er muss sich dadurch sogar gefordert sehen, auf seinem Wege mit dem unablässigen Bemühen weiter zu schreiten, bei allen Menschen die Bereitschaft zu fördern, auf Vernunft zu hören, ja Vernunft anzunehmen, obwohl der ständige Kampf um politische Macht die Vernunft häufig auf der Strecke bleiben lässt. Er sollte hier auch nicht verzagen. Ist nicht im vielgepriesenen »common sense«, im sogenannten »gesunden Menschenverstand« stets etwas von solcher Vernunft zu spüren? Werden die hier existenten Ansätze häufig nur dadurch in ihrer Entfaltung zurückgedrängt, weil es starken organisierten Kräften immer wieder gelingt, den »Mann auf der Straße« hinter die Fahne ihrer partikulären Interessen zu locken, statt ehrlich an seine Vernunft zu appellieren?

Man braucht nicht zu befürchten, dass eine überwiegend von Vernunft gelenkte Welt eintönig, statisch, ja rückschrittlich sein würde. Die Ungleichheiten in der menschlichen Gesellschaft, seien sie naturgegeben oder das Werk von Menschen, werden immer dafür sorgen, dass eine solche Welt nicht konfliktfrei sein würde. Nur, die Auseinandersetzungen, die unabweisbar auch vernunftbestrebte Problemlösungen stets begleiten werden, sie werden sich auf einer höheren Ebene des Bewusstseins abspielen, und der aus solcherart ausgetragenen Konflikten erwachsene Fortschritt wird in Bahnen gelenkt, auf denen die Menschheit mit höherer Wahrscheinlichkeit zum Überleben in Würde und Zufriedenheit gelangen wird als auf den Wegen, die wir gegenwärtig beschreiten.

Wir leben heute in einer Zivilisation, die zwangsläufig aus der neuzeitlichen abendländischen Kultur hervorging, die in ihrem Kern zur Erschaffung einer Willens- und Verstandeswelt führen mußte[1]. Ohne die Stärkung des Verstandes, also des begrifflichen, in Einzelschritten vollziehbaren und in Handlungen umsetzbaren Denkens, und ohne die von den immer steigenden Erwartungen der Gesellschaft geförderte Entschlossenheit des Willens, das zu tun, was der Verstand denken kann, hätte der technische Fortschritt seit Beginn der ersten industriellen Revolution nicht stattgefunden; ein Prozess, der sich dadurch selbst verstärkte, dass der Verstand auch das zu denken vermag, was solcher Wille wollen kann.

Die Entwicklung der Kriegstechnik liefert für diese Behauptung ein beredtes Zeugnis. Wille und Verstand, diese »siamesischen Zwillinge« menschlichen Vermögens, erfahren nun in unserer Epoche eine – in ihrer Ausschließlichkeit und in der Erfassung breitester Bevölkerungsschichten – in früheren Zeiten ungekannte Ausbildung, die den technischen Fortschritt als Ausfluss solchen nicht von Vernunft geleiteten Willens und Verstandestrainings der Unmenschlichkeit preisgeben könnte, stünde dem nicht unser instinktives Wissen im Wege, dass Technik kein Versagen der Vernunft auszugleichen vermag. Lassen wir uns diesen Instinkt nicht verschütten, gerade heute nicht, wo die Macht der technischen Mittel von den sich ihrer Bedienenden, aber auch von den sich ihnen Entgegenstellenden ein Maß von Vernunft verlangt, das früher nicht vonnöten schien. Heute sind die technischen Mittel von solcher Mächtigkeit, dass bei ihrem Einsatz fundamentale Irrtümer nicht mehr so korrigierbar sind wie zu Zeiten, da der technische Fortschritt noch nicht das Ausmaß unserer Tage erreicht hatte. Ja, es ist möglich, dass bei einem Krieg unter Einsatz strategischer Kernwaffen schon nach wenigen Tagen die Einsicht in den Wahnsinn dieses Krieges zu spät kommt, um noch unserer physischen Vernichtung und der Zerstörung unserer Kultur und Zivilisation zuvorkommen zu können.

Sie werden Verständnis dafür haben, dass ich in meinen weiteren Ausführungen nicht die ganze Breite der Bedeutung unserer heutigen technischen und wissenschaftlichen Mittel für die großen Probleme unserer Zeit behandeln kann. Daher, bevor ich mich eingehender dem Energieproblem zuwende – und dies aus gutem Grund –, möchte ich nur wenige Bemerkungen zu dem Wechselspiel zwischen technischer Entwicklung und dem wohl wichtigsten Weltproblem, dem der Friedenserhaltung, machen. Wer die letzten Jahrzehnte zurückschaut, wird kaum einen Tag entdecken, an dem nicht irgendwo in der Welt kriegerische Handlungen stattfanden. Die Institution des Krieges ist also nicht überwunden.

Das Gefühl der politischen Entspannung zwischen Ost und West darf uns auch nicht darüber hinwegtäuschen, dass im Osten in nicht allzu ferner Vergangenheit eine militärische Aufrüstung betrieben und vom Westen entsprechend beantwortet wurde, die alles bisher in der Menschheitsgeschichte Dagewesene übertrifft. Addiert man die militärischen Ausgaben auf der ganzen Welt, dann kommt man auf so phantastische Summen der Verschwendung menschlicher Fähigkeiten, unwiederbringlicher Rohstoffe und industrieller Kapazitäten, dass von Vernunft keine Rede sein kann, ja, dass man meinen möchte, solche Unvernunft sei unüberbietbar. Und dennoch herrscht bei jedem Kontrahenten die Überzeugung vor, er handele angesichts des Verhaltens des anderen rational. Das Rationale der Teile erweist sich jedoch als das Irrationale des Ganzen. Nur wegen der technischen Mittel, über welche die großen Atommächte einschließlich ihrer Zweitschlagfähigkeit verfügen, und die im Ernstfall die Vernichtung jeder der Kontrahenten quasi garantiert, haben die meisten Menschen in Ost und West das Gefühl, dass der große Krieg nicht stattfinden wird, weil er nicht stattfinden darf, solange das Gleichgewicht des Schreckens aufrecht erhalten wird. ....

[Der folgende – gestrichene – Abschnitt beschäftigt sich mit möglichen zukünftigen Welt-Krisen aufgrund von Verknappung bzw. Bedrohungen der Ölversorgung. Die vorgestellten Szenarien sind aufgrund der geänderten politischen Konstellationen heute nicht mehr relevant.]

Kommen wir nun zur Frage drohender Energieengpässe. Ich habe die Erfahrung gemacht, dass diejenigen, welche das Energiegeschäft im wesentlichen vom marktwirtschaftlichen Standpunkt aus betrachten, nur allzu leicht der Versuchung erliegen, längst fällige tatkräftige Schritte »weg vom Öl« unter Hinweis auf die sicherlich damit verbundenen erheblich erhöhten Energiekosten auch jetzt noch nicht zu tun.

Aber ich warne dringend, heute noch davon auszugehen, dass wir in den kommenden Jahrzehnten weiterhin ungehemmt Zugang zu den Ölquellen haben werden. Wir haben nicht mehr viel Zeit, unsere Energieversorgungs- und Bedarfsstruktur einer Situation anzupassen, in der wir nur noch mit sehr viel geringeren Erdölimporten als heute rechnen können. ....

Wir müssen also die Regierungen drängen und ihnen den Rükken stärken, endlich mit Entschlossenheit Maßnahmen zu ergreifen mit dem Ziel, so schnell wie möglich eine so weitgehende partielle Unabhängigkeit vom Öl zu erreichen, dass beim Eintreten eines ernsten Engpasses ein wirtschaftlicher Zusammenbruch vermieden wird. Ferner, je mehr wir mit dem wirklichen Energiesparen nicht nur in der Wirtschaft, sondern auch in den Haushalten und bei den Behörden Ernst machen, desto leichter können wir dieses Ziel erreichen, desto besser sind wir dann auch für den Eventualfall des Eintretens eines Krisenfalles gerüstet, der uns eine Sparhaltung abnötigen würde, die sich der energieverwöhnte Mensch von heute kaum vorstellen kann. ....

Auch die Frage des erforderlichen Zeitaufwands darf nicht unterschätzt werden. Überall in der Energiewirtschaft, gehe es um Öl, Kohle oder Kernenergie, liegen die Zeithorizonte für die Verwirklichung großer Projekte bei 10 bis 15 Jahren. Überhaupt lässt sich für die Energiewirtschaft im allgemeinen feststellen, dass die Versorgungsprobleme immer komplexer werden, das heißt technologisch schwieriger, kapitalmässig anspruchsvoller und politisch komplizierter. Damit wachsen auch die Risiken der Kapitalanleger immens, und die Notwendigkeit für wohlfundierte Prognosen wird immer dringender.

Erlauben Sie mir nun eine kurze Stellungnahme zu den technischen Möglichkeiten für die Substitution des Öls. Vom technischen Standpunkt aus sind gegenwärtig und für die weitere Zukunft – einmal abgesehen von dem Bedarf der Petrochemie – von den aus dem Rohöl zu gewinnenden flüssigen Brennstoffen nur das Benzin und das Dieselöl unersetzlich. Alle anderen Derivate sind zu ersetzen. Man könnte also wirkungsvoll anfangen beim schweren Heizöl, das heute für Kraftwerkszwecke und für die Erzeugung von Prozesswärme eingesetzt wird; dann könnte man sich der Substitution des leichten Heizöls zuwenden, das im wesentlichen in den Haushalten zur Raumheizung und zur Warmwasserherstellung »missbraucht« wird. Man muss sich aber darüber im klaren sein, dass diese Substitutionsschritte nicht von heute auf morgen realisiert werden können. ....

[Gestrichen: Im folgenden wird näher auf die Energiesituation der 80er Jahre des vergangenen Jahrhunderts eingegangen.]

Aber egal welche Lösungswege eingeschlagen werden – es dürfte deutlich geworden sein, dass die Realisierung einer Energiewirtschaft, die sich immer stärker von der Ölabhängigkeit befreien will, ein kompliziertes, risikobehaftetes und sehr kostspieliges Unterfangen ist. Dabei werden viele Faktoren in unvorhersehbarer Weise und unvorhersehbarer Kombination mitspielen, nicht nur technische, politische oder energierohstoff-bedingte; es wird hier auch von großer Bedeutung sein, wie Staat und Wirtschaft miteinander kooperieren, und besonders wie sich der Bürger hinsichtlich der Wahl seines Lebensstils entscheidet, nicht zuletzt auch hinsichtlich seiner Einschätzung und Beurteilung der stets mit Energieerzeugung verbundenen Umweltbelastungen und Risiken. ...

Die (zum Teil gewalttätigen) Auseinandersetzungen um die Kernenergie sind in ihrem Umfang und ihrer Heftigkeit ein einmaliger Vorgang in der Technologiegeschichte. Es würde den Rahmen dieses Vortrages völlig sprengen, würde ich den Versuch machen, dieses Phänomen von seinen tiefen, weit verästelten Wurzeln her erschöpfend zu erklären. Mit Sicherheit steht hinter den Protesten auch Haltungen, die nicht nur gänzlich Großtechnologien wie die Kernenergietechnik ablehnen, sondern jegliche große (Macht-) Konzentration in staatlichen und privatwirtschaftlichen Organisationen, die in ihren Funktionen und Zielen, ja in ihrem Funktionieren nicht mehr über- und durchschaubar sind, der gegenüber sich der einzelne machtlos fühlt, ein Rädchen im großen Getriebe, dessen Sinn andere – zumeist unerreichbare – bestimmen. Die Akzeptanzkrise gegenüber einzelnen Technologien ist im Grunde genommen eine tiefgreifende Vertrauenskrise, die bei ihrem Fortbestehen unabsehbare Folgen haben dürfte.

Von der Technik her wurde das Entstehen solcher Einstellungen gefördert, indem nach dem Ende des zweiten Weltkriegs, besonders in den 60er Jahren, ein fast ungehemmter technologischer Boom stattfand. Es waren die Jahre, in denen auf vielen Gebieten technische Höchstleistungen erzielt wurden, die vor wenigen Jahrzehnten nur einige »Träumer« erahnten: Intercontinentalraketen, die Mondlandung, der Vorstoß in den interplanetarischen Raum, Nachrichtensatelliten, Großraumflugzeuge, Wasserstoffbomben von einer Sprengwirkung, die die Hiroshima-Bombe bis um das 5000fache übertrafen, Kernkraftwerke mit Turbo-Generatorsätzen, deren Einzelleistungen innerhalb von zwei Jahrzehnten um das 25fache die früher größten Einheiten überboten. Man bedenke auch, dass es in diesen Jahren möglich war, für das Mondlandungsprojekt den Verstand und den Willen von 800 000 Menschen in Tausenden von verschiedenen Betrieben und Organisationen zu mobilisieren und auf ein Ziel hin zu bündeln. Die 60er Jahre waren aber auch zur Dekade der Entwicklung des armen »Südens« erklärt worden. Doch hier blieben die Erfolge aus: Am Ende der 60er Jahre klaffte die Wohlstandsschere zwischen Nord und Süd weiter auseinander als je zuvor. Und der Vietnamkrieg hatte das Prestige der USA als Garant von Frieden und Freiheit, das die USA überall in der Welt mit Ausnahme der kommunistischen Länder (und auch hier bei vielen von deren Bürgern) genoss, weitgehend zerstört. Schon bevor die 70er Dekade eingeläutet wurde, mehrten sich auch die warnenden Stimmen gegen die schnell fortschreitende Belastung der Umwelt durch den technischen Fortschritt, so dass die Zeit eigentlich reif für eine Neubesinnung war, zu der ja auch der Club of Rome begann aufzurufen.

Das Buch »*Die Grenzen des Wachstums*«, erschienen 1972, rüttelte die Welt auf. Es war bei aller Unvollkommenheit der wissenschaftlichen Arbeit, die hinter diesem Buch stand, ein Appell an die Vernunft, nicht nur zu versuchen, die Probleme dieser Welt in ihren sichtbaren Symptomen zu kurieren, sondern das große Problemgeflecht in seinen Zusammenhängen und Interdependenzen zu verstehen, und dies verbunden mit einer Absage an das am schnellen materiellen Wirtschaftswachstum ausgerichtete Denken und Streben der Menschen. Der Welterfolg dieses Buches machte deutlich, dass besonders in weiten Kreisen der Industrieländer ein unterschwelliges Gefühl bereits vorhanden war, dem die Thesen von Meadows* entgegenkamen. Gleichzeitig hob ein Sturm der Entrüstung von Seiten der Großindustrie auf der einen Seite und von den Wirtschaftswissenschaften auf der anderen an.

Die aufflammenden Emotionen ließen alle die »Kritische Würdigung« des Exekutiv-Komitees des Club of Rome übersehen bzw. gänzlich vergessen. Hier waren die wesentlichen Kritikpunkte an diesem ersten Bericht an den Club of Rome bereits vorgetragen, und lediglich die »Kritische Würdigung« am Ende des Buches kann – wenn überhaupt – als autoritative Stellungnahme des Klubs von Rom aufgefasst werden. Meine persönliche Methodenkritik fand allein schon dadurch Ausdruck, dass ich ein Jahr vor Erscheinen von »Grenzen des Wachstums« eine neue, weit gründlichere und umfassendere wissenschaftliche Arbeit zusammen mit Professor Mesarovic aufnahm, die später, 1974, in dem zweiten Bericht an den Club of Rome unter dem Titel »Menschheit am Wendepunkt« ihren Niederschlag fand.

Noch ein Wort zu den »Grenzen des Wachstums«. Es ist erstaunlich, dass in diesem Buch zur Energiefrage im allgemeinen und zur Kernenergie im besonderen so gut wie nichts ausgeführt wird, sicherlich wohl ein Zeichen dafür, dass die oben erwähnten Auseinandersetzungen über die Kernenergie in der Tat ein Phänomen der

* *Dennis L. Meadows:* Co-Autor der Studie „Die Grenzen des Wachstums. Bericht des Club of Rome zur Lage der Menschheit" – s.a. Kapitel *Menschheit am Wendepunkt* (die Redaktion)

70er Jahre des 20. Jahrhunderts ist, während in den 60er Jahren der Glaube an die Nützlichkeit des technischen Fortschritts, die Kernenergie eingeschlossen, noch unerschüttert war.

Ich könnte nun versucht sein, das Pro und Kontra zur Kernenergie eingehend darzulegen, also die Fehleinschätzungen der Befürworter – von der Entsorgungsproblematik, die bis vor kurzem von der alten Kraftwerkermentalität »mit der Asche werden wir schon fertig« geprägt zu sein schien, bis zur Energiebedarfsprognose, zu den Schwierigkeiten der Standortfindung und schließlich zur Informationspolitik von Regierung und Industrie – nacheinander aufzureihen und gleichfalls die sachlichen Fehlbeurteilungen der Kernenergiekritiker eine nach der anderen zu kommentieren. ....

Jedoch: Die wahre Gefahr der friedlichen Nutzung der Kernenergie sollten wir überhaupt nicht in ihren physikalischen, chemischen und biologischen Wirkungen suchen, sondern vielmehr darin, dass in ihr die Verführung lauert, wegen damit wieder »unbegrenzt« zur Verfügung stehender Energie in der weiteren Befriedigung von immer neu entdeckten materiellen Begehrlichkeiten fortzufahren und in einer so entstehenden »Überflussgesellschaft« die Entwicklung des eigentlich Menschlichen immer mehr zu vernachlässigen! ....

[Hier gestrichen: eine persönliche Stellungnahme Eduard Pestels zu den Risiken einer friedlichen Nutzung der Kernenergie.]

[Die darauf folgenden Ausführungen wurden im Text belassen, weil sie dazu beitragen, die vielfältigen Ängste und kontroversen Diskussionen in den 80er Jahren des 20. Jahrhunderts im Hinblick auf die Nutzung der Kernenergie zu beleuchten.]

Wir mögen uns – mit Blick auf die Kernenergie mit allen ihren Folgen – gegen den technischen Fortschritt auflehnen, wir mögen es beklagen, dass die Anwendung der Technologie es mit sich bringt, dass die Bedürfnisse, die Verhaltensweisen von immer mehr Millionen von Menschen sich ständig mehr dem Materiellen zuwenden, dass der Erwartungshorizont von immer mehr Menschen immer höher wächst, dass daraus ständig neue, immer größere Forderungen resultieren, die in wachsendem Maße nur durch »den Staat« oder andere zentrale, auf immer größere Konzentration hinstrebende Organisationen und Institutionen befriedigt werden können. Aber es gibt kein Zurück. Ohne eine stets größere menschliche Bereiche und weitere Erdregionen durchdringende Technologie kann die schnell weiterwachsende Weltbevölkerung nicht erhalten werden.

Schon das bloße Anhalten des wissenschaftlichen und technischen Fortschritts würde sich nicht viel weniger verheerend auswirken als der utopische Versuch, die Technologie wieder abzubauen. Denn selbst das gegenwärtige Produktionsniveau, was selbstverständlich für die weiter wachsende Weltbevölkerung und im Hinblick auf die Entwicklungserwartungen der in tiefer Armut lebenden Menschen in den wirtschaftlich zurückgebliebenen Ländern völlig unzureichend wäre, selbst ein solch konstantes Produktionsniveau könnte ohne einen ständigen Zustrom neuer Erkenntnisse, Entdeckungen, Erfindungen und Innovationen nicht aufrecht erhalten werden. Denn, wie Karl Deutschin einem bemerkenswerten Vortrag[2] ausführte, alle Produktionsformeln müssen schließlich früher oder später veralten und durch neue ersetzt werden. Dabei ist – allerdings abstrakt – unter einer Produktionsformel zu verstehen, welche Rohstoffe, Energiemengen und Arbeitsleistungen in welcher Weise kombiniert werden müssen, um ein Produkt zu erzeugen; also etwa wie viel Land, Saatgut, Phosphate, Traktoren, Treibstoff und Arbeitsleistung im Durchschnitt aufgewendet werden müssen, um einen bestimmten Hektarertrag zu erreichen, oder wie viel Eisenerz, Energie, Kohlenstoff und Sauerstoff man braucht, um eine bestimmte Menge Stahl zu erzeugen.

Jede Produktionsformel ist also gleichzeitig auch eine Nachfrageliste nach den verschiedenen Ingredienzien der Produktion. Aber diese

Ingredienzien sind nur in beschränktem und ungleichem Maße greifbar. Hier liegt bei Erschöpfung irgendeines Rohstoffs die Gefahr von Engpässen der Produktion; und so muss fast jede heute angewendete Produktionsformel früher oder später zu solchen Engpässen führen, welche die Produktion auf lange Sicht zum Erliegen bringen würden. Der einzige Ausweg liegt dann in der Substitution, in der Erschließung neuer Quellen und natürlich somit auch in der Änderung bzw. Neuaufstellung der Produktionsformel. In dieser Weise wird neues Wissen und Können als Ergebnis kreativer Forschungsarbeit, zäher Neu- und Weiterentwicklung und mutiger Innovation zur permanenten Lebensnotwendigkeit aller menschlichen Gemeinschaften, insbesondere aber aller hochentwickelten Industriegesellschaften.

Wir müssen uns jedoch darüber im klaren sein, dass unser Bemühen um solchen notwendigen technischen Fortschritt an unvorhersehbaren Ereignissen scheitern kann, oder dass ihm nicht die erwarteten Früchte zuwachsen. Das darf uns nicht entmutigen, als notwendig erkannte technische Lösungen auch weiterhin zu suchen. Doch sollte aus vergangenen und zukünftigen Fehlschlägen in uns auch die Einsicht Platz greifen, dass keine Kombination rein technischer, wirtschaftlicher oder gesetzlicher Maßnahmen am Ende ausreichen kann, die auf die Menschheit eindringenden Probleme zu meistern. Wir sollten weiterhin erkennen, dass im technischen Fortschritt auch die Wurzeln liegen, die uns in verschiedene Richtungen wachsen lassen, in eine Richtung, die uns Wege zum Menschlicher-Werden eröffnet sowie in eine Richtung, in deren Verfolgung wir weniger menschlich werden.

Und schließlich: Der Fortschritt in den vergangenen Jahrhunderten wurde bisher danach bewertet, in welchem Maße der Mensch über die Natur triumphieren konnte. Wir haben uns so an diese Erfolgsserie gewöhnt, dass wir die Herrschaft des Menschen über die Natur als selbstverständlich hinnehmen und weitere Siege in dieser Auseinandersetzung nur noch als Frage der Zeit ansehen. Selbst der Kampf gegen den Krebs wird nicht mehr als »Krieg« geführt, den man auch verlieren kann, sondern eher als ein »Feldzug« zur endgültigen Liquidierung eines Feindes, der nur eine gewisse Zeit Widerstand leisten kann, aber schließlich keine andere Wahl mehr hat, als sich endgültig zu ergeben.

Doch nun, in den neuen Krisen, ist der Gegner wiederum die Natur, aber ganz anders, in vielfältiger Weise und nicht leicht durchschaubar, wohl auch sehr viel mächtiger, als wir je annahmen. Es ist vielleicht eine der großen Ironien in der menschlichen Entwicklung, dass der moderne Mensch, der mit all seinem technischen Rüstzeug nicht mehr wie seine Vorfahren seine Existenz durch die mächtigen, zerstörerischen Kräfte der Natur bedroht sieht, nunmehr umgekehrt durch die Zerbrechlichkeit ihres Lebensgewebes in seiner Existenz gefährdet ist.

Nur Vernunft kann uns den Weg in diesem Augenblick der Geschichte weisen, in dem wir vor einer beispiellosen Entscheidungssituation stehen. Zum erstenmal, seit der Mensch überhaupt existiert, steht er vor Entscheidungen, bei denen die Vernunft gebieten könnte, sie gegen das vom wirtschaftlichen und technologischen Standpunkt aus Machbare zu treffen. Hier bei der Lösung der wesentlichen Fragen den rechten Weg zu finden, wird die große Aufgabe der kommenden Jahrzehnte sein.

Die großen kritischen Probleme unserer Zeit, die zusammen ein riesiges Problemgeflecht bilden, sind letztlich durch den Menschen mit all seinen zumeist guten, manchmal aber auch bösen Absichten selbst geschaffen. Sie sind damit letztlich auch das Ergebnis einer sich mehr und mehr einseitig entfaltenden Geisteshaltung des abendländischen Menschen. Helfen wir mit, dass der abendländische Mensch einen Gesinnungswandel erfährt, der ihm zwar die gläubige Tatkraft zum Anpacken unserer Probleme erhält, aber seine Ziele mehr als bisher auf ein in allen Aspekten menschliches Leben ausrichtet.

[1] *Erschaffung einer Willens- und Verstandeswelt:* s. dazu Carl Friedrich von Weizsäcker: Wege in der Gefahr. Eine Studie über Wirtschaft, Gesellschaft und Kriegsverhütung, München 1976, 12. Kapitel

[2] *Karl Deutsch – alle Produktionsformeln müssen früher oder später veralten:* Über Technologie und Menschlichkeit in der Industriegesellschaft, Vortrag auf der Jahrestagung der Fraunhofer-Gesellschaft, 1975

Zukunftsgestaltung: Erwartungen und Möglichkeiten

Vortrag auf dem Symposium »Denken über die Zukunft« Zürich 1986

Der Text dieses Beitrags wurde redaktionell geringfügig bearbeitet (s. Anhang, Editorische Hinweise). Art und Umfang größerer Kürzungen sind jeweils an den entsprechenden Textstellen vermerkt.

Als unsere Gegenwart noch Zukunft war

Woran hätte wohl jemand gedacht, der sich vor hundert Jahren* das Thema meines Vortrags gestellt hätte? Sicherlich hätte für ihn die nationale Behauptung im Konkurrenzkampf der Nationen eine der wesentlichen Herausforderungen bei der Gestaltung der Zukunft bedeutet: Für die Engländer die Sicherung ihres weltweiten Empires durch die Beherrschung der Meere und den Ausbau ihrer wirtschaftlichen und industriellen Vormachtstellung; für die Deutschen die Bewahrung der militärischen und politischen Vormachtstellung auf dem westeuropäischen Festland, nicht zuletzt auch durch eine industrielle Entwicklung, die eines Tages England überholen würde. Und so könnte man für jede Nation andere Möglichkeiten für die Gestaltung der Zukunft ausfindig machen.

Doch Weltprobleme, die alle betreffen, ja bedrohen, und die von allen gemeinsam bei der Gestaltung der Zukunft zu lösen sind, wären wohl niemandem in den Sinn gekommen. Dass aufgrund der technischen Entwicklung eines Tages die Mittel zur Ausrottung der

* »*in hundert Jahren …*«, d. h. hier um 1880 (die Redaktion)

Menschheit zur Verfügung stehen könnten, wäre für völlig absurd, als Ausgeburt eines kranken Hirns erklärt worden.

Natürlich gab es auch damals Krisen: Wirtschaftskrisen, politische Zerfallserscheinungen, Aufstieg neuer Mächte. Da war Unruhe und Bewegung auf der weltpolitischen Bühne jener Zeit; aber es gab nicht das Gefühl, dass eine weltweit zunehmende Zerstörung der natürlichen Umwelt oder gar ein großer Krieg für die ganze Menschheit eine tödliche Bedrohung darstellen würde. So schrieb zum Beispiel Jacob Burckhardt in seinen berühmten, 1905 erschienenen »Weltgeschichtlichen Betrachtungen«:

»Der Haager Friede bringt nicht nur Entnervung hervor, sondern er läßt das Entstehen einer Menge jämmerlicher, angstvoller Notexistenzen zu, welche ohne ihn nicht entstünden und den wahren Kräften den Platz wegnehmen … Der Krieg bringt wieder die wahren Kräfte zu Ehren. Jene Notexistenzen bringt er wenigstens vielleicht zum Schweigen.

Sodann hat der Krieg, welcher soviel als Unterordnung alles Lebens und Besitzes unter einem momentanen Zweck ist, eine enorme sittliche Superiorität über dem bloßen gewaltsamen Egoismus des einzelnen; er entwickelt die Kräfte im Dienst eines Allgemeinen, und zwar des höchsten Allgemeinen und innerhalb einer Disziplin, welche zugleich die höchste heroische Tugend sich entfalten läßt; ja … er allein gewährt den Menschen den großartigen Anblick der allgemeinen Unterordnung unter ein Allgemeines.

Und da ferner nur wirkliche Macht einen längeren Frieden und Sicherheit garantieren kann, der Krieg die wirkliche Macht konstatiert, so liegt in einem solchen Krieg der künftige Friede. Nur müßte es wohl ein gerechter und ehrenvoller Krieg sein … Ferner ein wirklicher Krieg um das ganze Dasein.«

Welche Empörung würden solche Sätze wohl heute auslösen? Aber damals glaubte man eben – und dies bis in die jüngste Gegenwart hinein –, dass die Völker, wenn nicht anders, so durch Krieg alle materiellen wie sozialen Krisen überwinden können. Rückblickend betrachtet scheint es, als hätte man schließlich alle Krisen auch dank neuer technischer Errungenschaften und dank unseres gesellschaftlichen und wirtschaftlichen Anpassungsvermögens stets so rechtzeitig in den Griff bekommen, dass dem Triumphzug des Fortschritts immer wieder freie Bahn geschaffen wurde.

Warum sollten wir nun angesichts der globalen Krisen der Gegenwart – wie des Nord-Süd-Konflikts, der Ost-West-Spannungen, der Bevölkerungsexplosion, der Nahrungs- und Rohstoffverknappung, der Energiekrisen usw. – nicht glauben dürfen, dass auch diese wie die Krisen in der Vergangenheit überwunden werden? Sollten wir nicht einfach fortfahren wie bisher im Vertrauen darauf, dass wir uns für die Bewältigung der Aufgaben der Gegenwart und Zukunft auf unsere Erfahrungen aus der Vergangenheit verlassen können?

Es gibt sicherlich auch heute noch viele, die meinen, solche Fragen mit *Ja* beantworten zu können; doch die Zahl derer wächst, deren Antwort negativ ist. Die Mehrheit aber wird auf diese Fragen keine wohlüberlegte Antwort geben können. Erlauben Sie mir daher zunächst einige grundsätzliche Feststellungen, die bei der Erörterung von Wegen in die Zukunft zu bedenken sind.

»Wer in der Zukunft lesen will, muss in der Vergangenheit blättern«, so Malraux, Schriftsteller und unter De Gaulle französischer Kulturminister. In der Tat, die Zukunft beginnt nicht auf einer grünen Wiese. Wir sind in der Gestaltung der Zukunft nicht so frei, dass sich alle Wünsche und Träume erfüllen ließen, sofern wir Menschen uns nur intensiv genug dafür einsetzten.

Andererseits ist die Zukunft auch nicht durch die Zwänge der Vergangenheit unausweichlich vorbestimmt, als sei sie etwas, das wir bei unserer Lebenswanderung jeweils »hinter der nächsten Gebirgskette« vorgefertigt vorfinden. Wir haben allenfalls Optionen für Zukunftsalternativen, in denen sich das Zusammen- und Gegeneinanderwirken unterschiedlicher Wunschvorstellungen und vorhandener Gegebenheiten, also unterschiedlicher Erwartungen und unterschiedlicher Möglichkeiten, vollzieht.

Wege in die Zukunft kann man nicht entwerfen, ohne Ziele, zu denen sie führen sollen, im Auge zu haben. Schon in den Sprüchen

Salomos finden wir den bedeutsamen Satz: »*Wo keine Vision vorhanden ist, verkommt das Volk.*« Aber man kann die Zukunft auch nicht planen und gestalten, ohne die Ausgangspunkte zu kennen, bei denen die Reise in die Zukunft beginnt, und ohne das Terrain zu erkunden, durch das sie führen wird.

Dies ist eine Seite von Zukunftsbetrachtungen. Eine andere folgt sogleich aus der Frage, von wessen Zukunft wir reden. So erlebt jeder Mensch sein ganz persönliches Einzelschicksal, das sich, aus der Vergangenheit erwachsend, schließlich in der Zukunft vollzieht. Es ist aber eingebettet in das Schicksal seiner Familie, seiner weiteren Gemeinschaft in Beruf und Freizeit, in das Schicksal seiner Nation und bleibt auch nicht unberührt vom Gang der Weltereignisse. Nicht zuletzt wegen der Verknüpfung von Einzelschicksal und nationalem Schicksal sind viele – vielleicht sogar die meisten – Menschen daran interessiert, an der Gestaltung der Zukunft ihrer Nation nach innen und außen mitzuwirken, und sei es nur durch gelegentliche Abgabe ihres Stimmzettels. Damit stellt sich auch für jeden einzelnen die Frage nach den möglichen Wegen für die Gestaltung der Zukunft, die die einzelne Nation wie auch größere Nationengemeinschaften beschreiten können, die Frage aber auch, welche Bedeutung für uns Bürger solche unterschiedlichen Wege in die Zukunft haben werden, damit sich in uns ein Zukunftsbewusstsein bildet, damit wir und mit uns die von uns getragenen Regierungen nicht nur passive Mitfahrer auf einer Reise sind, deren Kurs von anderen, mehr oder weniger zufallsbedingten Kräften planlos gesteuert wird.

Es geht also einmal darum, ein möglichst zutreffendes Bild unseres gegenwärtigen Zustandes zu haben, darüber hinaus aber auch zu begreifen, wie es zu dieser Gegenwart gekommen ist – das heißt, welche lang-, mittel- und kurzfristig wirkenden geistigen, gesellschaftlichen, politischen und wirtschaftlichen Kräfte den Wandel der Zeiten herbeigeführt haben – und gleichzeitig aufkeimende neue Kräfte zu erspüren, die bei der Gestaltung der Zukunft zu wesentlichen Kurskorrekturen führen könnten.

Wenn man das vergangene Jahrtausend rückblickend betrachtet, meine ich, eine immer weiter fortschreitende Säkularisierung fast überall in der Welt feststellen zu müssen. Im Abendland ist die Renaissance wohl als erster deutlich erkennbarer Beginn dieses Säkularisierungsprozesses anzusehen. Mit Galilei befreien sich dann die Naturwissenschaften vom Dogma der Kirche. Für eine wachsende Zahl von Menschen ersetzen seither die Naturwissenschaften die Kirche als wahrheitssuchendes, nach Erkenntnis trachtendes Organ. Im Zeitalter der Aufklärung findet die Säkularisierung einen weiteren Höhepunkt, und von dann ab schreitet sie fast unaufhaltsam fort in die Epoche, die wir seit zweihundert Jahren als das Industriezeitalter erleben.

Wir leben somit heute in einer Zivilisation, die in ihrem Kern zur Erschaffung einer Willens- und Verstandeswelt führen musste. Denn ohne die Stärkung und Nutzung des Verstandes, also des begrifflichen, in Einzelschritten vollziehbaren und in Handlungen umsetzbaren Denkens, und ohne die durch immer schneller steigende Erwartungen der Menschen geförderte Entschlossenheit des Willens, das zu tun, was der Verstand denken kann, hätte der technische Fortschritt seit Beginn der ersten industriellen Revolution nicht stattgefunden; ein Prozess, der sich dadurch selbst verstärkt, dass der Verstand auch das zu denken vermag, was solcher Wille wollen kann. Die Entwicklung der Kriegstechnik liefert für diese Behauptung ein beredtes Zeugnis. Die Folgen des technischen Fortschritts sind natürlich abhängig davon, inwieweit der politische beziehungsweise der wirtschaftliche Wille, der ihren Einsatz bewirkt, von Vernunft geleitet ist, von Vernunft, die ich als menschliches Verhalten verstehe, das sich nicht mit der Betrachtung von Teilaspekten begnügt, nicht der Verfolgung partikulärer Interessen dient, sondern das sich um die Wahrnehmung des jeweils betroffenen Ganzen bemüht.

Obwohl heute die technischen Mittel von solcher Mächtigkeit sind, dass bei ihrem Einsatz fundamentale Irrtümer nicht mehr so korrigierbar sind wie zu Zeiten, da der technische Fortschritt noch nicht das Ausmaß unserer Tage erreicht hatte, kann von solcher Vernunft in Politik und Wirtschaft häufig nicht die Rede sein. Es erstaunt daher nicht, dass wir heute immer häufiger und immer lauter Fragen voller Zweifel und Skepsis hören.

Es wundert uns nicht, dass unter den Erwartungen, ja Forderungen an die Gestaltung der Zukunft die Sicherung des Friedens an erster Stelle steht. Im Gegensatz zu den eingangs gegebenen Zitaten von Jacob Burckhardt stehen wir heute der Tatsache gegenüber, dass die Massenvernichtungsmittel, welche Wissenschaft und Technik ermöglicht haben, eine Fortsetzung der Politik in der überlieferten Weise, das heißt mit dem gewaltsamen Ausgleich der Spannungen, also mit Krieg, unmöglich machen. Ein Krieg im großen bedeutet ja nicht mehr Sieg oder Niederlage, sondern allgemeinen Untergang. Wo nimmt man da angesichts der gegenwärtigen Situation und im Hinblick auf die absehbaren militärischen Entwicklungen der achtziger und neunziger Jahre die hoffnungsvolle Kraft her, Möglichkeiten für eine dauerhafte Sicherung des Friedens zu suchen.

Der Ist-Zustand

Auch wenn Zahlen häufig das Bild verzerren, lassen Sie mich mit nur wenigen dieser Zahlen einige Schlaglichter auf die gegenwärtige Situation werfen*:

– Auf der ganzen Welt haben die jährlichen Ausgaben für militärische Zwecke die Summe von etwa 600 bis 700 Milliarden Dollar erreicht, pro Stunde also über 200 Millionen DM. Das ist mehr als das gesamte Jahreseinkommen der 1,5 Milliarden Menschen, die in den ärmsten Ländern der Erde leben müssen.

* *„Ist-Zustand –Schlaglichter auf die gegenwärtige Situation“:* Die im folgenden genannten Zahlen aus den 80-ger Jahren wurden nicht aktualisiert. Es ist davon auszugehen, dass sich bis heute an der geschilderten Situation im Prinzip nichts Wesentliches geändert hat (die Redaktion).

- Die durchschnittlichen Ausgaben auf der Welt für Ausrüstung und Unterhaltung jedes Soldaten übertreffen den durchschnittlichen Aufwand für die Schulausbildung eines Kindes um mehr als das Fünfzigfache.

- Der Weltvorrat an nuklearen Waffen, bestehend aus etwa 50 000 Atombomben und nuklearen Sprengköpfen, entspricht mehr als 16 Millionen Tonnen TNT, das ist über fünftausendmal mehr als die Sprengkraft der im Zweiten Weltkrieg eingesetzten Munition, die damals zum Tode von weit über vierzig Millionen Menschen führte.

- Der internationale Handel mit konventionellen Rüstungsgütern, angeführt von den USA, der Sowjetunion und Frankreich, beträgt heute rund 80 bis 90 Milliarden DM pro Jahr; das heißt, dieser Handel hat sich in den siebziger Jahren mehr als verdoppelt, drei Viertel davon gehen heute in die Dritte Welt, davon etwa die Hälfte in den Mittleren Osten und die arabischen Länder Nordafrikas. Etwa die Hälfte der industriellen Importgüter in den armen Ländern der Dritten Welt sind Waffen, die zu meist eher benötigt werden, um die eigene Bevölkerung in Schach zu halten, als um Sicherheit gegen äußere Feinde zu bieten. Oft sollen aber auch militärische Abenteuer von der Misere und Korruption im eigenen Lande ablenken.

- In den Jahrzehnten seit dem Ende des Zweiten Weltkriegs haben rund hundertvierzig Kriege stattgefunden, fast ausschließlich in den Entwicklungsländern, wo die Not der Menschen ohnehin für uns unvorstellbar groß ist. Wohl über zehn Millionen Menschen haben dabei den Tod gefunden

- Über 400 000 Naturwissenschaftler und Ingenieure sind weltweit für Forschung und Entwicklung in der Rüstungsindustrie eingesetzt.

– Und dies alles in einer Welt, in der über eine halbe Milliarde Menschen chronisch unterernährt sind und hungern, etwa 600 bis 700 Millionen Menschen unbeschäftigt oder völlig unterbeschäftigt sind, in der die Weltbevölkerung bis zur Jahrtausendwende um etwa anderthalb Milliarden Menschen zunehmen wird: mit der Folge, dass die Zahl der Hungernden weiter steigen wird und über eine Dreiviertelmilliarde neuer Arbeitsplätze – zu 90 Prozent in den armen Ländern der Dritten Welt – geschaffen werden müssen, wenn im Jahre 2000 die Zahl der unter- und unbeschäftigten Erwachsenen in den Entwicklungsländern die Milliardengrenze nicht überschreiten soll.

Der Wunschzustand

Ja, es gehört schon Hoffnung und Glaube dazu, in diesem Terrain gangbare Wege in die Zukunft zu suchen. Aber was sollte, was könnte in praxi getan werden, um in einer Welt des gegenseitigen Misstrauens, ja der Angst den für die Beseitigung der Institution Krieg notwendigen Wandel in den Herzen und Köpfen der wesentlichen Entscheidungsträger von heute und morgen herbeizuführen?

Zur systematischen Erörterung der Erwartungen und Möglichkeiten für die Gestaltung der Zukunft möchte ich einige Schaubilder zur Hilfe nehmen. Zugleich möchte ich um die Geduld bitten, mir in einigen mehr grundsätzlichen Betrachtungen zu folgen.

Alle Arten von Lebewesen wollen überleben und müssen dazu ihre Grundbedürfnisse *(Abb. 1)* befriedigen: Nahrung- oder allgemeiner alles, was zur Erhaltung des körperlichen Organismus vonnöten ist; ferner Fortpflanzung und drittens Sicherheit vor den Unbilden der Natur und vor Feinden, seien sie Tier oder Mensch. Der Zustand der Umwelt ist wesentlich für die Befriedigung dieser Bedürfnisse, insbesondere ist sie wirksam bei der Begrenzung der quantitativen Ausbreitung der jeweiligen Art. Auf diese Weise vollzog sich die biologische Evolution, auch die des Menschen.

Abb. 1: Biologische Evolution

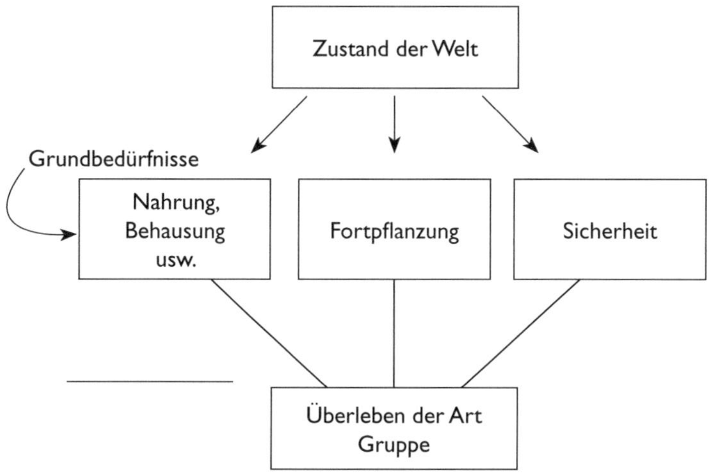

Was den Menschen über die – im übrigen auch stark differenzierte – Tierwelt hinaushebt, sind menschenspezifische Eigenschaften und Fähigkeiten, die ich für den Zweck meiner nachfolgenden Erörterungen in drei Gruppen gliedern möchte *(Abb.2)*.

Abb. 2: Menwschenspezifische Eigenschaften

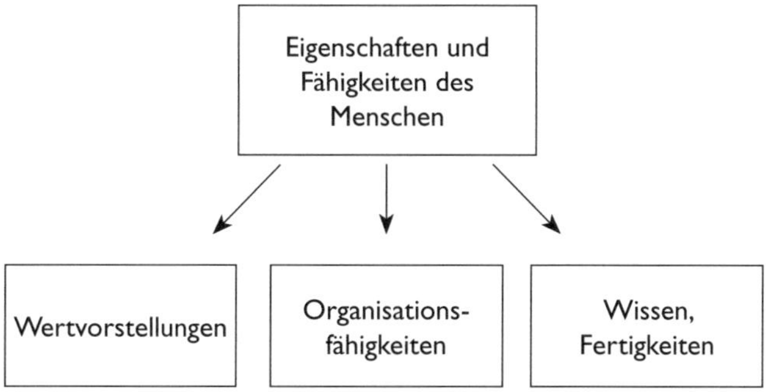

1. Der Mensch besitzt nicht nur die Fähigkeit, aus der Erfahrung zu lernen und auf diese Weise Wissen und Fertigkeiten der verschiedensten Art zu erwerben, sondern vermag diese auch, aufbauend auf dem erlangten Niveau, zu erweitern und die in solchem Wissen und Können gespeicherten Informationen auszutauschen und von Generation zur Generation weiterzugeben. In der ständigen Speicherung von Wissen und Fähigkeiten findet also eine kumulative Entwicklung statt. So kann man wohl behaupten, dass die menschliche Fähigkeit, die Zukunft zu gestalten, in hohem Maß darauf beruht, auf gespeicherte Vergangenheit zurückzugreifen und von dieser fortschreiten zu können. Darüber hinaus besitzt der Mensch – und in besonders hohem Maß geniale menschliche Individuen – die Gabe der Intuition, das heißt die Fähigkeit des Lernens aus sich selbst.

2. Der Mensch besitzt die Fähigkeit, sein Leben und das anderer in vielfältiger Weise zu organisieren, und zwar in allen menschlichen Lebensbereichen: politischen, wirtschaftlichen, sozialen, religiösen, künstlerischen usw. Aufgrund dieser Fähigkeit wird der Aufbau von Institutionen und Systemen möglich, deren Evolution sich in ständig wachsender Größe und Komplexität manifestiert.

3. Der Mensch entwickelt Wertvorstellungen, die aus den verschiedensten Quellen stammen, von denen sicherlich das einzigartige Wissen des Menschen um die Unweigerlichkeit seines Todes und das aus Angst entspringende Verlangen nach einer Bindung an eine höhere, überirdische Macht, welche die Zeit – seine Zeit auf Erden – überdauert, die tiefste Quelle ist. In den Wertvorstellungen haben auch die Erwartungen, Wünsche und Bestrebungen der Menschen ihre Wurzel. Dies ist insofern bedeutsam, als das soziale Wohlergehen einer Gesellschaft erfordert, dass die Erwartungen, Wünsche, Bestrebungen der in ihr lebenden Menschen auf der einen Seite, deren Realisierung auf der anderen sowie als

berechtigt empfundene Ansprüche und deren Befriedigung möglichst weit zur Deckung gelangen und damit Unzufriedenheit und Frustration möglichst wenig Nahrung finden.

4. Es ist das Zusammenwirken dieser Eigenschaften und Fähigkeiten des Menschen, das über die biologische Evolution hinaus die kulturelle Evolution seiner Welt herbeiführt, und zwar gegenwärtig in einem solchen Tempo, dass der Wandel der Welt, in der wir leben, selbst innerhalb einer Generation deutlich sichtbar wird. Dabei ist der Begriff »Welt« umfassend zu verstehen. Er schließt neben der natürlichen Umwelt auch das politische (innen, außen und geopolitische), wirtschaftliche, soziale und technische Umfeld ein. Der Wandel dieser »Welt« manifestiert sich also nicht nur in Umweltveränderungen wie dem Aussterben von Tier- und Pflanzenarten, in der Erschöpfung natürlicher Ressourcen, in der Verschmutzung von Luft und Wasser, sondern zum Beispiel auch in der Änderung der Bevölkerungsdichte und deren Altersaufbau, im Fortschritt der hygienischen Verhältnisse, in der wachsenden Interdependenz in der Welt, im Schrumpfen von Entfernungen aufgrund der Fortschritte im Transport- und Kommunikationswesen, in der Eroberung des erdnahen Weltraums, im Wandel politischer, wirtschaftlicher und militärischer Allianzen, in Änderungen der nationalen und internationalen Arbeitsteilung, in dem fundamentalen Wandel des Arbeitsstils durch das Vordringen der Computer und der Mikroelektronik in allen Bereichen des Lebens.

Grundkompetenzen unserer Umwelt

Für die Gestaltung der so verstandenen »Welt« sind im wesentlichen die folgenden vier institutiven Komponenten unserer Lebensverhältnisse wirksam, die aus den oben beschriebenen Eigenschaften und Fähigkeiten des Menschen hervorgehen *(Abb. 3):*

Abb. 3: Zusammenwirken von kultureller und biologischer Evolution

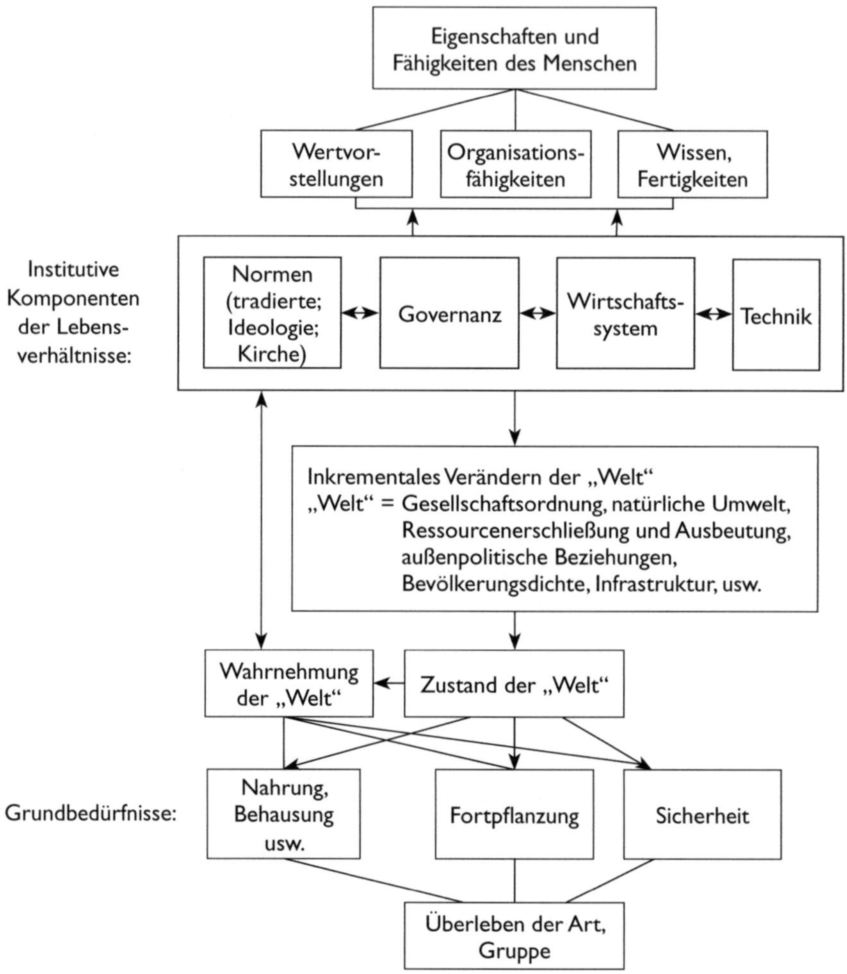

1. Die den in der Gesellschaft vorherrschenden Wertvorstellungen entspringenden dominierenden Verhaltensnormen, welche die Beziehungen des einzelnen zu seiner Gemeinschaft, seine Bereit-

schaft zur Übernahme von Verantwortung, seinen Arbeitswillen, seine Pflichten und Rechte, kurz seine Rolle in der Gemeinschaft bestimmen. Der Konfuzianismus asiatischer Völker gehört zum Beispiel in diese Kategorie von Normen.

2. Die Governanz (Verdeutschung des englischen Wortes *governance*, für das es kein gebräuchliches deutsches Äquivalent gibt), das heißt die Gesamtheit aller politisch wirksamen Institutionen und Methoden (zum Beispiel parlamentarische Demokratie mit allem, was dazu gehört, wie politische Parteien, freie Wahlen, freie Gewerkschaften usw.).

3. Das Wirtschaftssystem (zum Beispiel soziale Marktwirtschaft oder Planwirtschaft).

4. Die Technik mit ihrem jeweiligen Entwicklungsstand in allen Bereichen (Landwirtschaft, Industrie, Medizin, Rüstung usw.). Diese institutiven Komponenten sind es, die den Wandel der »Welt« im wesentlichen herbeiführen und damit ihren jeweiligen Zustand bestimmen. Sie sind nicht unabhängig voneinander, sondern beeinflussen einander gegenseitig. Die Wahrnehmung des »Welt«-Zustandes, die durchaus verschieden sein kann von dem tatsächlichen Zustand, zumindest wohl stets lückenhaft ist, wirkt zurück auf die »welt«-gestaltenden institutiven Komponenten; andererseits beeinflussen diese auch die Intensität und die Art der Wahrnehmung des »Welt«-Zustandes *(Abb. 3)*. Es kann nicht Sache dieses Vortrags sein, auf dem hier skizzierten Weg eine Theorie der Geschichte zu entwickeln. Ich will auch der Versuchung widerstehen, den Wandel der »Welt« einzelner Völker in der Antike oder im Mittelalter anhand von Abbildung 3 zu deuten, sondern ich will mich auf die jüngste Vergangenheit und Gegenwart beschränken, um daraus Erwartungen und Möglichkeiten für die Gestaltung der Zukunft zu entwickeln.

Der Mensch und seine Werke wandeln sich nicht gleich schnell

Zuvor noch einige allgemeine Hinweise. Schauen wir uns das zeitliche Verhalten der Komponenten der Eigenschaften und Fähigkeiten des Menschen an, so werden wir feststellen, dass der Wandel der in einer Gesellschaft dominierenden Wertvorstellungen sehr langsam vor sich geht: Wertwandel braucht Zeit, viel Zeit. Auf der anderen Seite fanden seit der Renaissance eine rasante Evolution der Naturwissenschaften, eine Erweiterung unseres wissenschaftlichen Weltbildes und eine Entwicklung des technischen Wissens und Könnens statt, die beispiellos in der Menschheitsgeschichte sind.

Das gleiche unterschiedliche Zeitverhalten gilt für die vom Menschen geschaffenen institutiven Komponenten: Gesellschaftliche Normen ändern sich nur sehr langsam. Sie überdauern zumeist auch Revolutionen, deren Wirkung in dieser Hinsicht häufig nur kurzlebig und oberflächlich ist. In Ostasien zum Beispiel ist der Konfuzianismus – zumindest in seinen charakteristischen Merkmalen – heute noch so lebendig wie vor 2500 Jahren. Auch politische und wirtschaftliche Institutionen sind zählebig. Militärische Niederlagen sowie schwere wirtschaftliche Erschütterungen waren in der Regel notwendig, um hier Wandel zu bewirken; die Technik dagegen hat in den vergangenen zwei Jahrhunderten unsere Lebensverhältnisse in einem so atemberaubenden Tempo verändert, wie es für jemanden, der zur Zeit des jungen Goethe lebte, völlig unvorstellbar war; denn wenn dieser auf die zweihundert Jahre vor der Erfindung der Dampfmaschine zurückblickte, hätte er auf technischem Gebiet nur geringe Fortschritte entdeckt.

Als Fazit dieser Betrachtungen halten wir also zunächst fest, dass in den vergangenen zweihundert Jahren seit Beginn der industriellen Revolution erhebliche zeitliche Phasenverschiebungen in der Entwicklung der verschiedenen Komponenten menschlicher Fähigkeiten und deren institutiver Ausprägung entstanden sind. Und so hat im Zusammenspiel von Technik und Wirtschaftssystem – die Governanz war dabei ein mehr oder weniger passiver Mitfahrer – in der industrialisierten Welt eine Zustandsveränderung der natürlichen Umwelt stattgefunden, deren Wahrnehmung wegen der hier vorherrschenden Wertvorstellungen erst sehr spät erfolgte und nun vehement auf die Verhaltensnormen zurückwirkt und diese wandelt. ....

Die Trägheit der Governanz im Vergleich zur Leichtfüßigkeit der Technik im Herbeiführen von »Welt«-Veränderungen hat auch noch andere gravierende Folgen. Die Wahrnehmung dieser Änderungen in den vergangenen zehn, zwanzig Jahren hat zu der Erkenntnis geführt, dass dem Bevölkerungswachstum Einhalt zu gebieten ist, dass die Ausbeutung der nichterneuerbaren wie auch der erneuerbaren Ressourcen nicht so weiter gehen kann, dass neue, die natürliche Umwelt schonende Wege in der Erzeugung der Nahrungsmittel zu gehen sind, um unter anderem die Fruchtbarkeit der Ackerböden nicht durch Überdüngung zu gefährden, ja zu zerstören.

In aller Welt hat man auch wahrgenommen, dass die Waffenentwicklung seit Ende des Zweiten Weltkriegs nicht mehr dem Sicherheitsbedürfnis der Menschen dienen kann, sondern vielmehr die Unsicherheit aller in kaum vorstellbarer Weise erhöht. Immer mehr Menschen haben aus der Wahrnehmung des gegenwärtig erreichten Zustandes der »Welt« den Schluss gezogen, dass wir in der Befriedigung unserer Grundbedürfnisse nicht mehr so weitermachen können wie bisher. Die politischen Institutionen gehen allerdings bei der Umsetzung dieser Wahrnehmung der von ihnen regierten Menschen nur zögernd vor. Dies trifft besonders auf dem Gebiet der militärischen Sicherheit zu, während in bezug auf die Befriedigung der übrigen Grundbedürfnisse Verhaltensänderungen der Governanz in vielen Teilen der Welt – zum Teil allerdings sehr unterschiedlich – stattfinden.

Wir stellen also infolge des Verhaltens der Governanz ein völliges außertritt-geraten in den Verhaltensweisen zur Befriedigung unserer Grundbedürfnisse fest. Auf der einen Seite sehen wir ernsthafte Versuche auf den Gebieten der Bevölkerungspolitik und der Umweltschutzgesetzgebung, und auf der anderen sind wir Zeugen eines Rüstungswettlaufs zwischen Ost und West. Und dies, obwohl die Menschen von heute sich bewusst sind, dass die Institution des Krieges als ein Überbleibsel aus der vorindustriellen Menschheitsepoche spätestens seit der Existenz der Atombombe völlig ungeeignet ist, die Lebensgrundlagen von Völkern zu sichern oder gar zu verbessern, selbst nicht für die aus einem großen Krieg hervorgehenden Sieger. Es sind eben nur Individuen fähig, intuitiv antizipierend mit der Gestaltung ihrer Zukunft umzugehen, während Gruppen, Nationen oder gar die Menschheit als Ganzes aufgrund der Trägheit der Governanz nur in der Lage sind, auf unmittelbare Entwicklungen zu reagieren: *»Jeder von uns ist weiser und sicherer im Handeln als die Gesellschaft, in der wir leben«* (Erich Jantsch, 1977). Nur der einzelne ist der Intuition fähig, jener Art von Vision, die den Beginn und das Ende gleichermaßen im Blick hat, von der in dem oben zitierten Spruch Salomos die Rede ist.

Es ist in dieser wohl gefährlichsten Epoche der Menschheitsgeschichte allerdings höchste Zeit, dass die Regierungen, insbesondere die der USA und der Sowjetunion, eine besondere Anstrengung unternehmen, um hinter der Weisheit der in ihrem Machtbereich lebenden Individuen nicht weiter um Generationen zurückzubleiben.

Was sollte auf zwischenstaatlicher Ebene getan werden?

Es ist sicherlich utopisch zu erwarten, dass der Friede entsprechend einer alten, schon von Nietzsche vor hundert Jahren gestellten Forderung nach totaler einseitiger Abrüstung gesichert werden könnte (*Friedrich Nietzsche, Menschliches, Allzumenschliches II; Der Wanderer und sein Schatten, Nr. 30: Das Mittel zum wirklichen Frieden*). Aber was kann denn überhaupt geschehen? Die kleinen Abrüstungsschritte sind nicht zu verachten, doch scheinen sie mir ungeeignet, das abgrundtiefe Misstrauen zwischen den Machtblöcken zu beseitigen. Sie wirken, als solle das Pferd von hinten aufgezäumt werden. An vorderster Stelle gilt es ja, das Misstrauen zwischen den feindlichen Blöcken und damit die Angst voreinander abzubauen, indem sie beide durch mutige Schritte den Grund für stetig wachsendes gegenseitiges Vertrauen legen. Aber wo anfangen?

Während die USA in den vergangenen Jahrzehnten als Reaktion auf sowjetische Politik zwischen Entspannungs- und Eindämmungspolitik schwankten, hat die Sowjetunion konsequent die traditionellen drei Instrumente ihrer Außenpolitik eingesetzt: gegenüber dem Westen das schon von Lenin entwickelte »Prinzip der friedlichen Koexistenz«, welches nach Gromyko eine spezifische Form des Klassenkampfes zwischen Sozialismus und Kapitalismus ohne Rückgriff auf Waffen darstellt; gegenüber ihren »Bruderstaaten« das »Prinzip des proletarischen sozialistischen Internationalismus«, das als Disziplinierungsinstrument nichts weiter als die Warnung beinhaltet: Was in unserem Machtbereich ist, bleibt da, ohne Rücksicht auf Weltmeinung und andere politische, notfalls auch militärische Kosten; und gegenüber den armen Entwicklungsländern die politische und militärische Unterstützung der außereuropäischen »Befreiungsbewegungen«.

Es ist meines Erachtens bei der Suche nach einem dauerhaften Frieden von entscheidender Wichtigkeit, die drei genannten Instrumente sowjetischer Außenpolitik richtig einzuschätzen. Die von der Sowjetunion in den vergangenen drei Jahrzehnten geübte Unterstützung der Befreiungsbewegungen, die einhergegangen ist mit der Schaffung von sowjetischen militärischen Stützpunkten, hat einen ständig schwelenden Herd geschaffen, von dem jederzeit in einem unerwarteten Augenblick der einen Weltbrand entfachende Funke ausgehen kann. Man denke nur an die Kubakrise vor über zwanzig Jahren, als die USA und die Sowjetunion sich mit dem Einsatz nuklearer strategischer Waffen bedrohten. In engem Zusammenhang mit diesem friedensbedrohenden Komplex steht der vorerwähnte Waffenhandel mit der Dritten Welt. Ein richtiger Friede kann nicht zustande kommen und bestehen, wenn nicht Ost und West von *»diesem wahrhaft schmachvollen, von tiefstem Zynismus und gemeinster Korruption begleiteten Massenexport von Waffen in andere Länder und besonders in die Entwicklungsländer der*

Dritten Welt Abstand nehmen. Für diesen Handel, der meistens nichts anderes bewirkt als die Korrumpierung und Debauchierung der betreffenden Länder, der sie zur Verschwendung von Mitteln verleitet, die dringend für positive Zwecke benötigt werden, für diesen ungeheuren Missbrauch kann es keine Berechtigung geben« (George Kennan bei der Annahme des Friedenspreises des deutschen Buchhandels, 1982).

Es wäre ein längst fälliger Test für die immer wieder von den Machtblöcken bekannte Friedensliebe, wenn die CAT-Verhandlungen (die Conventional Arms Talks) zur Eindämmung des Handels mit konventionellen Waffen, die vor einigen Jahren ganz erfolgreich begannen, wiederaufgenommen und zu einem guten Ende geführt würden. Hier könnte vielleicht ein erster Schritt zu dem erforderlichen Sinneswandel der auf beiden Seiten führenden Politiker gemacht werden, indem sie sich einmal von nackter Machtpolitik freimachen und die furchtbare Not der betroffenen Menschen, vor allem der Kinder, zur Kenntnis nehmen würden. Wer dazu nicht in der Lage ist, dem kann mit gutem Recht der ehrliche Wille zum Frieden abgesprochen werden. Dabei steht im übrigen den politischen Entscheidungsträgern auch die Erfahrung zur Seite, dass Freundschaft und außenpolitische Vergünstigungen langfristig nicht mit Waffen erkauft werden können: Der heute Verbündete ist häufig der Feind von morgen, eine Erfahrung, die die Amerikaner etwa im Iran und die Sowjets in Ägypten gemacht haben.

In einem Abkommen über das generelle Verbot von Waffenexport in die Dritte Welt mit der Verpflichtung, gemeinsam dieses Verbot auch bei ihren jeweiligen Verbündeten durchzusetzen und zu überwachen, könnten die Großmächte einen wirklichen Durchbruch zu einer dem Frieden dienenden Zusammenarbeit erzielen, ohne dadurch ihre eigene »militärische Sicherheit« aufs Spiel zu setzen. ....

[Der hier anschließende Text über das Wettrüsten zwischen USA und Sowjetkunion wurde, da inzwischen nicht mehr relevant, gestrichen.]

Ist Frieden überhaupt möglich?

Viele fragen sich heute: Kann man überhaupt an die Möglichkeit eines stabilen Friedens in der Welt glauben? Ich meine, dass uns dabei das Vertrauen auf den Satz helfen kann, der da lautet: Alles, was existiert, ist auch möglich. Was heißt das?

Nun, wir können feststellen, dass es große Regionen in der Welt gibt, in denen dauerhafter Friede existiert. Dies ist ein verhältnismäßig junges geschichtliches Phänomen: nach 1815 zwischen den skandinavischen Staaten, nach 1870 in Nordamerika und nach 1945 in Westeuropa, allerdings jeweils erst nach langen, opferreichen kriegerischen Auseinandersetzungen.

Stabiler Friede ist also auch zwischen sogenannten Erzfeinden möglich. Dabei müssen wir uns angesichts der für alle tödlichen Bedrohung durch die Nuklearwaffen darüber im klaren sein, dass heute der Krieg kein taugliches Mittel ist, um durch ihn und durch die auf ihn folgende Aussöhnung zum stabilen Frieden zu gelangen, denn nach einem solchen Krieg würden die potentiellen Aussöhnungspartner nicht mehr existieren. Doch halte ich fest: Stabiler Friede ist möglich.

Unter den charakteristischen Eigenschaften eines stabilen Friedens ist für mich wohl die wesentlichste, dass in den Regionen mit stabilem Frieden die nationalen Landesgrenzen ihre Bedeutung ganz oder zumindest in hohem Maß verloren haben. Deshalb scheint auch ein Staat wie die Sowjetunion, deren Grenzen von ihrem Sprecher noch vor wenigen Jahren im Zusammenhang mit dem Abschuss eines südkoreanischen Verkehrsflugzeugs als »heilig« bezeichnet wurden, wohl noch sehr weit davon entfernt zu sein, mit anderen Staaten innerhalb und außerhalb ihres Machtbereichs ein stabiles Friedensverhältnis zu begründen. Hier werden wir alle, die wir eine Politik zur Erlangung eines stabilen Friedens zwischen Ost und West ohne vorhergehenden, für beide Seiten tödlichen Krieg betreiben wollen, einen langen Atem haben müsDie gegenseitige nukleare Abschreckung ist sicherlich für die absehbare Zukunft ein Instrument, das auf beiden Seiten solcher

Friedensgeduld förderlich ist. Es kann aber kein Dauerzustand sein, dass die Beziehungen zwischen Ost und West für alle Zeit nur aus Angst vor dem nuklearen Holocaust nicht in Krieg entarten. Wir müssen vielmehr nach Wegen suchen, durch geeignete deutliche Schritte in der Beseitigung dieser Waffen, die nicht als Schwäche ausgelegt werden können, auch beim Gegner ähnliche Schritte auszulösen und damit allmählich das Misstrauen zu vermindern. Die von manchen geäußerte Furcht, nach Verschrottung aller nuklearen Waffen würde die wesentliche Hemmung gegen den Ausbruch eines mit »konventionellen« Waffen geführten Krieges entfallen, ist unbegründet. Selbst wenn die vertrauensbildenden Kräfte, die ja erst die vollständige Verschrottung atomarer Waffen ermöglichen können, wieder schwinden sollten, bleibt die nukleare Abschreckung latent wirksam. Denn das Wissen und Können, welches heute den Bau immer »effektiverer« nuklearer Waffensysteme ermöglicht hat, ist ja auch nach deren Verschrottung nicht aus der Welt. Ein »konventioneller« Krieg zwischen den großen Machtblöcken würde in jedem Falle so lange dauern, dass die kriegführenden Parteien sich wieder mit Atomwaffen ausrüsten könnten und diese dann – spätestens angesichts einer sonst unvermeidlichen Niederlage – auch einsetzen würden.

Die nukleare Abschreckung bleibt also so oder so in der Welt. Sollte sie im Laufe der nächsten fünfzig Jahre dazu beitragen, dass aus Frieden durch gegenseitige Angst schließlich Frieden durch Vertrauen und Vernunft wird, dann wird man vielleicht auch die Naturwissenschaftler und Ingenieure preisen, die diese gewaltige Energie erschlossen haben. Davon sind wir allerdings noch weit entfernt.

Wenn wir jedoch hier und heute erste erfolgreiche Schritte zum stabilen Frieden zwischen Ost und West tun werden, dann werden auch gangbare Wege in die Zukunft gefunden. Denn die Wege, die zum Überleben in Frieden auf diesem kleingewordenen Planeten führen, auf dem wir einem gemeinsamen Schicksal nicht entgehen können, sind auch die Wege, die zu einer gerechten und durchhaltbaren wirtschaftlichen Entwicklung in aller Welt – so unterschiedlich sie auch in den verschiedenen Weltregionen stattfinden wird –, zu einer menschlichen Gesellschaft führen, in der gegenseitige Verantwortung und Solidarität vorherrschen, Wege, die zu kulturellem Fortschritt und kultureller Vielfalt und schließlich auch zu einer harmonischen Einbettung menschlichen Lebens in die Natur führen.

Denn allen diesen Wegen ist gemeinsam, dass sie zu einer Umkehrung des eingangs erwähnten Säkularisierungsprozesses führen, dass sie die gleichen Wertvorstellungen erfordern, ohne die weder der eine noch der andere Weg in die Zukunft begangen wird. Alle diese Wertvorstellungen tragen wir in uns. Wir Christen mögen sie schlicht als christlich bezeichnen, doch sie leben auch in den Herzen von Menschen anderer religiöser Überzeugungen.

In aller Welt sind jedoch auch Wertvorstellungen wirksam, welche die Menschen auf andere Wege lenken, die – wie ich meine – ins Verderben führen. Damit diese nicht die Oberhand gewinnen, darf unser Staatswesen – und man sollte immer zu Hause den Anfang machen, bevor man anderen gute Ratschläge erteilt – nicht so aufgeweicht werden, dass moralische wie intellektuelle Opportunisten auf leichte Weise zum Erfolg kommen können. So würden auf der einen Seite falsche Vorbilder entstehen und auf der anderen der Abscheu wachsen – besonders bei den jungen Menschen – gegen einen Staat, in dem politischer und wirtschaftlicher Eigennutz florieren.

Was kann auf nationaler Ebene getan werden?

So bedeutsam und fundamental dieser Hinweis auf die Wertvorstellungen ist – die Politiker dieser Welt wollen natürlich wissen, was hier und heute zu tun ist, um die Probleme lösen zu können, mit denen wir jetzt konfrontiert sind. Weder im Inland noch im Ausland, noch global gesehen gibt es die magische Autorität, die die Probleme für sie lösen könnte. Wer glaubt, in den kommenden Jahrzehnten würden wir die Auflösung der Nationalstaaten erleben, macht sich Illusionen. Die nationalen Egoismen werden vielmehr weiterwirken und bestenfalls durch die Einsicht, dass wir alle in einem Boot sitzen, etwas gemildert. Ich möchte daher ausdrücklich betonen: Die bloße Existenz der Nationalstaaten zwingt dazu, die meisten Probleme eines Staates selbständig und gestützt auf die Initiativen der Bürger im einzelstaatlichen Rahmen zu lösen. Es geht dabei im Grunde genommen darum, die Effizienz, die Leistungsfähigkeit des jeweiligen Staates oder Gemeinwesens zur Lösung seiner Probleme zu erhöhen.

Man kann wohl, ohne ernstlichen Widerspruch erwarten zu müssen, behaupten, dass die gegenwärtig festzustellende Leistungsfähigkeit verschiedener Gesellschaften sehr unterschiedlich ist. Schauen wir uns jedoch die Menschen in den verschiedenen Gesellschaften an, so müssen wir zugeben, dass deren Leistungspotential im Durchschnitt gar nicht so unterschiedlich ist. ...

Angeregt durch die Arbeit meines Freundes im Club of Rome, Bohdan Hawrylyshyn, Direktor des International Management Institute (IMI) in Genf, welche in seinem Buch »Road Maps to the Future; Towards More Effective Societies« (Pergamon-Verlag, London 1980) ihren Niederschlag gefunden hat, möchte ich unter leichter Erweiterung seiner Hauptthese die Behauptung aufstellen, dass die Leistungsfähigkeit einer Gesellschaft davon abhängt, inwieweit die von mir oben genannten institutiven Komponenten ihrer Lebensverhältnisse miteinander verträglich sind und in welchem Zustand sich die »Welt« dieser Gesellschaft befindet.

Es bereitet keine Schwierigkeit zu zeigen, dass gegenwärtig in fast allen Gesellschaften (sprich: Nationen) die Harmonie zwischen diesen institutiven Komponenten untereinander und mit der »Welt« gestört ist. Vom Standpunkt der Zukunftsforschung aus ist es dann wesentlich, zu untersuchen, welche Chancen für solche Gesellschaften bestehen, zu grundlegenden Korrekturen zu gelangen, mit denen die gestörte Harmonie in befriedigendem Maß wiederhergestellt werden könnte, oder ob Gesellschaften, in denen solche Harmonie heute noch in verhältnismäßig hohem Maß existiert, in Zukunft in Gefahr sein könnten, diese Harmonie mit der Folge abnehmender Leistungsfähigkeit einzubüssen.

[Die folgenden Ausführungen zu einzelnen Ländern sind in den Teilen, die heute nicht mehr aktuell sind, zum Teil stark gekürzt.]

Nehmen wir Japan als erstes Beispiel! Über lange Zeiträume bis in die jüngste Gegenwart hinein sind hier partnerschaftlich-kooperative Normen dominant gewesen. Diesen würde ein Staatswesen (Governanz) entsprechen, in dem sich mehrere Zentren die Macht teilen und sie konsensorientiert ausüben. Dies ist in der Tat der Fall, obwohl sich Japan nach Ende des Zweiten Weltkriegs unter dem Einfluss der amerikanischen Besatzungsmacht eine Verfassung gegeben hat, die die Wesenszüge des Modells angelsächsischer parlamentarischer Demokratie trägt. Dennoch funktionieren ihre politischen Institutionen in der Praxis weitgehend konsensorientiert. ... Dass in wenigen Jahrzehnten auf allen technischen Gebieten der Rückstand gegenüber den westlichen Industrienationen aufgeholt wurde, hat viel mit diesem konsensorientierten, kooperativen Verhalten der Japaner zu tun.

Südkorea, wo ebenfalls noch manche das Verhalten prägenden Einflüsse des Konfuzionismus lebendig sind, geht auf technischem Gebiet ähnlich voran wie die Japaner. Auch hier sind die Erfolge enorm, besonders wenn man bedenkt, dass die Südkoreaner praktisch bei Null anfangen mussten, nachdem Korea während eines halben Jahrtausends Fremdherrschaft auf dem Stand eines rückständigen Agrarstaates gehalten worden war.

Dass in China in wenigen Jahrzehnten ein gewaltiger moderner Industriestaat heranwächst, ... , dürfte außer Frage stehen. Dass diese Industrialisierung eines wohl auf anderthalb Milliarden anwachsenden Volkes ungeheure Umweltprobleme mit sich bringen wird, ist unzweifelhaft. Man denke nur an die weiter notwendig werdende Intensivierung der Landwirtschaft, an den mit Sicherheit zu erwartenden Anstieg des Kohleverbrauchs und vor allem an den schnell steigenden Wasserverbrauch in der Industrie, in der Landwirtschaft – die ohne künstliche Bewässerung die Ernährung nicht befriedigen kann – und in den privaten Haushalten infolge der rasch zunehmenden Verstädterung.

Als weiteres, kurz zu erörterndes Beispiel möchte ich die Sowjetunion betrachten. Lenin schwebte die Schaffung des Sowjetmenschen vor, der erfüllt sein sollte von egalitär-kollektivistischen Werten und der dann auch freiwillig, ja begeistert die ungeteilte Machtausübung durch ein oberstes Machtzentrum akzeptiert hätte. Und ein auf zentralistischer Planwirtschaft beruhendes Wirtschaftssystem würde sich daraus geradezu natürlich ergeben haben. Dann würde auch in der Sowjetunion die Harmonie zwischen den drei institutiven Komponenten ihrer Lebensverhältnisse – den Verhaltensnormen, der Governanz und dem Wirtschaftssystem – vorgeherrscht haben, die dann die Sowjetunion mit hoher Leistungsfähigkeit beglückt hätte. In Wirklichkeit kann von solcher Harmonie keine Rede sein. ....

Wegen mangelnder Harmonie zwischen den erwähnten institutiven Komponenten ist die Leistungsfähigkeit der Sowjetunion trotz des großen Reichtums an natürlichen Ressourcen, trotz des unbestrittenen Potentials der Fähigkeiten – auch der technischen Fähigkeiten des sowjetischen Durchschnittsbürgers – ungenügend und wird so bleiben, solange die Kreml-Elite darauf besteht, ihre Ideologie durchzusetzen ....

Als letztes Beispiel wende ich mich nun den USA zu. Die Vereinigten Staaten sind in den ersten hundertfünfzig Jahren ihres Bestehens geprägt worden durch die individualistisch-kompetitiven Werte ihrer Bevölkerung, die geradezu zwangsläufig zu einer »Ellbogengesellschaft« führten, allerdings gemildert durch immer wieder festzustellendes tätiges Mitleid für den Underdog. Im Einklang mit diesen Werten und Verhaltensnormen wurde auch die Governanz geschaffen, und in ihrem Gefolge entstand die freie Marktwirtschaft geradezu auf natürliche Weise. Solange die Umwelt »grenzenlos« war, stand dem Erfolg der cowboy *economy* mit ihrer hemmungslosen Ausbeutung aller greifbaren Ressourcen ohne Rücksicht auf die Umwelt nichts im Weg. Mit der Verträglichkeit der vier institutiven Komponenten ihrer Lebensverhältnisse untereinander und mit einer grenzenlosen Umwelt war dann die hohe nationale Leistungsfähigkeit der USA eine quasi selbstverständliche Folge.

Seit einigen Jahrzehnten ist es jedoch mit der »Grenzenlosigkeit der Möglichkeiten« auch in den USA vorbei. Doch nach wie vor dominieren die alten Werte, fehlt es bei der Mehrzahl der Bevölkerung an Verantwortungsbewusstsein für die Bewahrung der natürlichen Umwelt, für sparsamen Umgang mit nichterneuerbaren Ressourcen, fehlt es an freiwilliger Disziplin und konsensorientierter kooperativer Grundhaltung. Wertwandel braucht eben Zeit, viel Zeit. Also nimmt man zur Zügelung unerträglichen individualistisch-kompetitiven Verhaltens der Bürger Zuflucht beim Gesetz. ....

Auf der anderen Seite verführen die »alten« Werte auch dazu, mit Hilfe der Technik auftretende »Grenzen« zu überwinden. So werden zum Beispiel seit langem Pläne erörtert, nach Norden fließende Ströme, wie den Mackenzie River, nach Süden umzulenken, um den ungeheuren Wasserdurst der Landwirtschaft, der Industrie und der privaten Haushalte zu befriedigen, anstatt nach Lösungen zu suchen, durch sparsameren Umgang mit dem Wasser – einschließlich des Recycling – der sich abzeichnenden Wassernot Herr zu werden. ....

Übrigens unterscheiden sich die Wasserprobleme der Sowjetunion und das Verhalten zu deren Bewältigung nur wenig von denen der USA. Auch hier geht man daran, einen großen Teil (in der Größenordnung von 100 Kubikkilometern pro Jahr) der in Westsibiriens Strömen nach Norden fließenden Wassermengen nach Süden in die landwirtschaftlichen Gebiete umzulenken, deren Bewässerung schon heute die Zuflüsse zum Kaspischen Meer, zum Asowschen Meer und zum Aralsee um bis zu 30 Prozent verringert haben, so dass zum Beispiel der Wasserspiegel des Aralsees um anderthalb Meter gesunken ist. Warnungen von Ökologen und Klimaforschern werden auch hier in den Wind geschlagen mit dem Hinweis, dass man zur Entwicklung und Erhaltung riesiger Landwirtschaften keine andere Wahl habe. Aber was wird, wenn durch die drastische Verringerung des Süßwasserzuflusses in die arktischen Meere deren Salzgehalt zunimmt und somit deren Vereisung abnimmt, was aufgrund der Albedo-Veränderung mit der Folge der Erwärmung der arktischen Meere unvorhersehbare Klimaänderungen nach sich ziehen kann.

Lassen Sie mich zurückkehren zu einigen weiteren Betrachtungen, die die USA betreffen. Wir haben aus den obigen kurzen Hinweisen erkennen müssen, dass auch in den USA – wie übrigens in den meisten anderen Gesellschaften – die Verträglichkeit zwischen den institutiven Komponenten untereinander und mit der Umwelt nicht mehr gegeben ist und damit die frühere Leistungsfähigkeit nicht durch einfache kosmetische Korrekturen wiederherstellbar ist.

Ein Wandel der Verhaltensnormen tut not

Was wäre also anzustreben? Ich bin überzeugt: Ohne Wandel in den Verhaltensnormen können keine Änderungen der Governanz und des Wirtschaftssystems erreicht werden, die auf Dauer Bestand haben. Und ohne solchen Wandel wird auch die Entwicklung der Technik nicht in Bahnen gelenkt werden, die mit der natürlichen Umwelt verträglich sind.

Hieran wird deutlich, wie die zuvor dargelegten Überlegungen zur Erforschung oder besser zur Erörterung zukünftiger Entwicklungen benutzt werden können. Hier muss man sich fragen: Sind in der Bevölkerung der USA genügend starke Ansätze vorhanden, die den Übergang von individualistisch-kompetitiven Werten zu partnerschaftlich-kooperativen in den kommenden Jahrzehnten ohne große politische Erschütterungen herbeiführen könnten? Oder werden die zentrifugalen Kräfte, die durch die ethnische und rassische Entwicklung in den USA in der Zukunft erheblich an Stärke gewinnen können, solchen Übergang verhindern mit der Konsequenz, dass sich auch in der Governanz, im Wirtschaftssystem und in der weiteren Entwicklung der Technik strukturell nichts Wesentliches ändert und somit immer mehr staatliche Eingriffe zur Aufrechterhaltung geordneter Lebensverhältnisse notwendig werden, wodurch der Verfall der Leistungsfähigkeit der USA sich beschleunigt fortsetzen würde?

Ich will diese Frage hier nicht ausdiskutieren, sondern mich mit dem Hinweis begnügen, dass Bürger wie Politiker in den USA, aber auch in ihren Bündnisländern, mit Hilfe der hier nur angedeuteten Denkansätze die Warnzeichen erkennen und gleichzeitig auch Wegweiser entdecken können, die vom krisenhaften Pfad weg in eine bessere Zukunft zu führen vermöchten. Ich meine, dass es insbesondere für die westeuropäischen Partner der USA von nicht zu überschätzender Bedeutung ist, mit dem hier skizzierten methodischen Werkzeug nicht nur die eigene Entwicklung zu analysieren und vielleicht neu zu gestalten, sondern auch den Wandel der dominierenden Wertvorstellungen in den USA zu verfolgen und dessen Niederschlag in Veränderungen der Governanz sowie die Akzeptanz dieser Veränderungen durch die Mehrheit der amerikanischen Bevölkerung sorgfältig zu registrieren. ... Dabei finde ich wenig Trost in der Tatsache, dass die mit dieser Methode erarbeitete qualitative Prognose für die Sowjetunion noch sehr viel ungünstiger ist als für die USA.

So wichtig die von den institutiven Komponenten und ihren gegenseitigen Beziehungen abhängige Fähigkeit einer Gesellschaft ist, den Zustand ihrer »Welt« inkremental, in ihrem Zuwachs, zu verändern – selbst eine hochleistungsfähige Gesellschaft ist dennoch nicht gegen Fehlentwicklungen ihrer »Welt« gefeit. Denn wenn sie sich nur kurzfristige Ziele setzt, kann es wegen der vielfältigen Verflechtungen innerhalb und außerhalb dieser Gesellschaft langfristig zu völlig unbeabsichtigten, äußerst schädlichen Entwicklungen kommen, zumal – wie wir oben gezeigt haben – das Zeitverhalten der verschiedenen »Welt«-Komponenten höchst unterschiedlich ist. Die in den institutiven Komponenten einer Gesellschaft wirkenden Menschen müssen also zunächst einmal einen weitgehenden Konsens über langfristige Ziele für den erstrebten Zustand ihrer »Welt« haben, denen sie entgegenwachsen wollen. In unserem 1974 erschienenen zweiten Bericht an den Club of Rome – mit dem Titel »Menschheit am Wendepunkt« – haben Mesarovic und ich eine solche Entwicklung »organische Entwicklung« genannt, weil ja auch das organische Wachstum in der Natur zielorientiert ist. Und so wird es für menschliche Gemeinwesen keine »gesunde« Entwicklung geben, ohne dass sie sich klare Ziele stecken, die eine Reihe von

Bedingungen erfüllen müssen: Die einzelnen Zielvorstellungen müssen miteinander vereinbar sein. Sie müssen den tatsächlichen Bedürfnissen und Wünschen der betroffenen Menschen entsprechen, und es muss gesichert sein, dass sie mit den vorhandenen menschlichen und erreichbaren materiellen Ressourcen auch realisiert werden können.

Gerade was die menschlichen und materiellen Ressourcen betrifft, gibt es erhebliche regionale Unterschiede in der Welt; die organische Entwicklung wird daher in den verschiedenen Teilen der Welt ebenfalls unterschiedlich verlaufen. Außerdem: Bedürfnisse und Wünsche ändern sich der Zeit ebenso wie die verfügbaren Mittel, weshalb die Ziele immer wieder neu definiert werden müssen.

Jede Generation steht also vor der Aufgabe, die Ziele für die Lebensgestaltung der nachfolgenden Generation neu zu formulieren. Dies allein genügt jedoch nicht. Die Generation von heute muss auch bereit sein, eine Vorbildfunktion auszuüben. Dies gilt insbesondere für die im industrialisierten Westen lebenden Menschen. Unser Lebensstil wird von immer mehr Menschen in den Schwellen- und Entwicklungsländern als Vorbild betrachtet. Die Eliten selbst in den ärmsten Ländern leben wie die Reichen bei uns und wirken dabei als nachstrebenswerte Vorbilder für ihre »Untertanen«. Sollten in den nächsten zwanzig bis fünfzig Jahren vier bis fünf Milliarden Menschen zusätzlich zu der einen Milliarde, die heute im Wohlstand lebt, die Konsumgesellschaft in unerträglichem Maß vergrößern, dann würde in der Tat eine Situation eintreten, wie wir sie aus »Grenzen des Wachstums« kennen.

Also müssen hier und heute die im Wohlstand lebenden Menschen endlich energisch und umfassend die Aufgabe angreifen, den technischen Fortschritt in Bahnen zu lenken, die der jeweils gegebenen und sich mit der Zeit verändernden natürlichen und sozialen Umwelt angepasst sind. Das wird dann zumeist keine primitive Technik sein, sondern eine Technik, die in vieler Hinsicht ganz erhebliche wissenschaftliche Anstrengungen erfordert. Denken Sie etwa an das äußerst schwierige Problem der Photolyse, der

Direkterzeugung von Wasserstoff durch Sonnenenergie. Gelänge dies mit einem Wirkungsgrad von, sagen wir, 20 Prozent, dann wäre das Energieproblem der Menschheit sowohl wirtschaftlich wie umweltfreundlich für alle Zeiten gelöst. Dies würde in der metallurgischen und in der chemischen Industrie, im Transportwesen usw. einen technischen Wandel herbeiführen, der den Wohlstand von immer mehr Menschen auch für die biologische Umwelt erträglich machen würde. ...

Warum müssen wir eigentlich immer warten, bis solche Technologien »wirtschaftlich« werden, wenn wir es uns wegen der ständigen Produktivitätssteigerung leisten können, allein in der Bundesrepublik Deutschland gleichzeitig neben einer sich laufend verbessernden Entlohnung der Erwerbstätigen noch ein Heer von Millionen Arbeitslosen materiell vor der Armut zu schützen? Ich meine, es ist an der Zeit, den technischen Fortschritt in einem langfristigen und gesamtheitlichen Rahmen zu betreiben, die Wirtschaftlichkeit neuer technischer Entwicklungen nicht im engen Vergleich mit traditioneller Technik zu sehen, sondern in den Kostenvergleich auch die geringere Umweltbelastung und die Entlastung des Arbeitsmarktes sowie die Absicherung gegen nicht kontrollierbare äußere Einflüsse mit einzubeziehen und schließlich auch den psychologischen Auftrieb nicht außer acht zu lassen, der das Anpacken jeglicher zukunftsträchtiger Aufgaben begleitet.

Rezepte fehlen

In dieser Weise von organischer Entwicklung zu sprechen, wird die Politiker kaum vom Stuhle reißen, die wissen wollen, was zu tun ist, um der Forderung der Tage genügen zu können. Aber Rezepte für die Gestaltung der Zukunft gibt es nicht. Ich kann jedoch aufgrund vieler Fallstudien wie der oben skizzierten, einschließlich deren, die mein Freund Hawrylyshyn durchgeführt hat, eine Reihe von meines Erachtens allgemein gültigen Voraussetzungen aufstellen, ohne deren Erfüllung organische Entwicklung nicht stattfinden wird:

1. Die Annahme, die Rohstoffvorräte der Welt seien unerschöpflich und mit Hilfe der Technik ließen sich alle Weltprobleme lösen, trifft genauso wenig zu, wie die Behauptung des Gegenteils einen relevanten Beitrag zur Lösung der Weltproblematik leistet. Es ist daher von diesem Standpunkt aus müßig, darüber zu spekulieren, wie sich Technik und Wissenschaft in Zukunft entwickeln werden. Ganz sicher wird der heftige Konkurrenzkampf der fortgeschrittenen Industriestaaten stimulierend auf die Entwicklung von Wissenschaft und Technik einwirken. Doch mit dieser Art der Technologie wird man – wenn überhaupt – allein den Reichtum der ohnehin reichen Nationen vermehren und häufig nur dazu beitragen, das wirtschaftliche Risiko der Unternehmen und die Verwundbarkeit unserer technischen Infrastruktur zu erhöhen. Sollte ein Land versuchen, sich diesem Konkurrenzkampf zu entziehen, so würde es allerdings wirtschaftlich von seinen Konkurrenten bald in den Ruin getrieben. Auf das Schicksal der Milliarden Menschen in den Entwicklungsländern wird sich diese neue Technik weder heute noch morgen segensreich auswirken.

2. Aber auch soziale Innovationen sind dringend gefordert. Die immer mehr Tätigkeitsfelder erfassende Produktivitätssteigerung bringt es mit sich, dass das herkömmliche Sozialprodukt von immer weniger Menschen erstellt werden kann. Was ein Segen sein könnte, hat in den westlichen Industriestaaten zu einem sozialen Problem, der Massenarbeitslosigkeit, geführt, das mit den traditionellen Beschäftigungsprogrammen und Umverteilungsmechanismen nicht gelöst zu werden scheint. Auch hier erweisen sich Verhaltensnormen, die von individualistisch-kompetitiven Wertvorstellungen geprägt sind, als unfähig, einen solidarischen Umgang der Menschen untereinander in ihrer Gemeinschaft herbeizuführen.

3. Mit unseren Fallstudien haben wir nachgewiesen, dass die Qualifizierung der Menschen eine Grundbedingung ist, um katastrophale Entwicklungen zu verhindern; das gilt für die reichen wie für die armen Länder. Ich meine nicht allein die Ausbildung für gesellschaftlich nützliche Berufe und Tätigkeiten; viel wichtiger ist die Erziehung aller Menschen – gleich welcher Rasse, Nationalität oder sozialen Schicht – zu kooperativem Gruppenverhalten, damit jeder einzelne die ihm gemäße Rolle zu spielen und in der kooperativen Interaktion mit anderen seine Pflichten zu erfüllen lernt. … . Nur auf der Basis gegenseitigen Vertrauens, sozialer Verantwortung und Loyalität, nicht auf der Basis von individualistisch-kompetitiven Verhaltensnormen kann ein politisches und wirtschaftliches System entstehen, das dem einzelnen Staat die Chance gibt, seine sozialen und ökonomischen Möglichkeiten unter Beachtung der ökologischen Notwendigkeiten zu verwirklichen.

4. Obwohl die gegenseitige Abhängigkeit der Staaten und Regionen in jedem Land immer deutlichere Spuren hinterlässt, steht zweifelsfrei fest: Über Erfolg und Misserfolg im Kampf für das organische Wachstum entscheidet die »Heimatfront«. Daraus etwa den Schluss zu ziehen, Entwicklungshilfe sei überhaupt entbehrlich, ist völlig falsch und wäre politisch wie moralisch nicht zu vertreten. Wenn die Auslandshilfe so angelegt ist, dass das Empfängerland sich später einmal ohne fremde Hilfe weiterentwikkeln kann, ist sie zu befürworten. Wie das zu schaffen ist, darüber muss gesprochen werden; das Ergebnis wird von Land zu Land verschieden sein. In Staaten, die selbst nach langfristiger umfangreicher Auslandshilfe nicht fähig sein werden, in absehbarer Zeit auf eigenen Füssen zu stehen, kann auf Dauer nur die Bildung einer regionalen Union mit anderen Staaten die Situation verbessern. Der Zusammenschluss aller Staaten dieser Erde zu zehn bis fünfzehn Weltregionen wäre sicherlich ein großer Gewinn für die Welt – aus wirtschaftlichen wie aus politischen Gründen. So

manche bewaffnete Konflikt, den die Welt in den letzten dreißig Jahren erlebte, wäre uns erspart geblieben, wenn es solche Organisationen bereits gäbe.

5. Es wird in der Zukunft viel mehr als in der Vergangenheit darum gehen, dass zugunsten einer langfristig gedeihlichen Entwicklung kurzfristig Nachteile in Kauf genommen werden müssen. Dabei wird auch immer häufiger von der politischen Führung wie von ihrer Wählerschaft verlangt werden, nicht mehr dem Grundsatz zu folgen, dass ein Problem schon dadurch halb gelöst wird, dass man es vor sich herschiebt. Die Menschheit kann es nicht länger dem Zufall überlassen, unheilvolle Entwicklungen aufzuhalten. Sie muss vielmehr die Initiative zeitig genug selbst ergreifen, um zerstörende und katastrophale Ereignisse schon in der Anfangsphase abzuwenden.

Wir alle können etwas tun!

Wenn der Zwang der heimischen und weltweiten Krisen zu dem vorgängig geforderten Wandel der Wertvorstellungen führt, wenn Vernunft statt irrationaler Emotionalität, wenn Mut statt Verzagtheit unsere Schritte in die Zukunft wieder stärker lenken, dann werden die uns jetzt bedrängenden Probleme in den kommenden Jahrzehnten stark abnehmen.

Natürlich werden immer neue, uns jetzt noch gänzlich unbekannte Probleme an die Stelle der gelösten treten. Menschliches Leid wird nicht verschwinden, aber es kann seine Qualität ändern, indem durch kluge Entwicklung und weise Nutzung der Technik überall in der Welt die Bedrängnis durch materielle Not eine stetig abnehmende Rolle spielen wird.

Die Welt wäre auf gutem Wege, wenn immer mehr Menschen, die in herausgehobener Verantwortung stehen, bei ihrem Wirken für die Gestaltung der Zukunft sich von den Sätzen leiten ließen, die der dreißigjährige Friedrich Schiller in seiner Inauguralvorlesung im schicksalhaften Jahr 1789 an seine Jenaer Studenten richtete:

»Und welcher unter Ihnen, bei dem sich ein heller Geist mit einem empfindsamen Herzen gattet, könnte dieser hohen Verpflichtung eingedenk sein, ohne dass sich ein stiller Wunsch in ihm regte, an das kommende Geschlecht die Schuld zu entrichten, die er dem vergangenen nicht mehr abtragen kann? Wie verschieden auch die Bestimmung sei, die in der bürgerlichen Gesellschaft Sie erwartet – etwas dazusteuern können Sie alle!«

Einsichten aus den Grenzen des Wachstums

Vortrag „Einsichten aus der Beschäftigung mit den Grenzen des Wachstums“ (*Titel von der Redaktion geändert*), gehalten anlässlich des 25jährigen Bestehens der Evangelischen Akademie in Loccum am 05.02.1977. Erstabdruck in: Eduard Pestel, Unsere Chance heißt Vernunft. Lernen für die Welt von morgen. Braunschweig 1980

Der Text dieses Beitrags wurde redaktionell geringfügig bearbeitet (s. Anhang, Editorische Hinweise) und leicht gekürzt. Die in diesem Beitrag genannten Zahlenangaben wurden nicht aktualisiert, da davon auszugehen ist, dass sich an der geschilderten Situation bis heute im Prinzip nichts geändert hat (*die Redaktion*).

Es kann wohl als eines der wesentlichen Kennzeichen unserer Zeit gelten, dass wir auf vielen Gebieten am Ende der Beschleunigung einer Entwicklung stehen, die vor etwa 200 Jahren einsetzte, oder, denselben Sachverhalt noch anders ausgedrückt, dass sich die Menschheit am Wendepunkt der wohl umwälzendsten Phase in ihrer geschichtlichen Entwicklung befindet.

Natürlich entfaltet sich diese Veränderung in den verschiedenen Teilen der Welt sehr unterschiedlich. Dass nach Ablauf der nächsten Stunde fast 10 000 Menschen mehr auf dieser Erde leben, ist eine Tatsache, die zu 90% die Entwicklungsländer betrifft. dass während der nächsten Stunde in der Welt etwa 80 Millionen DM für militärische Zwecke ausgegeben werden, geht zu etwa 90% auf Kosten der Industriestaaten in Ost und West. dass in 50 Jahren die Bevölkerung Westeuropas nur noch zwischen 3% und 4% der Weltbevölkerung ausmachen wird und Westeuropa damit – wenn überhaupt alles gut geht – zu einer winzigen Insel hohen Wohlstands inmitten einer Welt großer Armut – auch bei erfolgreichen Entwicklungsbemühungen in der Dritten und Vierten Welt – geworden sein wird, dies ist auch ein bedrückendes Beispiel für die Art und Weise, in der die Entwicklungen in den verschiedenen Teilen dieser Erde auseinanderstreben...

Gedanken dieser Art waren es übrigens, die 1968 die ersten wenigen Mitglieder des Club of Rome zusammenführten und ihren Entschluss bewirkten, den zuvor skizzierten ebenso wie vielen anderen Problemen nachzugehen, insbesondere auch dem des immer mehr Millionen von Menschen erfassenden Hungers, und zu untersuchen, wie alle diese Probleme zusammenhängen und sich gegenseitig beeinflussen. Denn wir sahen in diesen vielen einzelnen Problemen nur sichtbare Komponenten eines großen, weltweiten Problemsyndroms, dessen Zusammenhänge es zu erforschen galt, wollte man überhaupt befriedigende, dauerhafte Lösungen finden.

Die immense, immer rascher sich vollziehende Ausweitung der verschiedenen Problemfelder, insbesondere in den zwei Jahrzehnten nach Ende des Zweiten Weltkrieges, hatte nämlich dazu geführt, dass diese sich immer mehr überschnitten und in ihren Verkettungen dabei fast unüberschaubar geworden waren. Viele von uns meinten daher, dass gegenwärtig die große Völkerfamilie einer alles und alle umfassenden Krise zusteuert, die nicht nur in ihrer Ausdehnung, sondern auch in ihrem Charakter sich wesentlich von früheren unterscheidet, und zwar in dem Sinne, dass sie nicht von offensichtlich bösen Menschen und Mächten verursacht, sondern zum großen Teil durch Entwicklungen herbeigeführt wird, die wir vielfach heute noch als Ausdruck menschlichen Fortschritts, ja als Sieg über die den Menschen gesetzten natürlichen Beschränkungen und Grenzen empfinden. Wir waren davon durchdrungen, dass das Herumdoktern an Symptomen, so wie es sich in dem Suchen nach problemlösenden Maßnahmen in wohl voneinander isolierten Bereichen manifestierte, in der Zukunft nur zu einer weiteren Verschärfung der Krisen führen dürfte.

In diesem Sinne konzipierte der Club of Rome im Jahre 1969 sein fundamentales Projekt »The Predicament of Mankind«. Hier sollte in einer umfassenden, vorwiegend nichtverbalen Studie eine differenzierte Untersuchung der gegenwärtigen Problematik der Menschheit durchgeführt werden. Aufgrund der zunächst erfolglosen Methodensuche entschloss sich der Club of Rome auf seiner ersten Plenarsitzung in Bern auf Einladung des Schweizerischen Bundesrates, zunächst ein bescheidenes Projekt anzugreifen, für dessen Durchführung die von Prof. Jay W. Forrester am MIT entwickelte Methode »System Dynamics« geeignet erschien.

Die Stiftung Volkswagenwerk* machte es dann möglich, am MIT unter der Leitung von Prof. Dennis L. Meadows, einem Schüler Forresters, eine internationale, zumeist aus jungen Wissenschaftlern bestehende Arbeitsgruppe einzusetzen, deren im ersten Forschungsjahr gewonnenen Ergebnisse ihren allgemein verständlichen Niederschlag in dem vieldiskutierten Buch »Grenzen des Wachstums« gefunden haben.

Nehmen Sie bitte das Buch »Grenzen des Wachstums« nicht als letzte Weisheit, sondern vielmehr als einen längst fälligen, sehr effektiven Impuls zum Nachdenken über die Entwicklung unserer Welt, der nun einmal nicht mehr aus der Welt zu schaffen ist, und damit zur Weckung eines vorher kaum vorhandenen neuen Zukunftsbewusstseins in vielen Teilen der Erde.

An den »Grenzen des Wachstums« entzündete sich dann auch die weltweite Wachstumsdebatte, erbittert geführt von den Verfechtern der zwei wesentlichen Gegenpositionen: Fortführung des bisherigen Wirtschaftswachstums auf der einen und auf der anderen Seite stark verlangsamtes Wachstum, welches in naher Zukunft schließlich zum »Nullwachstum« führt. Gegen letzteres wurde und wird argumentiert, dass beim sogenannten Nullwachstum

- der technische Fortschritt zurückgeht
- dass die zur Erhöhung der Lebensqualität notwendigen Infrastrukturaufgaben, insbesondere der technische Umweltschutz, nicht wahrgenommen werden können

* *„Stiftung Volkswagenwerk“:* heute „VolkswagenStiftung“, gemeinnützige Stiftung privaten Rechts, Hannover *(die Redaktion)*

- die negativen Auswirkungen von strukturellen Anpassungsvorgängen, wie zum Beispiel die Arbeitslosigkeit, nicht mehr aufgefangen werden können
- der Kampf um die Verteilung des Volkseinkommens in voller Schärfe entbrennen wird
- der Entscheidungsspielraum der einzelnen Wirtschaftssubjekte empfindlich eingeschränkt wäre, etc.

Unter allen diesen Argumenten gegen das Nullwachstum wiegt besonders die Besorgnis, dass bei Wegfall des Wirtschaftswachstums neben zunehmender Arbeitslosigkeit unkontrollierte Verteilungskämpfe ausbrechen würden: Es entfiele dann das bisherige Allheilmittel zur Entschärfung sozialer Konflikte. Das ist allerdings auch wirklich eine Bedrohung, wenn keine anderen zeitgemäßen Mechanismen der Konfliktregelung zur Verfügung stehen oder kurzfristig entwickelt und institutionalisiert werden können.

Ebenso triftig sind natürlich auch die Argumente der Wachstumsgegner, die überzeugend darlegen können, dass das bisherige Wachstum einfach nicht so weitergehen kann. Wenn zum Beispiel die Wirtschaft jährlich um 5% wächst, so wird sie am Ende des nächsten Jahrhunderts einen Umfang erreichen, der 500mal größer als heute ist, also den gegenwärtigen um 50 000% übertrifft. Selbst dann, wenn der Rohstoffverbrauch weniger als das Bruttosozialprodukt zunehmen sollte, würden die Probleme der Beschaffung, Verarbeitung und Abfallbeseitigung der Materialmengen kaum vorstellbar anwachsen.

Der Versuch nun, eine der beiden Argumentationen als falsch beiseite zu schieben, erweist sich als untauglich; das Dilemma kommt nämlich gerade dadurch zustande, dass beide Argumentationen, sowohl die für, als auch die gegen die Fortführung des bisherigen Wirtschaftsverlaufs, logisch einwandfrei geführt werden können. Wie ist das möglich?

Eine logisch einwandfreie Argumentation sowohl für als auch gegen das quantitative Wirtschaftswachstum ist nur deshalb möglich, weil die jeweils gemachten Voraussetzungen über das soziale System, also über das, was man den sozialen Kontext der Argumentation nennen könnte, verschieden sind.

Den Befürwortern des gegenwärtigen quantitativen Wirtschaftswachstums dienen die Verhaltensweisen und »Gesetzmäßigkeiten«, die gegenwärtig die Vorgänge in Wirtschaft, Politik und Gesellschaft ordnen, als verbindlicher sozialer Kontext.

Dazu gehören zum Beispiel Begriffe wie Wettbewerb, Leistungsgesellschaft, freie Marktwirtschaft, Preismechanismus usw. Eine Wachstumsreduktion ist in diesem Kontext nur als Antithese zur bestehenden Ordnung verstehbar, als deren bloße Ablehnung.

Ganz anders steht es mit dem Kontext der Befürworter einer Neuorientierung der Wirtschaft und der Wirtschaftspolitik. Dieser Kontext liegt nicht konkret und ausgestaltet vor; er kann so gut wie nicht in der Praxis vorgefunden werden; er überschreitet die Gegenwart grundsätzlich. Es lässt sich jedoch zeigen, dass ein solcher neuer Kontext gefunden werden muss. Geht man nämlich von der Minimal-Forderung aus, dass die Menschheit sich letzten Endes nicht selbst die Produktions- und Lebensgrundlagen entziehen darf, so erscheinen die Bedenken gegen eine Fortsetzung des bisherigen quantitativen Wirtschaftswachstums berechtigt.

Der Beweis hierfür ist mühelos anzutreten: Betrachten wir zum Beispiel den Extremfall, dass uns eine nicht erneuerbare Ressource zur Verfügung stünde, die beim heutigen Verbrauchstempo erst nach einer Milliarde Jahren aufgebraucht sein würde. Nehmen wir nun an, dass in Zukunft ein stetiges jährliches Wachstum von nur 3% in der Nutzung dieser Ressource stattfinden würde. Dann zeigt eine verhältnismäßig einfache Rechnung, dass diese Ressource bereits nach 587 Jahren aufgezehrt sein würde, während sie bei Nullwachstum fast zwei millionenmal so lang zur Verfügung stehen würde.

Man kann somit also die Argumentation gegen unaufhaltsam fortgesetztes Wirtschaftswachstum, dass man dadurch nämlich der Menschheit schließlich die Lebens- und Produktionsgrundlage entziehen würde, sogar praktisch kontextfrei bezeichnen. Denn sie wird von allen Befürwortern wie Gegnern der Fortführung des bisherigen quantitativen Wachstums geteilt. Zuzugestehen ist allerdings, dass diese Argumentation keine Aussagen darüber machen kann, wie die gegenwärtigen Denk- und Verhaltensweisen an die in Zukunft zu erwartenden neuen materiellen Rahmenbedingungen angepasst werden können. Nimmt man also die Forderung nach einer Reduktion des quantitativen Wachstums in seiner bisherigen Form in den Kontext des Status quo auf, so gerät man in diesem Kontext in ein unlösbares Dilemma:

- entweder – bei stetig fortgesetztem Wachstum – weitere Zerstörung der Produktions- und Lebensgrundlagen
- oder – bei Nullwachstum –die Gefahr heftiger Verteilungskämpfe und damit schließlich Zerstörung des Staates von innen und außen.

Im Kontext des Status quo wird also das Dilemma der heutigen Wirtschaftspolitik in aller Welt, »Ost« und »West«, wie »Nord« und »Süd«, zu einem unlösbaren Widerspruch. Hierin sehe ich den Kristallisationspunkt der Einsichten, zu denen man durch die Beschäftigung mit den Grenzen des Wachstums geführt wird. Versucht man nun, die beiden Kontexte gegeneinander abzuwägen, so bleibt nur eine Wahl: Aus dem heutigen Dilemma der Wirtschaftspolitik führt nur ein neuer Kontext heraus, der in wesentlichen Punkten vom Kontext des Status quo verschieden sein muss.

Bevor ich zur Erörterung der Frage komme, wie ein solch neuer Kontext aussehen könnte, lassen Sie mich einige Ausführungen zum Problem des Fortschritts, insbesondere des technischen Fortschritts, machen. Denn sicherlich hat der technische Fortschritt mehr als alles andere in den vergangenen Jahren die Welt verwandelt und die Unterschiede im materiellen Lebensstil in den verschiedensten Teilen der Erde riesig anwachsen lassen. Wenden wir uns daher einer kurzen grundsätzlichen Erörterung des technischen Fortschritts zu, auf den sich so viele Hoffnungen gegründet hatten und noch gründen. Den hieraus resultierenden klassischen Fortschrittsglauben kann man etwa wie folgt kennzeichnen.

Erstens: Der durch den Fortschritt von Wissenschaft und Technik erzeugte Wohlstand wird nicht auf einzelne Volksschichten und Völker beschränkt bleiben, sondern sich schließlich – mehr oder weniger automatisch – wie aus einem unerschöpflichen Füllhorn über alle Menschen ergießen. Und zweitens: Mit dem stetigen Fortschritt von Wissenschaft und Technik wird – praktisch gesetzmäßig – weltweit eine fortschreitende Verwirklichung der humanen Werte des Abendlandes – Freiheit, Gleichheit und Brüderlichkeit – Hand in Hand gehen.

Diese im klassischen Fortschrittsglauben, ebenso wie in seiner dialektischen marxistischen Variante, enthaltene Idee der Gesetzmäßigkeit einer schließlich positiven Menschheitsentwicklung hat jedoch in den vergangenen Jahrzehnten immer mehr an Glaubwürdigkeit verloren. Ja, die Zahl der Menschen nimmt immer schneller zu, die meinen, die Menschheit steuere unter dem Drang der Eigendynamik der technischwissenschaftlichen Entwicklung Zielen zu, die den im Fortschrittsglauben implizierten diametral entgegenstünden, und es sei zum Überleben geradezu notwendig, unter Bezug auf die wahren humanistischen Werte dem gegenwärtigen Lauf des Fortschritts entgegenzuwirken, um seine zunehmende Tendenz zur Welt- und Selbstzerstörung abzuwenden. Und somit ist die Infragestellung des Fortschritts, die Frage nach seinem Sinn für die Gestaltung der Zukunft zu einer der wesentlichen Fragen unserer Zeit geworden.

Wenn der Fortschritt als lineare Bewegung durch die Zeit betrachtet wird, kann er auf zweierlei Arten begriffen werden: Als Annäherung an ein ersehntes Zukunftsziel, oder als Entfernung von einem Ausgangspunkt in der Vergangenheit. Wohl zu allen Zeiten haben die Fortschrittsapostel naiverweise geglaubt, die Übel ihrer Zeit seien ausschließlich ein Vermächtnis der Vergangenheit, und daher könnte nur durch möglichst rasche Entfernung von der Vergangenheit eine bessere Zukunft gesichert werden. Zweifellos hat die Auffassung des Fortschritts als des von der Vergangenheit Fortschreitens eine notwendige, befreiende Wirkung. In der Tat ist Fortschritt nicht möglich, ohne ein zumindest teilweises Brechen mit der Vergangenheit, so wie ein junger Mensch mit seinen Eltern in mehr oder minder starkem Maße brechen muss, bis er reif genug ist, das von den Generationen vor ihm zu übernehmen, was seiner Entwicklung förderlich ist. Aber Fortschritt als Vorwärtsgehen weg von irgendeinem Ausgangspunkt kann höchst gefährlich werden. Der mit Veränderung verbundene Fortschritt muss auch die Annäherung an ein ersehntes Ziel mit sich bringen. Aber dazu bedarf es zunächst einmal der Bestimmung von Zielen und dazu wiederum eines weit verbreiteten Zukunftsbewusstseins.

Hier liegt das fundamentale Problem des Fortschritts: Fortschritt durch Veränderung allein ist weder ein Wert an sich, noch bringt er automatisch Werte hervor. Ohne Zielsetzung ist Veränderung zufällig und im Grunde genommen leichtfertig. Wir müssen uns darüber im Klaren sein: Im Fortschritt vollzieht sich ständig eine Erweiterung des Spektrums unseres Entwicklungspotentials, das heißt unserer Fähigkeiten zum Erdenken, Erfinden und Erschaffen von Neuem, bisher nie Dagewesenem, und damit zum Verändern unserer Lebensweisen und unserer Umwelt. Und eines gilt unerbittlich: Es gibt auf der Straße des technischen Fortschritts kein Zurück.

Es sollte auch nicht verkannt werden, dass der technische Fortschritt einen Weg anbietet, quantitatives Wachstum kurz- und mittelfristig weiter zu ermöglichen, ohne den Rohstoff- und Energieverbrauch sowie die Umweltbelastung zu erhöhen, und zwar über die Herstellung qualitativ hochwertiger Güter.

Gestatten Sie mir ein banales Beispiel und folgen Sie mir bei einer einfachen Betrachtung, bei der wir zwei unterschiedliche Automobile, sagen wir, einen »kleinen« Mercedes und einen billigeren Wagen der Mittelklasse im Auge haben. Beide Wagen haben ungefähr das gleiche Gewicht und bedingen daher etwa den gleichen Materialverbrauch. Dies gilt auch für den Energieeinsatz, der notwendig ist, um die notwendigen Metalle und andere Materialien zu erzeugen und zu verarbeiten. Dennoch ist der eine Wagen qualitativ erheblich höher einzuschätzen, er kostet dementsprechend auch mehr und für ihn sind auch mehr Arbeitsstunden in der Produktion, in seinem technischen Entwurf und in seiner Entwicklung aufgewendet worden. Aufgrund seiner höheren Kosten trägt die Herstellung des qualitativ besseren Produktes zwangsläufig zu einem gesteigerten quantitativen Wirtschaftswachstum ohne größeren Material- und Energieeinsatz bei; aber nicht nur dies, es führt auch zu einem erhöhten Einsatz qualifizierter Arbeit, so dass eine Zunahme der Arbeitslosigkeit, die aufgrund des allgemeinen Produktivitätsanstieges eintreten könnte, vermieden wird.

In der Anwendung des technischen Fortschritts zur Qualitätsverbesserung der Produkte sehe ich folglich Auswegmöglichkeiten aus dem heutigen Dilemma des Wirtschaftswachstums und der sich gleichzeitig anbahnenden Ressourcenverknappung, Auswege, die weniger schmerzhaft gangbar sind als solche, die wir mit Sicherheit zu gehen gezwungen werden, wenn wir unbeirrt wie in den vergangenen Jahrzehnten den Weg der Verschwendung weiter beschreiten.

Im Hinblick auf die immer mehr Lebensbereiche durchdringende technische Entwicklung bin ich auch der Überzeugung, dass in einer Welt, deren Schicksal in hohem Maße von der Entwicklung der Technologie bestimmt und gestaltet wird, Lehre und Forschung in unseren klassischen Universitäten nicht länger unter völliger Vernachlässigung, ja in beklagenswerter Unkenntnis der technischen Entwicklung stattfinden sollten.

Auf den technischen Hochschulen hat man den umgekehrten Weg schon seit langem beschritten, indem die Lehrpläne für Ingenieurstudenten durch Veranstaltungen eigens dafür geschaffener Lehrstühle auf Gebieten der Rechtswissenschaft, Volkswirtschaft, der Geschichtswissenschaft, der Sozialwissenschaft, der Philologie, der Politologie angereichert wurden. Hier war schon seit einigen Jahrzehnten die Einsicht im Wachsen, dass bei jedem größeren Vorhaben nicht nur dessen direkte Konsequenzen, sondern auch die indirekten in Betracht gezogen werden müssen. Gerade die indirekten Konsequenzen, die Folgen zweiten und dritten Grades, gehen fast immer über den Rahmen einer einzelnen Disziplin, sei sie technisch, wirtschafts-, Staats- oder geisteswissenschaftlich, weit hinaus. Im Zusammenleben aller Fakultäten kann nicht nur die gegenseitige Kenntnisnahme voneinander und das Erlernen der gemeinsamen Sprachverständigung stattfinden, sondern auch die Entwicklung neuer Methoden der Planungs- und Entscheidungsfindung, die der komplex vernetzten Struktur unserer vielschichtigen Organisationsformen gerecht werden, und welche die schlimmen Folgen simpler eingleisig-kausaler Entscheidungsschritte vermeiden, auf dass wir eine Entwicklung einzuleiten lernen, die ich als organisch bezeichnen möchte, und die stetig und nicht abrupt zu dem sozialen System führen dürfte, in dem die Auflösung des oben skizzierten Dilemmas möglich wird, welches die Diskussion über die Grenzen des Wachstums ins Bewusstsein geholt hat. Was verstehe ich nun unter organischer Entwicklung? Lassen Sie mich zur besseren gegenseitigen Verständigung kurz erörtern, wie sich in der Natur die organische Entwicklung vollzieht.

In der Natur erfolgt die Entwicklung von Organismen nach einem »Generalplan«: Die Größe und die Funktion der verschiedenen Organe werden durch die Spezialisierung innerhalb des Organismus als Ganzem bestimmt, und in diesem Rahmen vollzieht sich auch ihr Wachstum. Der Generalplan für das Wachstum eines Organismus ist jeweils durch Evolution, durch natürliche Auslese, entstanden und in den Genen kodiert; er ist von Anfang an dem wachsenden Organismus mitgegeben: Plan und Organismus sind untrennbar verbunden.

Betrachten wir zum Beispiel eine einfache biologische Zelle, die ja den grundlegenden Baustein für jeden Organismus darstellt. Ihre endgültige Gestalt wird kausal durch die vielen chemischen Reaktionen im Laufe ihrer Evolution bestimmt. Würde die Zelle ihren Bauplan »aus den Augen verlieren« und die Reihenfolge und Art ihrer chemischen Reaktionen gemäß zufälliger äußerer Einflüsse auswählen, dann würde sie schnell sterben oder sich krebsartig entwickeln. Eine gesunde organische Entwicklung findet in der Natur also nur dann statt, wenn ein Endziel vorhanden ist, das schon existierte, bevor überhaupt das Wachstum einsetzte.

Das jedoch ist bei der Entwicklung unserer gesellschaftlichen, wirtschaftlichen und politischen Bereiche nicht der Fall. Hier können wir heute wohl noch kaum von einer organischen Entwicklung sprechen. Aber ich meine: Wie es in der Natur keine gesunde Entwicklung ohne Zielvorstellungen gibt, so wird es auch keine durchhaltbare Entwicklung der gesamten Menschheit geben, wenn keine Zielvorstellungen existieren, die nun auch konkret identifiziert werden und natürlich eine Reihe von Bedingungen erfüllen müssen. Zunächst einmal müssen die verschiedenen Zielvorstellungen miteinander verträglich sein. Ferner haben sie den wahren Notwendigkeiten und Bedürfnissen der Menschen zu dienen, und ferner haben sie sich an den wirklich existierenden menschlichen und materiellen Ressourcen zu orientieren. Da diese so unterschiedlich in den verschiedenen Teilen der Welt sind, wird natürlich auch die »organische« Entwicklung in den diversen Regionen dieser Welt in sehr verschiedener Weise stattfinden. Ferner ist zu bemerken, dass in dem Maße, wie sich die Notwendigkeiten und Bedürfnisse und die zur Verfügung stehenden Ressourcen ändern, sich natürlich auch die Zielvorstellungen werden ändern müssen. Die Zielvorstellungen, denen eine Gemeinschaft, wie zum Beispiel eine Nation, entgegenwächst, sind also zeitlich begrenzt, sie sind – wie auch jeder lebende Organismus – von endlicher Lebensdauer. Wir haben hier also keinen statischen Prozess vor uns, sondern einen dynamischen, derart, dass jede Generation wieder erneut der Aufgabe gegenüber steht, die Zielvorstellungen für die Gestaltung des Lebens der nächsten Generation zu formulieren. Hier sind auch von jeder Generation neue Zielkategorien zu entwickeln, jeweils definiert durch ein konsistentes Bündel von Indikatoren, welche die angestrebte Lebensqualität beschreiben.

Meines Erachtens ist es hohe Zeit, dass im Zeitalter der Computer ein so simpler Indikator wie das prozentuale Wachstum des Bruttosozialproduktes als praktisch einziger Indikator für den jährlich erzielten Fortschritt abgelöst wird durch ein neu zu erfindendes Indikatorensystem, in dem Ziele für eine neue erstrebenswerte Lebensqualität – die sicherlich mit mehr immateriellen Werten ausgestattet sein müsste, als das bisher der Fall ist – hinreichend formuliert werden können. Um diese Lebensqualität zu erreichen, sollte auch eine bereits in hohem materiellen Wohlstand lebende Gesellschaft zu Anstrengungen und Opfern bereit sein.

Bei einem solchen Planungsprozess hat man sich notwendigerweise von klaren Vorstellungen für die Gestaltung der Zukunft leiten zu lassen, also von vorauszusehenden Ereignissequenzen, die noch gar nicht stattgefunden haben. Hier ist daher ein Zukunftsbewusstsein vonnöten, derart, dass man sich zum Beispiel alternative Problemlagen der Zukunft vorstellen kann und sich dann fragen muss, wie diese zu vermeiden bzw. zu überwinden sind. Hier müssen wir statt unzusammenhängender Einzelziele, die als Ganzes gesehen sich häufig gegenseitig behindern oder gar ausschließen, systemar vernetzte, miteinander verträgliche Ziele formulieren. Nur solche sind es wert, verfolgt zu werden, weil nur sie in der Zukunft Bestand haben können, beziehungsweise eine gute Ausgangsbasis für weitere Entwicklungen darstellen.

Mit der Vorkoppelung in die Zukunft, das heißt mit einer Orientierung unseres Handelns an einem System zukunftsbezogener Zielvorstellungen, können wir dann die Einzelschritte wieder logisch-kausal vornehmen, also uns in unserem weiteren Planen und Handeln auch auf die in der Vergangenheit gewonnene Erfahrung abstützen. Es wird sich allerdings herausstellen, dass viele Schritte, die kurzfristig optimal erscheinen, verworfen werden müssen, weil sich solche langfristig als nützlich erweisen, die auf den ersten Blick nur zweite oder dritte Wahl wären. Dies ist nicht nur für die in einer parlamentarischen Demokratie wirkenden Politiker ein gewaltiges Problem, sondern auch für die Wirtschaft und schließlich auch für den einzelnen Bürger.

Im Grunde genommen geht es, banal ausgedrückt, um die Entwicklung neuer Spielregeln der Kooperation, die nicht nur im nationalen, sondern auch im internationalen Wettbewerb anerkannt werden müssen, um eine zukunftsgerichtete Planung für eine organische Entwicklung zu ermöglichen.

Es würde mich nun nicht überraschen, wenn der kritische Zuhörer meine soeben ausgeführten Vorstellungen über organische Entwicklung so interpretieren würde, dass ich hier unter anderem auch der Planwirtschaft das Wort redete. Und er würde daran mit Sicherheit die Bemerkung anknüpfen, dass diese Art von Wirtschaftslenkung, besonders da, wo sie von Verstaatlichung zum Beispiel der Grundstoffindustrie begleitet war, in der Regel bisher nur zu schlechten Resultaten geführt hat. Dem möchte ich entgegenhalten, dass ich bei der Verwirklichung der

Idee der organischen Entwicklung nicht die Gefahr eingleisiger Planung, erzwungen durch einen umfassenden staatlichen Dirigismus sehe, unter dem alle individuelle und private Initiative erlahmen würde. Auf der anderen Seite muss man sich darüber im Klaren sein, dass Regierungen und Parlamente – schon wegen der hier geballten Machtfülle und aufgrund ihres öffentlichen Mandats – eine ganz besondere Verantwortung für die Gestaltung der Zukunft haben. Dieser sollten sie aber nicht dadurch Genüge tun, dass sie etwa versuchen, selbst industrielle Unternehmungen zu lenken, was zumeist katastrophale Folgen hatte, wie das Beispiel des Nachkriegsengland lehrt; sie müssen aber den Mut haben, kräftige Anreize ebenso wie deutliche Schranken zu setzen, wozu ihnen ja das gesetzgeberische Instrumentarium reichlich zur Verfügung steht, um einen politischen und wirtschaftlichen Rahmen bereitzustellen, in dem sich nur solche Verhaltensweisen erfolgreich bewähren, die einer organischen Entwicklung im nationalen, regionalen und internationalen Bereich förderlich sind. Ich bin überzeugt, dass dann die Initiative und der Erfindergeist des privaten Unternehmers sehr wohl auch eine allgemeine Veränderung in einer Richtung bewirken können, die zu einer langfristigen positiven Entwicklung führen wird, auch wenn kurzfristig Nachteile hingenommen werden müssen. Ja, die Unternehmer selbst sollten und werden schließlich in der Mehrzahl hierin allein den Weg für das Überleben privater Unternehmungen in einer sich rasch verändernden Welt erkennen.

Natürlich würden solche auf eine erfolgreiche und durchhaltbare langfristige Politik gerichteten staatlichen Maßnahmen immer wieder von heftigen Protesten einiger Gruppierungen begleitet sein, etwa solchen, die gewisse Privilegien in Gefahr sehen, oder, auf der anderen Seite, denen die Maßnahmen nicht radikal genug sind. Es wird daher auch eine mutige Haltung auf Seiten der politischen Entscheidungsträger vonnöten sein.

Aber Mut allein wird nicht genügen, eine segensreiche Politik für eine langfristige organische Entwicklung zu gestalten. Hier lag der Anstoß für unser Bemühen, mit Unterstützung der Stiftung Volkswagenwerk einen Prototyp für ein Instrument zu schaffen, das als Entscheidungs- und Planungshilfe in Politik und Wirtschaft nützlich sein sollte. Allerdings gaben wir uns nicht der Illusion hin, dass dieses im ersten Anlauf sofort gelingen könnte, dass Politiker das Instrument direkt für ihre nationalen und internationalen Aufgaben anwenden könnten, sondern wir hoffen eher, dass es dem Ziel dienen könnte, den politischen und wirtschaftlichen Entscheidungsträgern breite konzeptionelle Leitlinien für ihr politisches Handeln zu vermitteln und dessen langfristige Wirkung abzuschätzen. Es war uns weiterhin klar, dass wir bei der Schaffung eines derartigen Modells der Welt eine Reihe von Problemen vor uns hatten, die nicht alle sogleich bewältigt werden konnten. ....

Ich möchte hier und heute auf eine Beschreibung und Diskussion von Ergebnissen verzichten und dafür auf unser Buch »Menschheit am Wendepunkt« verweisen. Lassen Sie mich nur noch hinzufügen, dass unsere Arbeiten in den vergangenen Jahren, seit das Buchmanuskript abgeschlossen wurde, erhebliche Fortschritte gemacht haben, und zwar hinsichtlich unserer Datenbasis, der Modellstruktur und der Szenariotechnik, und dass die vielen neu hinzugewonnenen Ergebnisse und Einsichten außer kleinen Modifikationen die früheren, dem Buch »Menschheit am Wendepunkt« zugrundeliegenden und damit auch die allgemeinen von uns gezogenen Schlüsse bestätigt haben.

Wir sind in der Tat mehr denn je davon überzeugt, dass die Menschheit am Wendepunkt einer ihrer großen geschichtlichen Epochen angelangt ist. Natürlich besteht die Möglichkeit, dass wir dies nicht erkennen bzw. nicht erkennen wollen, dass wir solche Einsichten verdrängen, zum Beispiel weil wir uns im Besitz einer allmächtigen Technologie wähnen, aber auch, weil wir meinen, dass die in der jüngeren Vergangenheit und gegenwärtig überwiegenden menschlichen Verhaltensweisen freiwillig nicht aufgegeben werden, und dass somit aus dem, was als Trend zaghaft begann, schließlich unabweisbares tragisches Schicksal werden muss.

Erlauben Sie mir daher, mich im abschließenden Teil meines Vortrages mit den mir immer wieder entgegengehaltenen großen Zweifeln auseinander zusetzen, ob der Mensch oder – wie gewisse

Kreise häufig abschätzend sagen – die Masse Mensch in der Lage sein könnte, eine neue Entwicklung durchzusetzen bzw. mitzutragen, die, um überhaupt nur eingeleitet zu werden, des Konsensus einer weltweit gestreuten politischen und wirtschaftlichen Führungsschicht bedürfen würde. Werden die Menschen als Individuen und in ihren gesellschaftlichen Gemeinschaften bereit sein, zur Bewahrung der Grundwerte unserer freiheitlichen Ordnung unter den sich heute rasch verändernden Bedingungen ihre Verhaltensweisen und ihre Institutionen rechtzeitig anzupassen? Werden sie bereit sein, ihr Leben unter neue Imperative, zusätzlich bzw. anstelle von alten, zu stellen?

Lassen Sie mich hier nur zwei der im Epilog unseres Buches »Menschheit am Wendepunkt« formulierten Imperative und die dazugehörigen Kommentare zitieren, je einen auf der gesellschaftlichen und auf der individualen Ebene.

1. »Jede Handlung, die im Rahmen der Krisenbewältigung nur kurzfristig angelegt ist, wird am Ende keinen Nutzen, sondern Schaden bringen. Diese Tatsache muss anerkannt und als Basis für die hier zu treffenden Entscheidungen akzeptiert werden. Die langfristige Abschätzung der Entwicklungstrends und der Bedingungen, unter denen die Entscheidungen in Taten umzusetzen sind, muss dabei zu einem Standard-Verfahren werden. Nur so können Organisationen – gesellschaftliche Gruppen, Regierungen oder internationale Organe – bewusst und aktiv an der „gesunden" Entwicklung des Weltsystems mitwirken. Andernfalls sind sie nichts weiter als passive Mitfahrer auf einer Reise, deren Kurs von anderen zufallbedingten Kräften planlos gesteuert wird.«

2. »Wenn der Mensch als humanes Wesen überleben soll, muss er heute bereit sein, auf eigene Vorteile zugunsten zukünftiger Generationen zu verzichten. Sicherlich galt dieser Satz auch schon früher, allerdings nur für lokal eng begrenzte Räume und zumeist nur im Sinne nationalen Überlebens verstanden. Heute müssen wir

> uns allerdings darüber im Klaren sein, dass dieser Satz mit seinem ganzen fundamentalen Inhalt für alle Menschen auf dieser Erde Gültigkeit hat. Auch hier muss mit der Erziehung der Kinder wie der Bildung der Erwachsenen gleichermaßen heute und Überall begonnen werden.«

Im Lichte solcher Forderungen erhebt sich die Frage: Kann der Mensch, dessen Überleben während der vielen vorgeschichtlichen Jahrzehntausende geradezu von Eigenschaften wie Jagdlust und Aggression, von der Wahrnehmung jedes sich nur bietenden Vorteils abhing, der selbst in jüngster Zeit grausamste Handlungen beging oder dabei tatenlos zuschaute, kann dieser Mensch sich überhaupt in wenigen Jahrzehnten so ändern, ist er solchen Imperativen wie den soeben verlesenen überhaupt zugänglich?

Lassen Sie mich versuchen, das Gewicht dieser Zweifel zu beurteilen. Dieser Versuch muss allerdings starken Einschränkungen unterliegen, einmal aufgrund meiner eigenen begrenzten Einsicht in derartige Fragestellungen, und nicht zuletzt auch aus Zeitgründen. Ich werde also nur die für unser Thema relevanten Aspekte in die Betrachtung mit einbeziehen, und zwar nur die Frage nach der Empfänglichkeit des Menschen für neue Imperative, während ich schon die Frage nach seiner Fähigkeit, seine Verhaltensweisen drastisch zu ändern, wegen der Kürze der mir zur Verfügung stehenden Zeit ausklammern muss.

Aufgrund seines großen Gehirns ist der Mensch das einzige Lebewesen auf dieser Erde, das nicht nur Objekte, seien sie gegenständlich oder geistig, kennt, sondern das auch weiß, dass es sie kennt. Ja, er ist in der Lage, sich selbst zum Objekt seiner Betrachtungen zu machen. Der Mensch ist ferner das einzige Lebewesen, das neben einer zweckvollen Intelligenz auch Verstand besitzt, also mit der Fähigkeit ausgestattet ist, das Wesen der Dinge zu durchdringen, zu verstehen, wie sie an und für sich sind, und in den Dingen nicht nur Mittel zur Befriedigung seiner Bedürfnisse zu sehen. Mit dieser

Erkenntnisfähigkeit begabt, ist sich der Mensch aber auch seiner Getrenntheit von der Natur und von den anderen Menschen bewusst, er weiß – als Individuum auf sich selbst gestellt – um seine Machtlosigkeit, ja auch um seine Unwissenheit, und dies um so mehr, je größer das von ihm über die Zeiten erworbene Wissen geworden ist. Und schließlich ist er sich wohl als einziges Lebewesen seines Endes bewusst: seines Todes.

Angesichts dieser Situation ist es nicht verwunderlich, dass man sich immer wieder gefragt hat, wie der Mensch überhaupt mit diesen Einsichten leben, ja häufig sogar auf dieser Erde glücklich werden kann. Offenbar muss er dazu das Entsetzen vor seiner Isoliertheit, seiner Machtlosigkeit und seiner Verlorenheit überwinden und Wege suchen, sich in die Welt sinnvoll einzuordnen, auf dass er sich in ihr heimisch fühlen kann. Hier stehen wir vor einem der menschlichen Bedürfnisse, die Erich Fromm als existentielle Bedürfnisse bezeichnet, weil sie auf die Bedingungen der menschlichen Existenz selbst zurückzuführen sind. Ihrer sind alle Menschen bedürftig, und ihre Befriedigung ist für die Erhaltung der seelischen Gesundheit ebenso notwendig, wie der Mensch seinen organischen Trieben genügen muss, um sich biologisch am Leben zu erhalten. Zu den existentiellen Bedürfnissen gehört also, dass sich der Mensch ein Bild von der Welt und ein Bild von seinem Platz in dieser Welt machen muss, das sinnvoll strukturiert ist. Er braucht einen Orientierungsrahmen von Imperativen, die für ihn Wegweiser in seiner natürlichen und sozialen Welt sind, ohne die er in Verwirrung geraten würde und unfähig wäre, sich in der Welt zurechtzufinden.

Wenn dem so ist, und ich zweifle nicht daran, ist der Mensch also offen und empfänglich auch für neue Imperative, sofern er sich einer veränderten Situation gegenübersieht. Ich möchte darüber hinausgehend behaupten, dass der Mensch verzweifelt, wenn diejenigen, denen er seine politische oder geistige Führung anvertraut hat, notwendige Imperative nicht setzen, oder wenn sie dies nur in Form von Lippenbekenntnissen tun und sie in ihrem eigenen Handeln missachten.

Sicherlich ist die Empfänglichkeit für neue Imperative von Mensch zu Mensch verschieden, insbesondere für Imperative, von deren Erfüllung das geordnete Leben und Überleben der menschlichen Gesellschaft im Großen und Kleinen abhängt. Aber ich glaube, dass der Mensch an sich als ein Wesen angelegt ist, das aktiv nach seiner eigenen optimalen Entwicklung sucht, auch wenn diese Suche oft scheitern muss, weil die äußeren Bedingungen ungünstig sind. Wir wissen ja aus der Geschichte, dass die Verkündigungen der Religionsschöpfer immer wieder die Herzen der Menschen tief berührt haben, dass das Sehnen der Menschen nach Freiheit, Würde und Wahrheit sie immer wieder zu den höchsten Opfern befähigt hat und mit Sicherheit eines der stärksten Antriebe für geschichtliche Veränderungen war.

Es liegt an uns allen, dafür zu sorgen, dass in Zukunft das dem Menschen eigentümliche Streben nach Entwicklung zu »Höherem« nicht weiter unterlegen bleibt. Aber werden wir die Weisheit und den Willen aufbringen, dies zu begreifen und dann auch durchzuführen? Im Hinblick auf die historische Vergangenheit kann man dies wohl zu Recht bezweifeln. Hier wird nur der Zwang der grimmigen Tatsachen helfen können, der den Einsichtswilligen und Tatkräftigen den Rücken wird stärken müssen. Und hier können die gegenwärtigen und zukünftigen Weltkrisen den Menschen nicht nur die Augen öffnen, sie können auch die Anstöße zu tiefergreifenden Veränderungen geben und sich so schließlich als segensreich erweisen.

Meine hierzu begründete Hoffnung auf eine im Großen und Ganzen friedliche Lösung der großen Weltkrisen hat nun nichts mit billigem Optimismus zu tun. Optimisten wie Pessimisten unterscheiden sich nur wenig von der großen Mehrheit der heute lebenden Menschen, die der Zukunft der Menschheit gegenüber völlige Gleichgültigkeit bewahren. Sie alle verdrängen die immer wieder auftauchenden Bilder möglicher zukünftiger Entwicklungen und lassen die Dinge ihren Gang nehmen.

Die Optimisten sind die Gläubigen des technischen Fortschritts. Sie reden sich ein, alles gehe schon wie eh und je seinen rechten Weg, so dass man nichts zu machen brauche.

Die Pessimisten unterscheiden sich kaum von ihnen. Ihr Pessimismus, dass man nichts machen kann, schützt sie vor der inneren Forderung, etwas für die Gestaltung der Zukunft zu unternehmen. Wie Pessimismus eine entfremdete Form der Verzweiflung ist, so ist Optimismus eine entfremdete Form des Glaubens.

Glauben aber – so sagt ein Weiser – heißt wagen, das Undenkbare denken und dennoch innerhalb der Grenzen des realistisch Möglichen handeln.

Wer also die Position des rationalen Glaubens an den Menschen und die lebensfördernde Fortentwicklung der Menschheit vertritt, muss auch wagen, die Notwendigkeit radikaler Änderungen zu postulieren – und zwar Änderungen unserer Zielvorstellungen und unserer persönlichen Verhaltensweisen.

Vom undifferenzierten zum organischen Wachstum

aus: Mihailo Mesarovic, Eduard Pestel: Menschheit am Wendepunkt. 2. Bericht an den Club of Rome zur Weltlage. Stuttgart 1974

Der Text dieses Beitrags wurde redaktionell geringfügig bearbeitet (s. Anhang, Editorische Hinweise).

»Die Welt hat Krebs, und der Krebs ist der Mensch« A. Gregg[1]

Geschichtlich gesehen über Nacht steht die Menschheit vor einer Vielzahl von Krisen: Bevölkerungsexplosion, Umweltbedrohung, Nahrungsmittel- und Rohstoffverknappung, Energiekrise, um nur einige zu nennen. Da sich ihre Auswirkungen über die gesamte Erde erstrecken, erweisen sie sich als Weltkrisen, die kein Teil der Menschheit ignorieren kann.[2] Immer häufiger zeigt es sich, dass Maßnahmen zur Lösung einzelner Krisen nicht von Dauer sind, ja letztlich nur zur Verschärfung, zumeist auch anderer Krisen, führen. Beispielsweise der Energiekrise oder der Rohstoffverknappung durch Maßnahmen Herr zu werden, welche die Umwelt noch stärker als bisher belasten, ist eben keine Lösung solcher Krisen. Wirklich dauerhafte Lösungen müssen umfassend sein und der Tatsache Rechnung tragen, dass die vielen Krisen ein großes Krankheitssyndrom der Menschheit bilden.

Die Intensität der Weltkrisen und die Schwierigkeiten, dauerhaft wirksame Maßnahmen zu ihrer Bekämpfung zu finden und zu ergreifen, stellen viele der Grundlagen in Frage, auf denen die Menschheitsentwicklung bisher beruhte. Was früher dem Fortschritt den Weg bahnte, scheint nunmehr immer tiefer in die gegenwärtige Menschheitskrise hineinzuführen. Traditionellen Grundvorstellungen gegenüber weiterhin unkritisch zu bleiben, scheint immer mehr Menschen zweifelhaft.

Eine dieser Grundvorstellungen ist der Glaube an die Notwendigkeit des stetigen Wachstums. Doch mehr und mehr wird gegenwärtig das schnelle Wachstum für die großen Probleme unserer Zeit verantwortlich gemacht; schon wird vielerorts die Forderung laut, allem weiteren Wachstum Einhalt zu gebieten – oder, zumindest, es erheblich abzubremsen. Dem wird andererseits auf heftige Weise entgegengehalten, dass die Weltkrisen nur durch fortgesetztes Wachstum gemeistert werden können. Solche Meinungen sind allerdings wenig hilfreich, solange sie nicht deutlich machen, was unter »Wachstum« verstanden wird und in welchem Sinn man meint, Wachstum sei wünschenswert oder nicht. Schließlich ist Wachstum ein Prozess und kein Objekt etwa wie ein Stuhl oder ein Tisch. Man kann Wachstum nicht physikalisch erklären, sondern man muss diesen Begriff definieren und auslegen.

Dass dies keine einfache Angelegenheit ist, beweist die in der gegenwärtigen Kontroverse festzustellende Verwirrung, die sich selbst bei Fragen einstellt, bei denen man eigentlich allgemeines Einverständnis erwarten sollte. Niemand widerspricht zum Beispiel ernsthaft der Feststellung, dass die Bevölkerung auf dieser Erde nicht endlos weiterwachsen kann und soll. Genauso einig scheint man sich bei der Feststellung zu sein, dass eine Senkung der Sterberate und damit eine Erhöhung der Lebenserwartung zu den gültigen Zielen aller Menschen gehören.

Hier liegen also zwei sich – wenn auch nicht diametral – widersprechende Aussagen zum Wachstum vor, mit denen sich praktisch jeder identifiziert. Eine simple Stellungnahme »für« oder »gegen« Wachstum scheint folglich kaum möglich. Auf dem Gebiet des Rohstoffverbrauchs finden wir andere Beispiele für die Komplexität der mit dem Begriff Wachstum verbundenen Fragen. Sicherlich wird heute nur noch von wenigen bestritten, dass eine Senkung des Rohstoffverbrauchs in den industrialisierten Regionen notwendig ist, wo auf vielen Sektoren eine geradezu unglaubliche Vergeudung stattfindet. In wirtschaftlich unterentwickelten Teilen der Erde muss dagegen der Einsatz einiger wichtiger Rohstoffe erheblich gefördert werden, sei es zur Erzeugung von Nahrungsmitteln oder zur Industrieproduktion, da die nackte Existenz der Bevölkerung von diesem Wachstum abhängt. Die üblichen Stellungnahmen »für« oder »gegen« Wachstum sind also im Grunde genommen naiv. Die Frage, ob Wachstum oder Nicht-Wachstum, entzieht sich eben einer Antwort, solange der Wachstumsprozess selbst und seine Folgen nicht klar dargelegt sind.

Um die vielfältigen Aspekte des Begriffs Wachstum richtig würdigen zu können, sollten wir uns an dem Wachstum in der Natur orientieren. Man muss hier grundsätzlich zwischen zwei Arten von Wachstum unterscheiden : zwischen *undifferenziertem* und *organischem* Wachstum. Undifferenziertes Wachstum manifestiert sich in fortgesetzter Zellvermehrung; eine Zelle teilt sich in zwei, zwei in vier und so weiter, bis in sehr kurzer Zeit Millionen, ja Milliarden von Zellen entstanden sind. Beträgt zum Beispiel die Verdoppelungszeit nur eine Stunde, dann können innerhalb 24 Stunden aus einer Zelle fast 17 Millionen Nachkommen entstehen, innerhalb von zwei Tagen mehr als 280 Billionen (280000000000000) Zellen. Bei diesem Wachstum – oder besser, bei dieser Vermehrung – sind alle Zellen einander gleich. Es handelt sich also um eine rein exponentielle Zunahme der Zellenzahl. Beim organischen Wachstum dagegen spielt der Differenzierungsprozess eine ausschlaggebende Rolle: Es bilden sich artverschiedene Zellgruppen, die organspezifische Eigenschaften entsprechend dem Entwicklungsprozess des Organismus besitzen.

Das bedeutet, dass sich Leberzellen von Gehirnzellen und diese wiederum von Knochenzellen unterscheiden. Während und auch nach solcher Differenzierung kann natürlich auch die Zahl der Zellen weiter zunehmen und das Organ wachsen, oder es wachsen nur einige Organe, während andere abnehmen.[3] Bei den gegenwärtigen Wachstumsdebatten ist zumeist nur vom undifferenzierten exponentiellen Wachstum die Rede.[4] Aber es ist gerade das differenzierte Wachstum organischer Art, das für die künftige Entwicklung der Menschheit zentrale Bedeutung besitzt, wie unsere Untersuchungen zeigen.

Wir möchten jedoch betonen, dass der Vergleich des »organischen« Wachstums des Weltsystems mit dem eines Organismus nur als eine Analogie verstanden werden sollte. Sie bezieht sich im wesentlichen auf die Differenzierung der verschiedenen Teile des

Systems sowie auf deren gegenseitige funktionale Abhängigkeit. In einem System, das lediglich eine Ansammlung voneinander fast unabhängiger Teile ist, kann jeder Teil wachsen wie er will – ob zum Guten oder zum Bösen. In einem System jedoch, das aus Teilen besteht, die organisch miteinander verkettet sind, hängt das Wachstum des einen von dem Wachstum oder Nichtwachstum der anderen ab. Hier wird also die Tendenz zum undifferenzierten Wachstum irgendeines Teiles durch die gegenseitige organische Abhängigkeit von den anderen kontrolliert und in Schranken gehalten.

Wenn unter Wachstum nur undifferenziertes Wachstum verstanden wird, dann besteht kein Zweifel darüber, dass der Wachstumsprozess in jeder Hinsicht zum Halten gebracht werden muss. Für diese Schlussfolgerung sind keine komplizierten Analysen notwendig. Wenn zum Beispiel die Wirtschaft jährlich um 5 Prozent wächst, so wird sie am Ende des nächsten Jahrhunderts einen Umfang erreichen, der 500mal größer als heute ist, also den gegenwärtigen um 50000 Prozent übertrifft. Selbst dann, wenn der Rohstoffverbrauch weniger als das Bruttosozialprodukt zunehmen sollte, würden die Probleme der Beschaffung, Verarbeitung und Abfallbeseitigung der Materialmengen kaum vorstellbar anwachsen. Selbst die Leiter von Unternehmen, die auf Wachstum ausgerichtet sind, bestreiten dies nicht.

Der frühere Aufsichtsratsvorsitzende einer amerikanischen Großbank schrieb kürzlich: »Es ist üblich geworden, die Energiekrise mit der Spitze eines Eisbergs zu vergleichen – und das stimmt. Aber die Leute, welche dieses Bild gebrauchen, meinen damit, dass außerdem auch viele andere Dinge, wie zum Beispiel Kunststoffe, knapp sind, weil zu wenige Anlagen gebaut worden seien, um der ständig wachsenden weltweiten Nachfrage genügen zu können. Das aber ist nicht das wirkliche Problem: Tatsächlich stellen all diese Engpässe zusammen die Spitze eines sehr viel größeren Eisbergs dar. Unter der Oberfläche der Gewässer, über die wir dahintreiben, liegt die kalte und harte Tatsache verborgen, dass wir unersetzbare Rohstoffquellen mit einer Geschwindigkeit verbrauchen, die einfach nicht aufrechtzuerhalten ist. Der Bau von immer mehr Anlagen, der zu einem noch rascheren Rohstoffverbrauch führen würde, ist keine Lösung. In diesem Sinne ist die Energiekrise für uns quasi eine Theaterprobe für ein Drama, das wir eines Tages auf einer sehr viel größeren Bühne erleben werden.«[5]

Auf der Basis einer solchen unwiderlegbaren Diagnose könnte man geneigt sein, der Welt sogleich einen allgemeinen Wachstumsstopp zu verordnen. In der Tat wäre dies ein wunderwirkendes Rezept, *wenn* die Welt eine homogene Einheit wäre, die sie nicht ist; und *wenn* man von ihr erwarten könnte, dass sie sich in eine einförmige Einheitswelt entwickelt, was sie nicht kann und auch nicht sollte; und *wenn* Wachstum und Entwicklung in der Welt überall in den gleichen Richtungen stattfanden, was auch nicht der Fall sein kann. In der Tat entfaltet sich das Wachstum in den verschiedenen Teilen der Welt in verschiedenen Richtungen und mit verschiedener Geschwindigkeit. Während in einigen Regionen der Welt das undifferenzierte Wachstum krebsartige Formen annimmt, wird die Existenz der Menschen in anderen Teilen dieser Erde täglich durch fehlendes Wachstum bedroht.

Dieses unausgeglichene und undifferenzierte Wachstum ist die eigentliche Ursache der dringlichsten Probleme, vor denen die Menschheit steht – organisches Wachstum weist den Weg zu ihrer Lösung.

Zum Wachstum

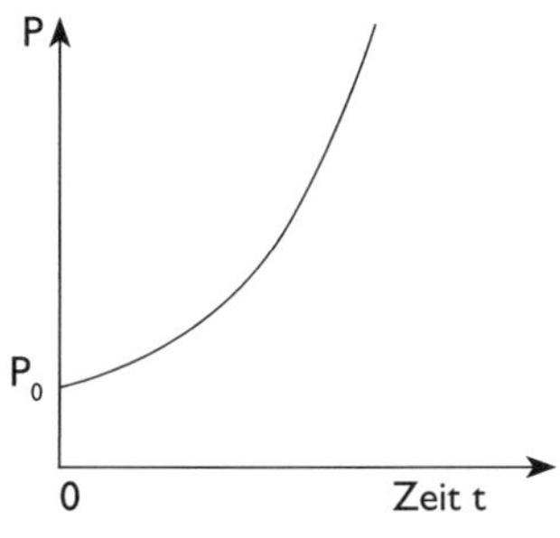

Abbildung A: Exponentielles Wachstum

Exponentielles Wachstum findet bei vielen Vorgängen statt, bei denen die Wachstumsrate konstant bleibt. Auch Bevölkerungen wachsen so lange exponentiell, wie die Geburtenziffer als Prozentsatz der Gesamtbevölkerung größer ist als die Sterbeziffer und beide konstant sind. Die Zeitspanne, in der sich eine Größe verdoppelt, ist ein anschaulicher Maßstab des Wachstums. Bei einer jährlichen Wachstumsrate von 7 Prozent beträgt die Verdoppelungszeit beispielsweise etwa 10 Jahre. Im allgemeinen erhält man eine gute Annäherung der Verdoppelungszeit in Jahren, indem man die Zahl 70 durch die jährliche Wachstumsrate in Prozent dividiert, bei 7 Prozent beispielsweise ergibt sich also 70:7 = 10 Jahre.

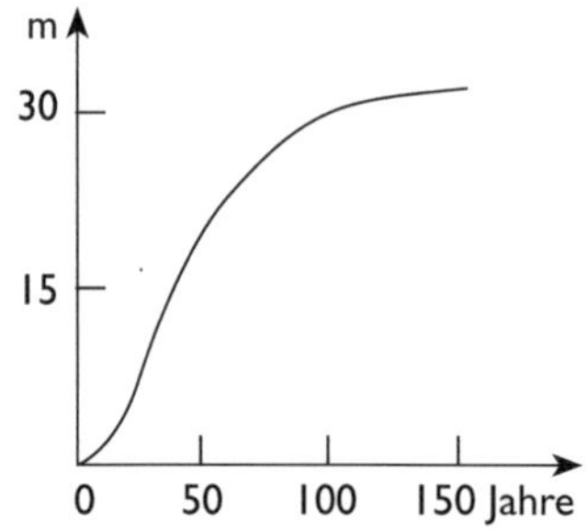

Abbildung B: Pflanzliches Wachstum
Anders als Säugetiere, und damit auch der Mensch, wachsen Pflanzen ihr ganzes Leben lang. Mit fortschreitendem Lebensalter nimmt die Wachstumsrate jedoch ständig ab. Eine Eiche beispielsweise wächst sogar noch nach hundertfünfzig Jahren um etwa acht Zentimeter jährlich. Am Anfang scheint das Wachstum, ebenso wie in der Anfangsphase eines menschlichen Embryos, exponentiell vor sich zu gehen, aber nachdem eine bestimmte lebende Masse erreicht wird, geht die exponentielle Phase in organisches, immer stärker abklingendes Wachstum über.

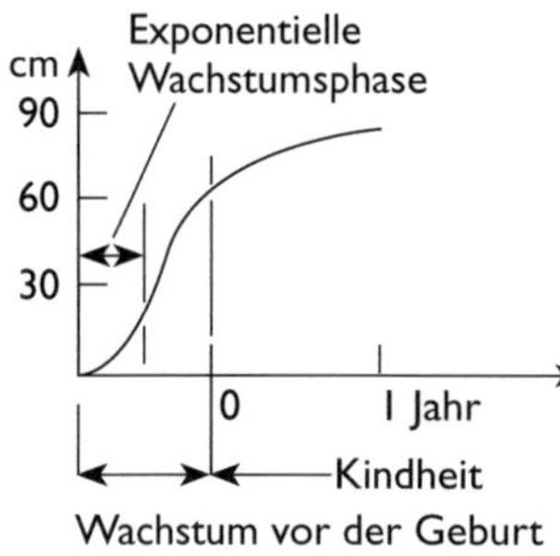

Abbildung C: Organisches Wachstum
In sehr vielen Fällen verläuft das Wachstum zunächst äußerst schnell. Dann aber flacht die Wachstumskurve ab. Dies ist zum Beispiel typisch für das Wachstum fast aller Tiere. Im ersten, embryonalen Wachstumsstadium wird zunächst rasch lebende Masse gebildet, die noch wenig strukturiert ist. Aber bereits in der befruchteten Eizelle ist ein Wachstumsplan vorhanden, der jeder neugebildeten Zelle mitgeteilt wird und das Wachstum des gesamten Organismus lenkt. Mit zunehmender Komplexität dieses Lebewesens ändert sich die Entwicklung des Wachstums: Sie wird immer langsamer, aber gleichzeitig ständig differenzierter. Sobald alle Organe ihre volle Reife, also das Erwachsenenstadium, erreicht haben, hört das »äußere« organische Wachstum ganz auf.

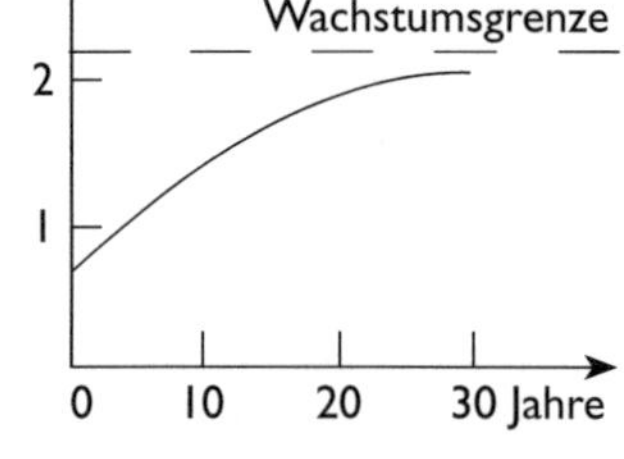

Abbildung D: Wachstum des Menschen
Bei Säugetieren, die Menschen eingeschlossen, ist das »äußere« Wachstum auf ihre Kindheit und Jugend beschränkt. In keiner Phase der normalen Entwicklung kommt es zu exponentiellem undifferenziertem Wachstum.

In der Natur erfolgt das organische Wachstum nach einem »Generalplan«: Die Größe und die Funktion der verschiedenen Organe werden durch die Spezialisierung innerhalb des Organismus als Ganzem bestimmt, und in diesem Rahmen vollzieht sich auch ihr Wachstum. Der Generalplan für das Wachstum eines Organismus ist jeweils durch Evolution, durch »natürliche Auslese« entstanden und in den Genen kodiert; er ist von Anfang an dem wachsenden Organismus mitgegeben: Plan und Organismus sind untrennbar verbunden. Unser Weltsystem besitzt keinen solchen »Generalplan«. Die Entwicklung der Menschheit ist nicht als organisches Wachstum vorprogrammiert. Nichts deutet darauf hin, dass sich die außerordentlich kritische Phase des Übergangs vom undifferenzierten zum organischen Wachstum als »natürlicher« Prozess quasi von selbst ergeben wird. Ebenso wenig kann man annehmen, dass, wie in der griechischen Tragödie, ein *deus ex machina* der Welt einen solchen Generalplan bescheren wird. Der Generalplan muss also erst entwickelt werden, und zwar im Rahmen der Möglichkeiten, die uns Menschen noch offen stehen und die wir wahrzunehmen haben. In diesem Ausmaß enthalten die Alternativen, denen sich die Menschheit gegenübersieht, die Genesis zum organischen Wachstum. In diesem Sinne sehen wir die Menschheit am Wendepunkt ihrer Geschichte: Wir stehen vor der Entscheidung, solange wie möglich den Weg krebsartigen, undifferenzierten Wachstums weiterzuverfolgen oder den Weg organischen Wachstums einzuschlagen.

Wollen die Menschen von heute und morgen nicht ihr Ende einläuten, sondern den Anfang einer neuen Ära, so muss der Übergang von dem gegenwärtigen undifferenzierten und unausgeglichenen zum ausgewogenen Wachstum jetzt vollzogen werden. Aber werden wir die Weisheit und den Willen aufbringen, dies zu begreifen und dann auch durchzuführen? Im Hinblick auf die historische Vergangenheit kann man dies wohl zu Recht bezweifeln – der Zwang der grimmigen Tatsachen wird den Einsichtswilligen und Tatkräftigen den Rücken stärken müssen. Und hier können die gegenwärtigen und zukünftigen Weltkrisen den Menschen nicht nur die Augen öffnen, sie können auch die Anstöße zu tiefer greifenden Veränderungen geben und sich so schließlich als segensreich erweisen.

1 Gregg, A.: A Medical Aspect of The Population Problem. Science 121 (1955), 681

2 Hier ist auch der Grund dafür zu suchen, dass wir heute die Welt als ein komplexes, stark vermaschtes System betrachten müssen.

3 Das Gleichgewicht bei organischem Wachstum ist nicht statisch, sondern dynamisch; es bedeutet also nicht Stagnation, denn in einem wachsenden, lebenden Organismus findet ständig eine Erneuerung der beteiligten Zellen statt, wie beispielsweise im menschlichen Körper, in dem alle sieben Jahre sämtliche Zellen erneuert werden.

4 H. Cole et al.: Thinking About the Future: A Critique of The Limits to Growth. Sussex University 1973.

5 Quelle: Los Angeles Times, Dezember 1973

Konzept für organisches Wachstum

aus: Aurelio Peccei, Eduard Pestel, Mihailo Mesarovic u.a.: Der Weg ins 21. Jahrhundert. Alternative Strategien für die Industriegesellschaft. Berichte an den Club of Rome, München 1983 (gemeinsam mit Mihailo Mesarovic). (Der Band enthält eine Reihe von Referaten ,die auf der internationalen Konferenz vorgetragen wurden, die der Club of Rome vom 26. bis 28. Oktober 1982 zum Thema »Auf dem Weg ins 21. Jahrhundert: Weltweite Probleme und menschliche Entscheidungen« nach Tokio einberufen hatte – *die Redaktion*.)

Titel von der Redaktion geändert. Der Text dieses Beitrags wurde redaktionell geringfügig bearbeitet (s. Anhang, Editorische Hinweise) und um einen Abschnitt gekürzt. Art und Umfang der Kürzung sind an der entsprechenden Textstelle vermerkt.

»In den vergangenen Jahren ist eine ganze Reihe von Untersuchungen zur langfristigen Weltentwicklung veröffentlicht worden, deren Ergebnisse zumeist in düstere Prognosen mündeten, die dann prompt in weiten Kreisen als unbegründete Kassandrarufe abgetan wurden. Doch die Krisen, welche die Welt gegenwärtig in rascher Folge bedrängen, sind unmissverständliche Zeichen dafür, dass die Menschheit an einem Wendepunkt in ihrer geschichtlichen Entwicklung angelangt ist. Um die düsteren Vorhersagen tatsächlich wahr zu machen, gibt es kein geeigneteres Mittel, als die Sturmzeichen der Zeit geflissentlich zu übersehen und so weiterzumachen wie bisher. Darauf weisen auch die wissenschaftlichen Untersuchungen, auf denen der hier vorgelegte Bericht beruht, deutlich hin.

Es ist höchst dringlich geworden, die Augen nicht länger vor möglichen Katastrophen zu verschließen, sondern diesen entschlossen entgegenzutreten und nach Alternativen für die zukünftige Entwicklung zu suchen. Das Konzept des »organischen Wachstums«

für die Menschheit, dem wir in diesem Bericht das Wort reden, wird dementsprechend als unser Beitrag zur Suche nach einer dauerhaft gedeihlichen Entwicklung der Welt angeboten.

Das Konzept des organischen Wachstums des Weltsystems sollte nicht als einfältiges »Einheitswelt«-Konzept der Menschheitsentwicklung aufgefasst werden; ein solches Konzept würden wir als geradezu ungeeignet für einen globalen Ansatz zur Suche nach Wegen ablehnen, welche die Menschheit aus ihrer gefährdeten Lage herausführen könnten. Jeglicher für eine derartige Aufgabe brauchbare Ansatz muss von der regionalen Mannigfaltigkeit unserer Welt ausgehen. Alle Vorschläge für Wege zur weiteren Entwicklung müssen die Eigenarten und Möglichkeiten der unterschiedlichen Weltregionen berücksichtigen; sonst kann es zu keiner dauerhaften Ausgewogenheit zwischen ihnen, zu keiner Überwindung enger nationaler Interessen, zu keiner globalen Solidarität kommen. Es würde dann kein Hineinwachsen der Menschheit in eine organische Einheit aus ihrem gegenwärtig noch embryonalen Stadium geben.«

Mit diesen Bemerkungen zum Begriff des organischen Wachstums leiteten wir vor einigen Jahren den Zweiten Bericht an den Club of Rome ein, der unter dem Titel »Menschheit am Wendepunkt« als Buch erschienen ist.[1] Wir begrüßen es sehr, dass wir hier erneut Gelegenheit erhalten, zum Thema »Organisches und dauerhaftes Wachstum« zu sprechen.

Für viele der nationalen und internationalen Krisen, die zum Teil die ganze Welt erfasst haben, wurde vor allem seit der Veröffentlichung des Buches »Die Grenzen des Wachstums«[2] das anhaltend rasche Wirtschaftswachstum verantwortlich gemacht. Eine These lautete daher, dieses Wachstum müsse gestoppt, zumindest sein Tempo verlangsamt werden. Umgekehrt wurde argumentiert, dass die Weltkrisen allein durch fortgesetztes Wachstum zu lösen seien. Beide Standpunkte bedürfen der Erläuterung, bevor wir sie als unideologische und nicht emotionale Festlegungen akzeptieren können. Was verstehen wir eigentlich unter »Wachstum«, und in welcher Hinsicht ist dieses Wachstum zu begrüßen oder zu verwerfen? Wachstum ist schließlich ein Vorgang und kein Objekt wie ein Stuhl oder ein Tisch; man kann es nicht physikalisch erklären, muss es vielmehr als Begriff definieren.

Dass dies keine einfache Angelegenheit ist, zeigt die vorherrschende Begriffsverwirrung in der Debatte um Wachstumsfragen selbst da, wo man allgemeines Einverständnis erwarten sollte. Niemand widerspricht zum Beispiel der Feststellung, dass die Bevölkerung auf dieser Erde nicht endlos weiterwachsen kann. Die Auffassung, das Bevölkerungswachstum müsse gebremst und schließlich ganz gestoppt werden, setzt sich immer mehr durch. Auf der anderen Seite wird niemand etwas dagegen haben, wenn es im Bereich der medizinischen Versorgung Wachstum gibt, damit die Lebenserwartung sich erhöht und die Kindersterblichkeit sinkt – womit wir wieder beim Wachstum der Weltbevölkerung wären.

Auf dem Konsumsektor zeigt sich ebenfalls, wie vielschichtig wir das Thema Wachstum sehen müssen und wie gefährlich es wäre, sich in abstrakter Weise für oder gegen Wachstum auszusprechen. Wir alle wissen, dass der Konsum in den entwickelten industrialisierten Gebieten der Welt geradezu absurde Ausmaße angenommen hat. Mit bestimmten Rohstoffen muss in Zukunft unbedingt sparsamer umgegangen werden. Dagegen müssen wir für andere, weniger entwickelte Gebiete eine Politik des Wachstums verfolgen, da hier die nackte Existenz der Bevölkerung davon abhängt, ob mehr Nahrungsmittel und Industrieprodukte zur Verfügung stehen. Es wäre also naiv, sich unbesehen »für« oder »gegen« Wachstum auszusprechen; wachsen beziehungsweise nicht wachsen bleibt so lange ein schwammiger, uninteressanter Begriff, bis wir wissen, an welchem Ort wir sind und was Sinn und Inhalt des Wachstumsprozesses eigentlich ausmachen.

Wachstum in der Natur – eine Analogie

Um die vielfältigen Aspekte des Begriffs Wachstum richtig würdigen zu können, sollten wir uns an Wachstumsprozessen in der Natur orientieren. Man muss hier grundsätzlich zwischen zwei Arten von Wachstum unterscheiden: zwischen undifferenziertem und organischem Wachstum. Undifferenziertes Wachstum manifestiert sich in fortgesetzter Zellvermehrung; eine Zelle teilt sich in zwei, zwei in vier und so weiter. Bei einer Verdoppelungszeit von einer Stunde werden in 24 Stunden aus einer Zelle 17 Millionen, und nach 48 Stunden wären es bereits 280 Trillionen (280 000 000 000 00) Zellen. Bei diesem Wachstum sind alle Zellen einander gleich, es handelt sich um eine rein exponentielle Zunahme der Zellenzahl. Beim organischen Wachstum spielt dagegen der Differenzierungsprozess eine entscheidende Rolle. Es bilden sich artverschiedene Zellgruppen, die organspezifische Eigenschaften entsprechend dem Entwicklungsprozess des Organismus besitzen. Leberzellen unterscheiden sich von Gehirnzellen, diese wiederum haben andere Eigenschaften als Knochenzellen. Während und nach der Differenzierung können die Zellen immer noch an Zahl zunehmen, einige Organe wachsen vielleicht, während andere kleiner werden.

Das Gleichgewicht bei organischem Wachstum ist nicht statisch, sondern dynamisch; es bedeutet also nicht Stagnation, denn in einem wachsenden, lebenden Organismus findet ständig eine Erneuerung der beteiligten Zellen statt, wie beispielsweise im menschlichen Körper, in dem alle sieben Jahre sämtliche Zellen erneuert werden.

Der Vergleich des »organischen« Wachstums des Weltsystems mit dem eines Organismus sollte selbstverständlich nur als eine Analogie verstanden werden. Sie bezieht sich im Wesentlichen auf die Differenzierung der verschiedenen Teile des Systems sowie auf deren gegenseitige funktionale Abhängigkeit. Kein Teil ruht in sich selbst, jeder spielt eine besondere, im Laufe der Geschichte ihm zugewachsene Rolle. Es existiert ein Gesamtplan, in dem Zweck und Ziel des Wachstums des ganzen Systems festgelegt sind. In aller Schärfe zeigt jedoch unsere Analogie, wie umfassend die Veränderungen sein müssen, die die Menschheit braucht, um ihren Kurs zu ändern und ihre eigene Entwicklung in den Griff zu bekommen.

In der Vergangenheit bestand die Weltgemeinschaft aus einer Ansammlung voneinander völlig unabhängiger Teile. Jeder einzelne konnte sich in positiver wie negativer Hinsicht nach Belieben frei entwickeln. Unter den neuen Bedingungen, die uns in Form des globalen Krisensyndroms erscheinen, ist die Weltgemeinschaft zum Weltsystem geworden, das aus funktional voneinander abhängigen Teilen besteht. Jeder Teil – Staat oder Staatengruppe – hat nun seinen spezifischen Beitrag für die organische Entwicklung der Menschheit zu leisten: in Form von Rohstoffen, Technologie, Wirtschaftspotential, Kultur etc. Die einzelnen Wachstumsprozesse hängen voneinander ab; wenn also das Wachstum eines Teils negativ zu Buche schlägt, ist nicht nur dieser Teil, sondern das ganze System gefährdet. Wenn dagegen das Weltsystem auf den Weg des organischen Wachstums gebracht werden könnte, würden die organischen Wechselbeziehungen der Teile sich hemmend auf das undifferenzierte Wachstum eines Einzelteils auswirken.

Wenn unter Wachstum nur undifferenziertes Wachstum verstanden wird, dann besteht kein Zweifel darüber, dass der Wachstumsprozess in jeder Hinsicht zum Stillstand gebracht werden muss. Eine einfache Rechnung genügt, um das zu beweisen: wenn die Wirtschaft zum Beispiel jährlich um 5 % wächst, so wird sie am Ende des 21. Jahrhunderts einen Umfang erreichen, der 500mal größer als heute ist, also den gegenwärtigen um 50 000 Prozent übersteigt. Selbst dann, wenn der Rohstoffverbrauch weniger als das Bruttosozialprodukt zunehmen sollte, würden die Probleme der Beschaffung, Verarbeitung und Abfallbeseitigung der Materialmengen in kaum vorstellbarem Maß anwachsen. Selbst in den wachstumsorientierten Großunternehmen wird dies erkannt. Es gibt kein Wachstum um des Wachstums willen in dem Sinne, dass immer größere Warenmengen produziert werden könnten.

Wäre es aufgrund dieser Diagnose nicht am einfachsten, man würde unverzüglich der Welt einen Wachstumsstop verordnen? Dieses Rezept würde bestimmt wahre Wunder wirken, wenn, ja, wenn die Welt eine homogene Einheit wäre, oder wenn damit zu rechnen wäre, dass sie sich hin zu einer einförmigen Einheitswelt entwickelt, was sie nicht kann und auch nicht sollte; oder wenn Wachstum und Entwicklung für die ganze Welt nach einem einzigen Maßstab gemessen werden könnten, was auch nicht möglich ist. Wachstum entfaltet sich in den verschiedenen Teilen der Welt in unterschiedlichen Bahnen und mit verschiedener Geschwindigkeit. Während in einigen Regionen das undifferenzierte Wachstum krebsartige Formen annimmt, sind in anderen Teilen die Menschen durch fehlendes Wachstum in ihrer Existenz bedroht.

Dieses unausgeglichene und undifferenzierte Wachstum ist die eigentliche Ursache der dringlichsten Probleme, vor denen die Menschheit steht – organisches Wachstum weist den Weg zu ihrer Lösung.

Wie erreicht man organisches Wachstum?

Das organische Wachstum in der Natur erfolgt nach einem »Generalplan«; die Größe und die Funktion der verschiedenen Organe werden durch die Spezialisierung innerhalb des Organismus als Ganzem bestimmt, und in diesem Rahmen spielt sich auch ihr Wachstum ab. Der Generalplan für das Wachstum eines Organismus ist jeweils durch Evolution, durch natürliche Auslese entstanden und in den Genen kodiert; er ist von Anfang an dem wachsenden Organismus mitgegeben: Plan und Organismus sind untrennbar verbunden.

Auch für die Menschheit wird es keine kontinuierliche, gesunde Entwicklung geben, ohne dass sie einen solchen »Generalplan« entwirft, sich klare Ziele steckt, die eine Reihe von Bedingungen erfüllen sollten. Erstens: die einzelnen Zielvorstellungen müssen miteinander vereinbar sein. Dann: sie müssen den tatsächlichen Bedürfnissen und Wünschen der betroffenen Menschen entsprechen,

und: es muss gesichert sein, dass sie mit den vorhandenen menschlichen und materiellen Ressourcen auch erreicht werden können. Gerade was die Ressourcen betrifft, gibt es erhebliche regionale Unterschiede in der Welt; die organische Entwicklung wird sich daher ebenfalls in unterschiedlicher Weise durchsetzen. Außerdem: Bedürfnisse und Wünsche ändern sich im Laufe der Zeit ebenso wie die verfügbaren Mittel, weshalb die Ziele immer wieder neu definiert werden müssen.

Jede Generation steht vor der Aufgabe, die Ziele für die Lebensgestaltung der nachfolgenden Generation neu zu formulieren.

Unsere Politik muss langfristig angelegt sein, wir brauchen Pläne für die nächsten zehn, zwanzig, dreißig Jahre. Oft genug werden wir die Erfahrung machen, dass Maßnahmen, die zunächst optimal erscheinen, verworfen werden müssen, weil sich andere, die sich zunächst nur als zweite und dritte Wahl anboten, inzwischen als nützlich und hilfreich erwiesen haben. Für die Politiker in einer parlamentarischen Demokratie wirft das enorme Probleme auf; dasselbe gilt für diejenigen, die in der Wirtschaft das Sagen haben, und natürlich für jeden einzelnen Bürger.

Damit wir überhaupt einen Plan für organisches Wachstum über einen längeren Zeitraum aufstellen können, brauchen wir neue Verhaltensregeln, die allgemein respektiert werden.

Der kritische Leser könnte diese Überlegungen zum organischen Wachstum als Plädoyer für eine Superregierung deuten, für eine aufgeblähte Bürokratie nicht nur in Ministerien, sondern auch noch in Planungsabteilungen, die jede Initiative von unten abwürgen. Nichts liegt uns ferner. Wir gehen gerade umgekehrt davon aus, dass sich der Staat aus der Unternehmerpolitik heraushalten und den Markt sich selbst überlassen sollte.

Aufgabe des Staates ist es nach unserer Vorstellung, die politischen und gesellschaftlichen Rahmenbedingungen zu sichern, unter denen diejenigen Bürger der Segnungen anhaltender wirtschaftlicher und politischer Erfolge teilhaftig werden können, die sich im nationalen, regionalen und weltweiten Rahmen für das organische Wachstum einsetzen. Wir sind davon überzeugt, dass die Initiative des freien Unternehmertums den allgemeinen Wandel zugunsten einer langfristigen positiven Entwicklung einleiten wird, selbst wenn zu Beginn eine Reihe von Nachteilen in Kauf genommen werden müsste.

In dieser Weise von organischem und dauerhaftem Wachstum zu sprechen, klingt natürlich reichlich abstrakt. Die Politiker dieser Welt wollen wissen, was hier und heute zu tun ist, um entsprechend unserem langfristigen Konzept handeln und zugleich die Probleme lösen zu können, mit denen wir jetzt konfrontiert sind. Wer den Weg des organischen Wachstums einschlagen und daher zunächst einen Generalplan mit den Zielen für die nächsten 20 Jahre aufstellen möchte, sollte sich unbedingt mit nüchternen Augen die Welt ansehen und die nationalen und internationalen Rahmenbedingungen studieren, unter denen er politisch zu handeln beabsichtigt.

Weder im Inland noch im Ausland, noch global gesehen gibt es die magische Autorität, die die Probleme lösen könnte. Wer glaubt, in den kommenden Jahrzehnten würden wir die Auflösung der Nationalstaaten erleben, macht sich Illusionen. Die nationalen Egoismen werden vielmehr weiterwirken und bestenfalls durch die Einsicht, dass wir alle in einem Boot sitzen, etwas gemildert. Wir möchten daher ausdrücklich betonen: die bloße Existenz der Nationalstaaten zwingt dazu, die meisten Probleme eines Staates selbständig und gestützt auf die Initiativen der Bürger im einzelstaatlichen Rahmen zu lösen.

Auf Seiten der politischen Führung sollte sich eine wichtige Einsicht durchsetzen: die Entwicklung einer Gesellschaft wird nur dann erfolgreich sein, wenn die Staatsbürger vom Geist der Kooperation beseelt sind; wenn in Politik und Verwaltung die Verantwortlichkeiten demokratisch aufgeteilt sind; wenn die Wirtschaft von der konzertierten Aktion freier Unternehmer beherrscht wird. Das Beispiel Japans nach dem Zweiten Weltkrieg zeigt das sehr anschaulich. Wirtschaftliche Effektivität und organisches Wachstum sind keineswegs schon durch die Verfügbarkeit von Menschen und Material und durch günstige äußere Bedingungen garantiert. Alle drei Bereiche einer Gesellschaft – das Wertesystem, die Regierungsform und das Wirtschaftssystem – hängen eng zusammen und entscheiden darüber, wie effektiv eine Gesellschaft arbeitet. Andernfalls wäre die Sowjetunion wirtschaftlich um vieles stärker als Japan. Eine reiche Rohstoffbasis ist also keineswegs der Garant für wirtschaftliche Erfolge eines Landes. Die Menschen sind es, die letztlich über Erfolg oder Misserfolg entscheiden. Am meisten zählt immer noch der Arbeitswille, das technische und organisatorische Knowhow, eine ausgebaute Infrastruktur.

Eine Gesellschaftsordnung erfüllt dann ihren Zweck, wenn der Arbeitswille der Menschen immer wieder neu angespornt wird, wenn das Knowhow auf dem neuesten Stand und überall und jedem zugänglich ist und wenn ausreichende Mittel bereitgestellt werden, um die Infrastruktur zu erhalten und auszubauen.

Auf allen diesen Gebieten gibt es sowohl in den Industriestaaten in Ost und West als auch in den Entwicklungsländern Fehlentwicklungen und einen großen Nachholbedarf. Je ausgeprägter die Widersprüche zwischen den einzelnen Komponenten einer Gesellschaft sind, desto weniger wird der Staat in der Lage sein, seine Möglichkeiten zu entfalten und zum Wohle der Menschen den Weg des organischen Wachstums zu beschreiten. ....

Es werden nun zwei Studien vorgestellt, die sich mit Prognosen möglicher Energie- und Rohstoffprobleme in den westlichen Industrienationen sowie in den Ländern des tropischen Afrika bis zum Jahr 2000 befassten. Der entsprechende Textteil wurde gestrichen, da die Ergebnisse dieser Studien hier nicht von Interesse sind – wohl aber die Schlussfolgerungen daraus, die im Folgenden widergegeben sind.

Diese und andere Fallstudien, die wir nicht vorlegen konnten, erlauben ein ganzes Bündel von Schlussfolgerungen, die in etwa die Umrisse eines Generalplans für das organische und dauerhafte Wachstum angeben.

Erstens: Unsere Prämisse bestätigt sich, dass weder die Annahme, die Rohstoffvorräte der Welt seien unerschöpflich und mit Hilfe der Technik ließen sich alle Weltprobleme lösen, zutrifft, noch die Behauptung des Gegenteils einen relevanten Beitrag zur Lösung der Weltproblematik leistet. Es ist daher müßig, darüber zu spekulieren, wie sich Technik und Wissenschaft in Zukunft entwickeln werden. Ganz sicher wird der heftige Konkurrenzkampf der fortgeschrittenen Industriestaaten stimulierend auf die Entwicklung von Wissenschaft und Technik einwirken. Doch wird diese Art der Technologie nur den Reichtum der ohnehin reichen Nationen vermehren – und selbst dies nur geringfügig. Sollte ein Land versuchen, sich diesem Konkurrenzkampf zu entziehen, so würde es wirtschaftlich sehr darunter leiden müssen. Auf das Schicksal der Milliarden Menschen in den Entwicklungsländern wird sich diese neue Technik weder heute noch morgen segensreich auswirken.

Zweitens: Mit unseren Fallstudien haben wir nachgewiesen, dass die Qualifizierung der Menschen eine Grundbedingung ist, um katastrophale Entwicklungen zu verhindern; das gilt für die reichen wie für die armen Länder. Wir meinen nicht allein die Ausbildung für gesellschaftlich nützliche Berufe und Jobs; viel wichtiger ist die Erziehung aller Menschen – gleich welcher Rasse, Nationalität oder sozialen Schicht – zu kooperativem Gruppenverhalten, damit jeder einzelne die ihm gemäße Rolle zu spielen und in der kooperativen Interaktion mit anderen seine Pflichten zu erfüllen lernt. Vielleicht klingt das altmodisch. Ich bin dennoch fest davon überzeugt, dass die moderne Konfliktpädagogik Gift für junge Menschen ist in einer Welt, die nur dann überleben wird, wenn alle freiwillig zusammenarbeiten. Nur auf der Basis gegenseitigen Vertrauens, sozialer Verantwortung und Loyalität und nicht auf der Basis von Profitdenken kann ein politisches und wirtschaftliches System entstehen, das dem einzelnen Staat die Chance gibt, seine sozialen und ökonomischen Möglichkeiten umfassend zu verwirklichen.

Drittens: Obwohl die gegenseitige Abhängigkeit der Staaten und Regionen in jedem Land immer deutlichere Spuren hinterlässt, steht zweifelsfrei fest: Über Erfolg oder Misserfolg im Kampf für das organische Wachstum entscheidet die »Heimatfront«. Daraus den Schluss zu ziehen, Entwicklungshilfe sei überhaupt entbehrlich, ist völlig falsch und wäre politisch wie moralisch nicht zu vertreten. Wenn die Auslandshilfe so angelegt ist, dass das Empfängerland sich später einmal ohne fremde Hilfe weiterentwickeln kann, ist sie zu befürworten. Wie das zu schaffen ist, darüber muss gesprochen werden; das Ergebnis wird von Land zu Land verschieden sein. In Staaten, die selbst nach langfristiger, umfangreicher Auslandshilfe nicht fähig sein werden, in absehbarer Zeit auf eigenen Füßen zu stehen, kann auf Dauer nur die Bildung einer regionalen Union mit anderen Staaten die Situation verbessern. Der Zusammenschluss aller Staaten zu 10 bis 15 Weltregionen wäre sicherlich ein großer Gewinn für die Welt – aus wirtschaftlichen wie aus politischen Gründen. So mancher bewaffnete Konflikt, den die Welt in den letzten Jahren erlebte, wäre uns erspart geblieben, wenn es solche Organisationsformen bereits gegeben hätte.

Viertens: in jedem Land und in allen Staatengemeinschaften müssen vorbeugende Maßnahmen und Formen der Regulierung gefunden werden, mit denen man drohende Krisen verhindern oder sofort bekämpfen kann. Wir haben in »Menschheit am Wendepunkt« nachgewiesen, dass sich solche Krisen in immer kürzeren Abständen ereignen werden. Das Konfliktpotential, das in den sozialen, politischen und wirtschaftlichen Strukturen unserer Gesellschaft angelegt ist, übertrifft an Sprengkraft bei weitem ein großes Atomkraftwerk. Hier hat man bereits seit langem Vorsorge getroffen und alle möglichen Fehlerquellen des Systems untersucht und von vornherein Gegenmaßnahmen und Risikobarrieren eingebaut, um einen möglichen Schaden in Grenzen zu halten.

Genau das brauchen wir nun auf politischem Gebiet – mögliche Krisen reifen unaufhaltsam heran, und sie nehmen schnell erschreckende Ausmaße an, schneller als wir es schaffen, politische, soziale und technische Abwehrmittel zu entwickeln. Maßnahmen, die wir heute gegen eine Krise vor unserer Haustür ergreifen, werden ihre Wirkung erst nach zehn oder zwanzig Jahren zeigen, und dann hat diese Krise möglicherweise qualitativ wie quantitativ eine völlig veränderte Gestalt angenommen. Was heute die Energiekrise einer einzelnen Region ist, könnte sich alsbald zu Hungerkatastrophen in anderen Teilen der Welt oder gar zum wirtschaftlichen Zusammenbruch und zu sozialen Umwälzungen auswachsen.

Die Menschheit kann es sich nicht leisten, darauf zu warten, dass sich spontan und zufällig etwas ändert. Es liegt an den Menschen selbst, rechtzeitig die erforderlichen und noch überschaubaren Veränderungen einzuleiten. Es könnte sonst passieren, dass Umwälzungen allergrößten Ausmaßes auf uns zukommen und das Ganze außer Kontrolle gerät. Wir halten es für unwahrscheinlich, dass unter solchen Umständen der Ausbruch eines dritten Weltkriegs zu verhindern wäre. Milliarden von Menschen, wenn nicht die Menschheit insgesamt, ihre Kulturen und Zivilisationen wären der Vernichtung preisgegeben.

1 Mihailo Mesarovic, Eduard Pestel: Menschheit am Wendepunkt. 2. Bericht an den Club of Rome zur Weltlage, Stuttgart 1974; S. 7

2 Dennis Meadows u.a.: Die Grenzen des Wachstums. Bericht des Club of Rome zur Lage der Menschheit, Stuttgart 1972

Ziele und Aufgaben des Club of Rome

Festvortrag anlässlich der Verleihung des Friedenspreises des Börsenvereins des Deutschen Buchhandels an den Club of Rome, gehalten in der Paulskirche, Frankfurt a. M., am 14. Oktober 1973. Erstabdruck in: Eduard Pestel, Unsere Chance heißt Vernunft. Lernen für die Welt von morgen. Braunschweig 1980

Betitelt wurde dieser Vortrag von der Redaktion. Der Text dieses Beitrags wurde redaktionell geringfügig bearbeitet (s. Anhang, Editorische Hinweise).

Herr Bundespräsident, meine Damen und Herren! Als mir vor wenigen Monaten die dankbar aufgenommene Mitteilung gemacht wurde, der Börsenverein des Deutschen Buchhandels habe beschlossen, dem Club of Rome den diesjährigen Friedenspreis zuzuerkennen, kam mir spontan eine Begebenheit zurück ins Gedächtnis, die sich 1969, vier Jahre zuvor, in einem österreichischen Alpendorf abgespielt hatte, wohin ein Teil des heutigen Exekutiv-Komitees des Club of Rome zur Erörterung wesentlicher Weltprobleme eingeladen worden war. Als die zu diesem Zweck angesetzte Podiumsdiskussion, bei der auch der damals amtierende österreichische Bundeskanzler Klaus mitwirkte, aufs Publikum übergriff, erhob sich als erster der vielen zumeist sehr jungen Teilnehmer ein älterer Herr und las von einem im kleinen halberhellten Saal nur undeutlich als Zeitungsausschnitt erkennbaren Stück Papier folgendes vor:

„Der Mensch ist im Begriff, den Mond zu betreten und hat doch immer noch diese Erde aus Krieg und Hunger und Unrecht nicht herausgeführt. Der Mensch will mündiger sein als je zuvor und weiß doch auf eine Fülle von Fragen keine Antwort. Unsicherheit und Resignation mischen sich mit der Hoffnung auf bessere Ordnungen...

Nicht der Krieg ist der Ernstfall, in dem der Mann sich zu bewähren habe, wie meine Generation in der kaiserlichen Zeit auf den Schulbänken lernte, sondern der Frieden ist der Ernstfall, in dem wir alle uns zu bewähren haben. Hinter dem Frieden gibt es keine Existenz mehr...

Hilfreich wäre es, wenn auch wir der Friedensforschung, das heißt einer wissenschaftlichen Ermittlung nicht nur der militärischen Zusammenhänge zwischen Rüstung, Abrüstung und Friedenssicherung, sondern zwischen allen Faktoren, also zum Beispiel auch den sozialen, den wirtschaftlichen und den psychologischen, die gebührende Aufmerksamkeit zuwenden würden.

Bei all dem geht es nicht nur um den Ost-West-Konflikt, sondern in steigendem Maße auch um den Nord-Süd-Konflikt. Hunger und Elend in der Welt rufen nach Hilfe. Die Industrienationen in allen Lagern dürfen sich dieser Hilfe nicht entziehen ...“

Hier endete das Zitat, und der vom Alter schon gebeugte Herr schloss dann sichtlich bewegt mit der persönlichen Bemerkung, es erfülle ihn als Deutschen, der vor mehr als 30 Jahren seine Heimat hätte verlassen müssen, mit Stolz, dass hiermit ein deutscher Bundespräsident[1] soeben die Wissenschaftler aufgerufen habe, nun auch in weitaus höherem Maße als bisher ihre Anstrengungen der Erforschung des Friedens zuzuwenden. Offenbar hatte dieser Mann sofort erkannt, dass die vom damals nur wenige Mitglieder umfassenden Club of Rome ins Auge gefasste Arbeit dem Frieden dienen sollte, obwohl in der vorangegangenen Podiumsdiskussion das Wort Frieden kaum gefallen war. Wir hatten nämlich dort in groben Umrissen und teilweise sicherlich noch sehr verschwommen das Projekt der »Predicament of Mankind«, also der gefährdeten Lage der Menschheit, entwickelt, was nun in der Tat kein normales Projekt der Friedensforschung darstellt, wohl aber als ein der Gewinnung und Erhaltung des Friedens dienliches Unternehmen angesehen werden konnte. Den ersten Anstoß zum Aufgreifen dieser weltweiten Problematik, die unseres Erachtens in ihren inneren Zusammenhängen und Verflechtungen noch gar nicht durchschaut und lediglich in ihren Symptomen erkannt worden war, hatte das Buch von Aurelio Peccei »The Chasm Ahead«, der Abgrund vor uns, gegeben. Dieses Werk hatte uns sogleich die Einsicht vermittelt, dass das Herumdoktern an Symptomen, so wie es sich in dem Suchen von problemlösenden Maßnahmen in wohl voneinander isolierten Bereichen manifestiert, in der Zukunft nur zu einer weiteren Verschärfung der Krisen führen dürfte. Wir sahen vielmehr in den Symptomen wie unkontrolliertes Bevölkerungswachstum, weitverbreiteter Hunger, Unterbeschäftigung und Großstadtelend, besonders in den Entwicklungsländern, Umweltverschmutzung, absehbare Erschöpfung lebenswichtiger Rohstoffe, wachsende soziale Spannungen, rapid zunehmende Verstädterung, ansteigende Kriminalität, unaufhaltsame Polarisierung militärischer Macht, kulturelle Entwurzelung, Entfremdung zwischen Jugend und Alter, Mitbestimmungsverlangen, wachsende Kluft zwischen Industrie- und Entwicklungsländern usw. nur sichtbare Komponenten eines großen weltweiten Problemsyndroms, dessen Zusammenhänge es zu erforschen galt, wollte man befriedigende dauerhafte Lösungen finden. Die immense, immer rascher sich vollziehende Ausweitung der verschiedenen Problemfelder, insbesondere in den zwei Jahrzehnten nach Ende des Zweiten Weltkrieges, hatte nämlich dazu geführt, dass diese sich immer mehr überschnitten und in ihren Verkettungen dabei fast unüberschaubar geworden waren. Somit unterschied sich die Krisenlage, so wie sie damals bereits bestand bzw. in naher Zukunft sich immer gefährlicher zu entwickeln drohte, wesentlich von Krisensituationen der Vergangenheit. Die Weltkrisen der Vergangenheit ergaben sich nämlich fast ausnahmslos als Folge von Naturkatastrophen wie zum Beispiel der großen Seuchen des Mittelalters, oder als Folge verbrecherischen menschlichen Handelns bei der Auslösung von Eroberungskriegen, die sich schließlich auf ganze Kontinente erstreckten und in diesem Jahrhundert gar die ganze Welt erfassten. Die Lösung solcher globalen Krisen suchte und sucht man in der Mobilisierung von Kräften mit zweifellos positiven Zielen gegen zweifellos negative Erscheinungen und Tendenzen. Hier liegen auch noch heute die traditionellen Ansätze für die Friedens- und Konfliktforschung.

Wir müssen uns jedoch darüber im klaren sein, dass gegenwärtig die große Völkerfamilie einer alles und alle umfassenden Krise – man möchte meinen, unaufhaltsam – zusteuert, die nicht nur in ihrer Ausdehnung, sondern auch in ihrem Charakter sich wesentlich von früheren unterscheidet, und zwar in dem Sinne, dass sie nicht von offensichtlich bösen Menschen und Mächten verursacht, sondern durch Entwicklungen herbeigeführt wird, die wir vielfach heute noch als Ausdruck menschlichen Fortschritts, ja als Sieg über die den Menschen gesetzten natürlichen Beschränkungen und Grenzen empfinden. Hierdurch gewinnt die Krise den Aspekt des Unentrinnbaren, wenn die Menschheit ihre Ziele und Wertvorstellungen nicht ändert.

Diese Krise hat viele Gesichter, und ihr Ursprung ist sicherlich nicht einheitlich. In der Dritten Welt, also dem größeren Teil der Welt, hat sie ihren wohl wesentlichsten Ausgangspunkt in der Bevölkerungsexplosion, die, wie Sie alle wissen, ihren Hauptgrund in der durch verhältnismäßig einfache und billige Maßnahmen erreichte Herabsetzung der Sterberate in den armen Ländern hat, ohne dort gleichzeitig von entsprechenden Anstrengungen zur Reduzierung der Geburtenrate begleitet zu sein, Anstrengungen, die einen ungleich höheren Einsatz an Mitteln auf den Sektoren der Bildung und der sozialen Fürsorge erfordert hätten. Hier wurde nur auf ein isoliertes Symptom, nämlich das der Sterblichkeit, insbesondere der Kindersterblichkeit, sicherlich aus wohlmeinenden humanitären Gründen, gezielt, ohne sich darüber Rechenschaft abzulegen, dass man damit allein noch nicht den zehnten Teil des Weges zur Linderung der Not durch eine vernünftige Familien- und Bevölkerungspolitik gegangen war. Nunmehr führt die Bevölkerungsexplosion dazu, dass schon heute praktisch die Hälfte der Menschheit in extremer Armut lebt und die Zahl dieser ständig von Hunger und Not bedrohten Menschen sich bis zum Ende des Jahrhunderts auf fast vier Milliarden verdoppeln wird, weil alle wirtschaftlichen und sozialen Anstrengungen vom rasanten Bevölkerungswachstum überholt werden. In den industrialisierten Ländern hingegen, vornehmlich in Nordamerika, Japan und Westeuropa, liegt der Grund der Krise im überschnellen und auf die Dauer nicht durchzuhaltenden Wirtschaftswachstum, das diesen Ländern immer mehr materiellen Reichtum beschert, aber gleichzeitig immer neue Wohlstandsprobleme aufwirft, wobei der selbsterzeugte Zwang zu deren Überwindung wohl alle Ansätze zu ausreichender und effektiver Hilfe für die Dritte Welt immer wieder zum Erliegen bringen wird, falls kein radikaler Gesinnungswandel eintritt. So haben militärische Polarisierung, Vietnamkrieg, das Prestigeprogramm um den ersten Platz in der Raumfahrt unnötige wirtschaftliche und politische Rivalitäten und die Erweckung immer größerer materieller Ansprüche der Menschen in der westlichen Welt die großen Hoffnungen, die auf die 60er Jahre als Dekade der Entwicklung der Dritten Welt gesetzt wurden, zum Scheitern gebracht, und man hat heute angesichts der Energiekrise zu fürchten, dass die egoistische Sorge um das Durchhalten unseres gegenwärtigen Wirtschaftswachstumstempos und die daraus notwendigerweise folgenden Maßnahmen zur kurz- und mittelfristigen Lösung des Energieproblems die Wirtschaftskraft der industrialisierten Welt so stark in Anspruch nehmen werden, dass für wirkungsvolle Anstrengungen zum gemeinsamen Handeln mit den armen Ländern, um hier die schlimmste Not und die ärgsten sozialen Ungerechtigkeiten zu beseitigen, wohl kaum die – fraglos erheblichen – Mittel zur Verfügung gestellt werden können. Hier fehlt mir die Zeit, weitere Schlaglichter auf die gegenwärtige Weltsituation zu setzen; lassen wir es daher bei den wenigen Aspekten der Menschheitskrise, die ich hier angesprochen habe. Sie genügen, um die ursprünglichen Überzeugungen des Klubs von Rom deutlich zu machen und daraus seine Ziele etwa wie folgt zu formulieren:

1. Im Dialog mit Politikern, Wirtschaftlern, Parteien, Verbänden, Wissenschaftlern der verschiedensten Provenienzen usw. die Erkenntnis zu verbreiten, dass Kurieren an einzelnen Symptomen, ohne sie jeweils im großen Zusammenhang mit der Gesamtproblematik zu sehen, letztlich die Menschheitskrise nur verschärfen wird. Dazu sollen auch die Forschungsarbeiten beitragen, die

geeignet sein können, das Problemsyndrom der Menschheit in allen seinen Verflechtungen und gegenseitigen Beeinflussungen durch- und überschaubar zu machen.

2. Darauf zu drängen sowie mitzuhelfen, die Voraussetzungen und die Instrumente dafür zu schaffen, dass die Bereitschaft der politischen und wirtschaftlichen Entscheidungsträger geweckt wird, antizipatorisch zu handeln, das heißt im Vorausbegreifender Problemsituation – nicht allein innerhalb ihrer Wahlperiode, sondern einige Jahrzehnte in der Zukunft – ihre Maßnahmen zu entwerfen, auf dass für die Gegenwart nützliche Entscheidungen langfristig nicht Schaden stiften, auf dass politische, wirtschaftliche, soziale und psychologische Verhaltensweisen erzeugt und unterstützt werden, die der drohenden Krisenentwicklung entgegenwirken können und schließlich, auf dass ausgereifte technologische und soziale Problemlösungen einsatzbereit zur Verfügung stehen, die dem Ausmaß und der Intensität der, sagen wir, in 10, 20, 30 Jahren unausweichbar gewordenen Problemlage gewachsen sind.

In diesem Sinne konzipierte der Club of Rome damals im Jahre 1969 sein fundamentales Projekt »The Predicament of Mankind«. Hier sollte in einer umfassenden, vorwiegend nichtverbalen Studie eine differenzierte Untersuchung der gegenwärtigen Problematik der Menschheit durchgeführt werden. Aufgrund der zunächst erfolglosen Methodensuche entschloss sich der Club of Rome auf seiner ersten Plenarsitzung in Bern auf Einladung des Schweizerischen Bundesrates, zunächst ein bescheideneres Projekt anzugreifen, für dessen Durchführung die von Prof. Jay W. Forrester am MIT entwickelte Methode »System Dynamics« geeignet erschien. Mit Hilfe dieser eingeschränkten, quantitativen rechnergestützten Untersuchung sollten insbesondere zwei Fragenkomplexe aufgegriffen werden:

1. festzustellen, inwieweit unser gegenwärtiges Bevölkerungs- und Wirtschaftswachstum mit der Tatsache der Begrenztheit unserer Erde verträglich ist, sowie wo und mit welchen möglichen Konsequenzen gegebenenfalls die Grenzen des Wachstums erreicht werden

2. die Natur der gegenseitigen Abhängigkeiten und Einwirkungen wesentlicher, das physische Verhalten des Weltsystems bestimmender Faktoren zu ergründen, um daraus erste Hinweise auf die mögliche Beeinflussung des Ganges der Dinge abzuleiten.

Die Stiftung Volkswagenwerk* machte es dann möglich, am MIT unter der Leitung von Prof. Dennis L. Meadows, einem Schüler Forresters, eine internationale, zumeist aus jungen Wissenschaftlern bestehende Arbeitsgruppe einzusetzen, deren im ersten Forschungsjahr gewonnenen Ergebnisse ihren allgemein verständlichen Niederschlag in dem vieldiskutierten Buch »Grenzen des Wachstums« gefunden haben.

Im Hinblick auf die Bedeutung der auf Anregung des Club of Rome hier aufgegriffenen Fragestellungen ist die große öffentliche Anteilnahme nicht überraschend; und es ist auch nicht erstaunlich, dass zahlreiche sehr kritische Äußerungen, sogar kritische Gegendarstellungen von Buchumfang, die Diskussion über Wert und Unwert dieser Studie in den vergangenen 18 Monaten seit Erscheinen des Buches immer wieder angeheizt haben. Auf Kritik stieß dieser Bericht hauptsächlich bei traditionellen Wirtschaftswissenschaftlern, bei Leuten, die die Lösung aller Probleme der Welt aus dem Füllhorn von Wissenschaft und Technologie erwarten, sowie bei den Vertretern der These, dass Wachstum ein inhärentes Merkmal unseres Systems darstelle, dass dazu die dauernde Erzeugung neuer Wohlstandsprobleme eine geradezu notwendige Voraussetzung sei, und dass ohne Wachstum Stagnation

* heute: *VolkswagenStiftung* (gemeinnützige Stiftung privaten Rechts), Hannover – *d. Red.*

und schließlich Verfall der Wirtschaft die Folge sein würde. Ich persönlich halte die große Anzahl der Versuche zur kritischen Zerpflückung der MIT-Studie für wenig geeignet, neue tiefere und »richtigere« Einsichten zu vermitteln. Man sollte auch angesichts des enormen Erfolges des in etwa 20 Sprachen übersetzten Buches nicht vergessen, dass mit dieser Studie ein erster Schritt in Richtung auf ein globales Modell gemacht wurde, mit allen seinen Unzulänglichkeiten, zugegeben, jedoch auch mit dem Ergebnis, dass heute Millionen von Menschen in aller Welt ein sehr viel stärkeres Gefühl für die Verflechtungen unserer Probleme haben, als sie es noch vor einem Jahr gehabt haben. Nehmen wir also das Buch »Grenzen des Wachstums« nicht als letzte Weisheit, sondern vielmehr als einen längst fälligen, sehr effektiven Impuls zum Nachdenken über die Entwicklung unserer Erde, der nun einmal nicht mehr aus der Welt zu schaffen ist.

Inzwischen sind weitere Arbeiten in verschiedenen Teilen der Welt auf Anregung des Clubs of Rome in Angriff genommen worden, manche davon schon bevor Meadows und Forrester ihre Ergebnisse veröffentlicht hatten, Arbeiten, die teilweise zum Ziel haben, Politik und Wirtschaft Planungs- und Entscheidungshilfen an die Hand zu geben.

Bei unseren sicherlich recht nützlichen Auseinandersetzungen mit den Vertretern der Wirtschaftswissenschaft erinnerte ich mich eines Essays von John Maynard Keynes, und zwar des Essays »Über die wirtschaftlichen Möglichkeiten unserer Großkinder«, verfasst im Jahre 1930, also zu einer Zeit, als tiefer Pessimismus die wirtschaftliche Szene beherrschte. Hier äußert einer der bedeutendsten Wirtschaftswissenschaftler aller Zeiten, dass nach Erlangung eines materiellen Lebensstandards, wie er praktisch heute schon in den Vereinigten Staaten von 80% der Bevölkerung erreicht ist, die Menschen erkennen würden, dass das ökonomische Problem, zu dessen Lösung ja die ganzen Wirtschaftswachstumsanstrengungen gemacht werden, nicht das permanente Problem des Menschen ist, als das es in der Vergangenheit nach Ansicht von Keynes immer angesehen wurde. Bei solchem materiellen Wohlstand würde der Mensch dann seine weiteren Energien der Verfolgung nichtmaterieller Ziele zuwenden. Wer nun heute einen großen Teil unserer Jugend betrachtet – ob mit Wohlwollen, mit Angst und Zweifeln oder gar mit Abscheu –, wird nach einigem Nachdenken zugeben müssen, dass Keynes hier vielleicht eine prophetische Aussage gemacht hat, die, wenn sie sich bestätigt, tatsächlich zu einem radikalen Wandel unserer Wirtschaftsvorstellungen, nämlich zur stärkeren Hinwendung an die Erreichung nichtmaterieller Ziele führen dürfte. Es ist weiterhin von Keynes erkannt worden, dass dieser Wandel ein sehr schmerzlicher Prozess für den normalen Menschen sein wird.

Bleibt die Frage, meine Damen und Herren, ob global überhaupt ein solcher Zustand des Wohlstandes erreicht werden kann, meinetwegen mit zeitlichen Verschiebungen, sagen wir, die ganz armen Länder hundert Jahre nach den reichen. Diese Frage kann heute niemand ohne Einschränkungen beantworten. Wenn es zum Beispiel gelänge, die Bevölkerungszahl nur noch geringfügig anwachsen zu lassen, etwa auf eine obere Grenze von 4,5 Milliarden, wenn wir in den reichen Ländern unser Wachstum nur dahingehend weiter zuließen, dass unnötige wirtschaftliche Ungleichheiten innerhalb und zwischen den Völkern der industrialisierten Region weitgehend eingeebnet werden können, und wenn die durch eine ehrliche Abrüstung in Ost und West frei werdenden riesigen, wirtschaftlichen Mittel innerhalb einer Umstellungszeit von einigen Dekaden in Ressourcen für die Entwicklung der unterentwickelten Länder eingesetzt werden würden, dann könnte ich mir vorstellen, dass auf der ganzen Welt – natürlich mit den geologisch, geographisch, klimatisch, rassisch, kulturell und religiös bedingten und sicherlich im einzelnen signifikanten Unterschieden – das ökonomische Problem im Sinne von Keynes gelöst werden und auf einem, für die heutige unterentwickelte Welt, sehr hohen Niveau eine Gleichgewichtsgesellschaft mit stationärer Bevölkerung und stabiler Wirtschaft entstehen könnte.

Nun, wir wissen heute – mindestens seit der MIT-Studie –, dass solch optimistische Ausblicke wohl in das Reich der Utopie gehören, ja, dass überhaupt das Anstreben eines Gleichgewichtszustandes eine äußerst diffizile Angelegenheit ist, und dieser wohl nur in einem langzeitigen Übergang mit sorgsam gebündelten und klug gestaffelten technischen, sozialen, wirtschaftlichen und politischen Maßnahmen erreichbar ist, die antizipatorisch, also lange vor dem Zeitpunkt ergriffen werden, in dem politische, wirtschaftliche und materielle Umstände das Wachstum erheblich zu bremsen beginnen. Sicherlich kann man aus der MIT-Studie unmittelbar keine politisch und wirtschaftlich operationalen Maßnahmen ableiten. Diese Aufgabe haben wir uns in einem weit umfangreicheren Forschungsunternehmen gestellt, das, unter Mitwirkung meines amerikanischen Kollegen Mesarovic, als Projekt an der Technischen Universität Hannover betrieben wird. In unserem in zehn Regionen gegliederten Weltmodell können die politischen und wirtschaftlichen Entscheidungsträger ihre Rollen erkennen und jederzeit mit dem Modell interaktiv zusammenwirken. Es wird sich dabei auch zeigen, inwieweit verschiedene Entscheidungsträger, die nicht antizipatorisch handeln, sondern jeweils nur auf bereits akute Krisen, meinetwegen auf verschiedene Weise, reagieren, den Lauf der Dinge überhaupt in entscheidend verschiedene Richtungen lenken können.

Ich bin nämlich der Überzeugung, dass die zwei wesentlichen Institutionen unserer westlichen Demokratien, die parlamentarische Demokratie und die soziale Marktwirtschaft, die beide an der bekannten Schwäche leiden, zumeist nur kurzfristig reaktiv zu agieren, indem sie mit kurzem Zeithorizont versuchen, den jeweiligen Forderungen des Tages zu entsprechen, dass diese zu ihrem Bestand langfristiger Planungsinstrumente bedürfen, um rechtzeitig geeignete und auch auf längere Zeit durchzuhaltende Maßnahmen einleiten zu können, auf dass Fundamentalkrisen schon während ihrer Entstehung wirkungsvoll bekämpft werden können und im Hinblick auf das gegenwärtig hohe Entwicklungstempo solcher Krisen zu spätes und inadäquates Eingreifen vermieden wird. Solch vorausgreifendes Handeln dürfte allerdings im politischen Raum nur schwer durchsetzbar sein, wenn dabei zur Erzielung langfristiger Vorteile auf solche der Gegenwart und der naheliegenden

Zukunft verzichtet werden muss. Es ist deshalb erforderlich, dass auch der Bürger genügend Einblicke in die Wirkungsweise und Natur derartiger Entscheidungshilfen erhält, auf dass er diese als ausreichend glaubwürdig akzeptiert, um für seine und seiner Kinder Zukunft gewisse Opfer zu bringen. Wie lange es dauern wird, bis derartige Modellplanungsinstrumente ausgereift sind, akzeptiert und dann auch weltweit angewendet werden, kann heute noch nicht gesagt werden. Aber fraglos wird eine so langfristig betriebene, von Opportunität weitgehend freie Politik besonders in den industrialisierten Ländern viele Probleme, die im politischen Alltag so wichtig genommen werden, als Scheinprobleme entlarven und die Menschen einzeln und in ihren verschiedenen Gemeinschaften zur Besinnung auf einen Humanismus führen können, der allein den Weg zu sozialer Gerechtigkeit, zur Selbstbescheidung und damit zu individueller Selbstverwirklichung eröffnen kann.

Ohne die Ergebnisse der oben erwähnten Forschungsarbeit und ähnlicher Studien abwarten zu müssen, kann man schon heute zum Beispiel die folgenden zukunftsweisenden Aussagen machen: Ohne Zweifel wird kräftiges wirtschaftliches Wachstum in der Dritten Welt notwendig sein; denn die dort sichtbar gewordenen Probleme haben sich im Zuge der starken Bevölkerungsvermehrung gerade durch zu geringes wirtschaftliches Wachstum krisenhaft, ja vielerorts katastrophenhaft entwickelt. Allerdings würde dort das Kopieren des Wachstumsprozesses der Industrieländer nur von Fehlschlag zu Fehlschlag und schließlich zu weltweiter Katastrophe führen. In den reichen Industrienationen hingegen empfinde ich weiteres Wachstum im heutigen Stile geradezu als eine Herausforderung immer bedrohlicherer und schwerer zu überwindender Krisen. Hier kann meines Erachtens nur – allerdings unter Beachtung aller systemaren politischen, wirtschaftlichen, sozialen und ökologischen Zusammenhänge – sorgsam geplantes weiteres wirtschaftliches Wachstum von Nutzen sein. Das hat – ich sage dies zur Vermeidung von Missverständnissen – gar nichts mit eingleisiger und zu Recht verrufener Planwirtschaft zu tun, auch wenn mit Hilfe von Planungsinstrumenten der oben erwähnten

Art neue Wege – unter vielen Alternativen – behutsam gesucht werden müssen, Wege, die uns die aus vergangenen Erfahrungen gewonnene Schulweisheit nicht zeigen kann, Wege nämlich zur Lösung der Probleme, die uns undurchdachte wirtschaftliche Expansion bereits beschert hat und weiter bescheren wird, Wege zur wirksamen Durchführung einer sinnvollen Entwicklungshilfe, zu weiterem sozialen Ausgleich weiter Bevölkerungskreise, auf keinen Fall aber Wege zu weiterem Konsumanreiz. Ich fürchte, dass bei der hektischen Jagd zur Befriedigung immer größerer Konsumansprüche schließlich eine trostlose Verödung des geistigen Lebens immer weitere Kreise der Wohlstandsgesellschaft und eine schneller zunehmende Auflösung unserer seelischen, religiösen und kulturellen Kräfte die Folge sein werden. Wenn dann infolge zu schnellen und zu weitgehenden wirtschaftlichen Wachstums materielle Krisen, wenn auch kleinerer Dimension als die in »Grenzen des Wachstums« angekündigten, hinzutreten sollten, wird eine seelisch ausgehöhlte Menschheit dem Chaos weltweiter brutalster Auseinandersetzungen nicht entgehen können. Es ist meines Erachtens daher unabweisbar, schon jetzt in den reichen Ländern Wege zum Übergang vom wirtschaftlichen Wachstum zum dynamischen Gleichgewicht zu suchen. Wir sollten in der Tat keine Sorge haben, dass wir mit diesem Übergang eine Ära geistiger und wirtschaftlicher Stagnation einleiten. Im Gegenteil, enorme wissenschaftliche Erkenntnisse, verbunden mit technischer und organisatorischer Kreativität werden zusammen mit politischem Stehvermögen erforderlich sein, um überhaupt einen solchen Gleichgewichtszustand zu erreichen und dann zu erhalten. Es wird in den kommenden Jahrzehnten sicherlich unbequemer und opferreicher sein, die dabei auftretenden technischen, wirtschaftlichen und sozialen Aufgaben zu lösen, als spektakuläre technische Leistungen zu erbringen oder den bereits hohen materiellen Wohlstand einzelner Völker und Volksgruppen immer weiter zu steigern.

Lassen Sie uns deshalb schon heute die Fragen stellen, wo diese unvermeidbaren Aufgaben liegen, und dann mit Hilfe einer zielsicheren realistischen Evolution der Technik und der Wirtschaft und einer rational gestalteten nationalen und internationalen Politik den Beitrag unserer Generation zu einer segensreichen Entwicklung der Menschheit leisten.

Erlauben Sie mir zum Schluss zwei Sätze aus Friedrich Schillers Jenaer Antrittsvorlesung im weltverändernden Jahre 1789 zu benutzen, um Sie alle noch einmal persönlich anzusprechen: »*Und welcher unter Ihnen, bei dem sich ein heller Geist mit einem empfindenden Herzen galtet, könnte dieser hohen Verpflichtung eingedenk sein, ohne dass sich ein stiller Wünsch in ihm regte, an das kommende Geschlecht die Schuld zu entrichten, die er dem vergangenen nicht mehr abtragen kann? Wie verschieden auch die Bestimmung sei, die in der bürgerlichen Gesellschaft Sie erwartet – etwas dazusteuern können Sie alle!*«

1 Gustav W. Heinemann am 1. Juli 1969 vor dem Deutschen Bundestag bei der Übernahme seines Amtes.

2.

Szenarien – Weltmodelle – Prognosen

Zur Methodik quantitativer Prognosen

Festvortrag, gehalten am 09.04.1979 anlässlich der Hauptversammlung des Deutschen Vereins zur Förderung des mathematisch-naturwissenschaftlichen Unterrichts. Erstabdruck in: Eduard Pestel, Unsere Chance heißt Vernunft. Lernen für die Welt von morgen. Braunschweig 1980.

Der Text dieses Beitrags wurde redaktionell geringfügig bearbeitet (s. Anhang, Editorische Hinweise).

Die Überlieferungen vom Beginn alter menschlicher Kulturen zeugen stets von Propheten aller Art, die auf höchst unterschiedliche Weise sich der als Sendung empfundenen Aufgabe hingeben, die in der Zukunft verborgenen Geheimnisse zu entschleiern. So entstehen ständig neue Formen der Voraussage, die zu den älteren weiter bestehenden hinzutreten.

Schon das Alte Testament ist voll von Zeugnissen, mit denen die Zukunft vorausgesagt wird. Wie die Prophezeiungen in der griechischen mythologischen Dichtung sind sie allerdings für den Betroffenen in dem Sinne wertlos, dass bei ihrem Eintreffen das Unglück unvermeidlich ist oder – sofern dem Betroffenen »erlaubt« wird, seinem angedrohten Schicksal zu entgehen – so nicht mehr zutreffen und den Charakter einer Prophezeiung des Wahren verlieren. Dem Pharao, wie auch Ödipus und Achill hilft die Prophezeiung nichts auf ihren Wegen ins Unheil. »Es gibt einen unaufhebbaren strukturellen Widerspruch zwischen der Wahrheit einer Prophezeiung und ihrem Nutzen. Ist sie wahr, so nützt sie nichts; ist sie nützlich, so hört sie auf, wahr zu sein. Eine Warnung ist keine Prophezeiung – eher das Gegenteil.«[1]

Eine andere Form der Voraussicht ist beinahe ebenso alt wie die Prophezeiung; es ist die astronomische Vorhersage, wie sie schon vor einigen tausend Jahren unter anderem von den Chinesen entwickelt wurde. Sie ist der erste – und in der Tat riesige – Schritt in Richtung auf eine methodische Vorausberechnung in der Zukunft eintretender Ereignisse, also auf die wissenschaftliche Vorhersage, die Prognose. Hier begründet eine fehlerhafte Vorhersage nun keinen Zweifel an der Wissenschaft an sich, sondern lediglich an der verwendeten Methode. Der Irrtum wird damit zum Anstoß für die wissenschaftliche Weiterentwicklung des Methodenarsenals, während bei falscher Prophezeiung das prophetische Verfahren an sich in Frage gestellt wird.

Häufig stellen wir allerdings auch Mischformen fest zwischen Prophezeiungen und Prognosen. So etwa in der Aussage, die Alexis Tocqueville in seinem Buch »Die Demokratie in Amerika« 1835 machte: *»Es wird eine Zeit kommen, wo man in Nordamerika 150 Millionen unter sich gleiche Menschen antreffen wird ... Das gibt dann auf der Erde zwei große Völker... Beide gehen aus von verschiedenen Punkten, und ihre Bahnen sind verschieden; nichtsdestoweniger scheinen beide, nach einer uns noch geheimen Absicht der Vorsehung, bestimmt zu sein, jeder in seiner Obhut eine halbe Erde zu halten.«*

Von der gleichen Qualität sind auch viele Voraussagen für technische Möglichkeiten, die wir in der Vergangenheit antreffen. Hier gibt es in der Tat erstaunliche Beispiele. So sagte zum Beispiel der deutsche Ingenieur Max Plessner 1892 Turbinen voraus, die mit Metalldämpfen betrieben würden, weiterhin das Fernsehen und Schreibmaschinen, die von der diktierenden Stimme direkt bedient werden. Auch Edison und andere berühmte Ingenieure betätigten sich Anfang dieses Jahrhunderts mit einigem Erfolg, wie wir heute feststellen dürfen, als Wahrsager für die weitere technische Entwicklung. Es gibt jedoch auf diesen Gebieten auch erstaunliche Fehlleistungen, wobei sich die Astronomen häufig als besonders unglückliche Propheten erwiesen. So behauptete der englische Astronom Simon Newcomb acht Wochen vor dem ersten Motorflug der Gebrüder Wright, es sei prinzipiell unmöglich, in Flugapparaten zu fliegen, die schwerer als Luft seien, und 1941 verführten falsche Annahmen seinen kanadischen

Fachkollegen J. W. Campbell zu der Aussage, eine Mondrakete müsse 1 Million Tonnen Startgewicht haben, um 500 Gramm Nutzlast zum Mond bringen zu können, und sei daher technisch nicht realisierbar. Schließlich sagte der englische Astronom Royal 1956, ein Jahr vor dem ersten Sputnik-Flug, die Raumfahrt als reale Möglichkeit hinzustellen, sei grober Unfug.

In neuester Zeit verschwinden nun die prophetischen Elemente immer mehr aus solchen Voraussagen, und Prognosen werden auf immer systematischere Weise gewonnen. Dabei sind die Vorgehensweisen verschiedener Art. Auf dem Ciba-Symposium 1962 in London, dessen Tagungsbericht 1963 unter dem Titel »Man and his Future« erschien, versuchte man zum Beispiel im Dialog von 27 hervorragenden Wissenschaftlern (darunter sechs Nobelpreisträger), zumeist Biologen, Psychologen und Soziologen, Menschheitsprognosen zu erstellen, sozusagen als »Spiele mit Möglichkeiten«, die als Entwürfe zur Beherrschung künftiger Veränderungen anzusehen seien. Einen anderen Weg schlugen T. J. Gordon und Olaf Helmer in ihrer Studie über langfristige Vorhersagen ein, wo sie ein iteratives Befragungsverfahren von Experten zur graduellen Erreichung eines Konsens, die sogenannte Delphi-Methode, auf die folgenden sechs verschiedenen Gebiete anwendeten: Wissenschaftliche Durchbrüche, Bevölkerungswachstum, Automation, Weltraumforschung, Wahrscheinlichkeit und Verhütung von Krieg, sowie zukünftige Waffensysteme. Der Zeithorizont betrug 50 Jahre mit Querschnitten in den Jahren 1984 und 2000 und mit einem Ausblick auf das Jahr 2100. (Übrigens wurde das Jahr 1984 wohl gewählt in Anspielung auf den Roman »1984« von George Orwell.) ...

Zurück zur Delphi-Methode: Hier liegt das Ziel zumeist darin, bezüglich des Zeitverlaufes der Entwicklung einen breiten Konsens zu erzielen. Ich halte das Verfahren für sehr fragwürdig, gebe ihm allerdings da eine Chance, wo es auf die breit gestützte Aufstellung langfristiger sozialer und politischer Ziele angewendet wird und nicht auf die Zeitpunkte der Verwirklichung solcher Ziele. Auch auf andere Verfahren wie die Relevanzbaumethode (zum Beispiel PATTERN der Firma Honeywell, ferner die »Morphologische Analyse«

des Astronomen Fritz Zwicky) zur systematischen Erforschung technischer Möglichkeiten und das für technische Neuentwicklungen bedeutsame Technology Assessment (technologische Folgenabschätzung) will ich hier nicht eingehen und verweise lediglich auf die entsprechende Fachliteratur.

Trotz dieser und anderer methodologischer Entwicklungen kann man nicht behaupten, dass es eine »Wissenschaft von der Zukunft« gibt. Da, wo wir mit einiger Sicherheit Prognosen machen, wie zum Beispiel in der Astronomie, in der Physik und nicht zuletzt auch im Ingenieurwesen, haben wir kein Wissen von der Zukunft, sondern von Naturgesetzen, von Axiomen und Prinzipien, die uns erlauben, bei Kenntnis des gegenwärtigen Zustandes eines physikalischen oder technischen Systems zuverlässige Aussagen einschließlich quantitativer Fehlergrenzen über sein zukünftiges Verhalten zu machen.

Diese Art der »Prognostik« ist z. B. für Ingenieure eine selbstverständliche Vorarbeit, bevor sie an die Konstruktion und Inbetriebnahme von Apparaten, Maschinen oder Anlagen herangehen. Niemand käme zum Beispiel auf die absurde Idee, ein Raumschiff zum Mond zu starten, ohne zuerst die Raketen, ihre Bauelemente und Steuerungsgeräte anhand von Prototypen, das heißt anhand von Modellen, ausgiebig zu erproben und die Bahn des Raumschiffes sowie den ganzen Flug auf dem Computer zu simulieren, also im Modell ablaufen zu lassen. Kein Hersteller würde eine Ware, sei es eine Kaffeemaschine oder einen riesigen Elektronenrechner, auf den Markt bringen, ohne das betreffende Produkt vorher ausgiebig zu testen. Unsere Gesellschaftssysteme sind aber sehr viel komplizierter und schwieriger zu durchschauen als eine Kaffeemaschine, eine große Rechenanlage oder irgendein anderes technologisches System. Warum machen wir also mit den Gesellschaftssystemen nicht ebenfalls Modellversuche, ehe neue Gesetze und Regierungsmaßnahmen in Kraft gesetzt werden? Oft hört man die Antwort, wir wüssten viel zu wenig von unseren Gesellschaftssystemen, um von ihnen Modelle zu erarbeiten. Für lebenswichtige politische Entscheidungen scheint dieses Wissen allerdings den Beteiligten auszureichen, und ich schließe mich selbst dabei nicht aus.

Erlauben Sie mir an dieser Stelle einige Bemerkungen zu dem Begriff »Modell«. Wie mein Freund und Kollege Jay Forrester immer wieder betont hat, ist der Gebrauch von Modellen zur Darstellung von Systemen, also – auch von Gesellschaftssystemen, keineswegs neu. Jeder Mensch benutzt Modelle, um Entschlüsse fassen zu können. Das geistige Bild, das jeder einzelne sich von seiner Welt macht, umfasst nicht die ganze Wirklichkeit, sondern ist lediglich sein höchst persönlich konzipiertes Modell; denn man hat weder eine Familie noch ein Geschäft, keine Stadt, keine Regierung und kein Land im Kopf, sondern nur dementsprechende Gedanken, individuell begrenzte Vorstellungen von der Umwelt und der in ihr wirkenden Beziehungen, welche die Wirklichkeit abbilden.

Unser Handeln stützt sich stets auf solche Modellvorstellungen; es steht nicht zur Debatte, ob man Modelle gebrauchen will oder nicht. Man hat lediglich die Wahl zwischen verschiedenartigen Modellen.

Ein kleines Beispiel möge die Tatsache belegen, wie wir uns der Modelle bedienen in Situationen, in denen eine Entscheidung oder Wahl zu treffen ist. Betrachten wir beispielsweise jemanden, der einen Flug von Hannover nach München gebucht hat. Am Morgen schaut er aus dem Fenster und sieht, dass die Stadt in Nebel gehüllt ist. Seine Modellvorstellung dieser Situation, die sich auf eigene und fremde Erfahrung hinsichtlich der Beziehungen zwischen Nebel, Flugplan usw. stützt, sagt ihm, dass bei einem solchen Nebel das Flugzeug nicht starten wird. Er könnte sich folglich entscheiden, wieder ins Bett zu gehen. Andererseits wird er, wenn es sich um eine wichtige Reise handelt, den Flughafen anrufen, um festzustellen, ob sein Flug gestrichen wurde, oder der Start mit einiger Verspätung doch erfolgt. Die verspätete Ansetzung des Fluges würde natürlich auch auf der Basis eines Modells erfolgen, welches die Wetterbedingungen, wie sie zum Zeitpunkt einer solchen Entscheidung herrschen und wie sie später zur neu angesetzten Abflugzeit sein könnten, miteinander in Beziehung setzt. Hier muss allerdings schon ein genaueres, von Experten entwickeltes Modell vorliegen, das Messungen der verschiedenen

Wetterzustandsgrößen und quantitative Beziehungen zwischen diesen verwendet. Der Unterschied zwischen einem solchen Modell und der formlosen Modellvorstellung des Flugreisenden liegt lediglich in dem verschiedenen Genauigkeitsgrad; beide dienen jedoch im Grunde dem gleichen Zweck, nämlich zu entscheiden, wie der zukünftige Gang der Dinge am wünschenswertesten zu gestalten sei.

Wenn ich nun im Folgenden von Modellen spreche, meine ich allerdings nicht so einfache gedankliche Vorstellungen, die ich einmal als Denkmodelle bezeichnen möchte. Diese sind verschwommen, unvollständig und unpräzise. Sie verändern sich häufig schon innerhalb kurzer Zeit, zum Beispiel schon im Laufe der Diskussion eines Problems. Dazu kommt, dass selbst bei der Diskussion über ein einzelnes, bestimmtes Thema jeder Teilnehmer ein etwas anderes Denkmodell benutzt, auf dem seine Aussagen beruhen. Grundlegende Vorstellungen unterscheiden sich bei den einzelnen Gesprächspartnern, aber sie werden im Allgemeinen nicht ausgesprochen. Es überrascht dann nicht, dass Kompromisse oft so schwer zustande kommen und die schließlich erreichte Übereinstimmung oft zu Aktionen führt, die völlig unbeabsichtigte und unerwünschte Folgen haben.

Das menschliche Gehirn ist zwar mit der großartigen Fähigkeit ausgestattet, die grundlegenden Kräfte und Wirkungen eines Systems abstrahierend zu erfassen; es ist zwar in hohem Maße geeignet, die Struktur einer komplexen Situation analytisch zu erkennen, aber es wird im täglichen Leben nur äußerst dürftig darauf trainiert, die Konsequenzen klar »bis zum Ende« durchzudenken, die sich ständig neu ergeben, wenn die verschiedenen Teile eines Systems miteinander in Wechselwirkung treten und sich vielfältig gegenseitig beeinflussen. Hier liegt nun die Stärke des Computers, die Wechselwirkungen in einem komplexen System über die Zeit quantitativ zu verfolgen.

Natürlich weiß ich wie jeder andere, dass es entscheidend darauf ankommt, wie man mit den Möglichkeiten des Computers umgeht. Das ebenso gehässige wie wahre amerikanische Schlagwort »garbage in, garbage out« braucht hier nicht ausgewalzt zu werden. Einer der wesentlichsten Faktoren für die Nützlichkeit einer Prognose ist in der jeweils angewendeten Methode zu suchen. Hier kann man grundsätzlich zwischen zwei verschiedenen Verfahren unterscheiden: der Verwendung »geschlossener« oder der Benutzung »offener« Systemmodelle.

Forresters Systemdynamik kann als klassisches Beispiel für die Anwendung geschlossener Systemmodelle dienen. Für die verschiedenen, miteinander agierenden und voneinander abhängigen Komplexe stellt Forrester Submodelle auf und verknüpft danach diese Submodelle miteinander zu einem umfassenden Modell, das dann nach Eingabe bestimmter Anfangswerte den zeitlichen Ablauf aller im Modell vertretenen Größen ohne jeden weiteren Eingriff von Seiten des Modellbenutzers sich entfalten lässt. Bei dem Weltmodell, das in »Grenzen des Wachstums« beschrieben wurde, wurden fünf Submodelle miteinander verknüpft, je eines für die Bevölkerung, das Industriekapital, die Nahrungsmittelerzeugung, die Reserven nicht ersetzbarer Rohstoffe und die Umweltverschmutzung. Dabei fanden die Verknüpfungen zumeist über nichtlineare Beziehungen zwischen einzelnen Größen statt, zum Beispiel zwischen der Umweltverschmutzung und der Sterberate, zwischen dieser und dem pro Kopf vorhandenen Nahrungsmittelangebot usw. Auf diese Weise entstand mathematisch gesehen ein System von etwa über 100 zumeist nichtlinearen Gleichungen und gewöhnlichen Differentialgleichungen erster Ordnung, die zusammengenommen ein Anfangswert-Problem darstellten. Hier waren zum Beispiel die wesentlichen Anfangswerte die Bevölkerungszahl von 1,65 Milliarden im Jahre 1900, der jährliche Nahrungsmittelverbrauch pro Kopf von 270 kg Erntegut im Jahre 1900, ferner die Annahme, dass das Verbrauchstempo von Rohstoffen – Rohstoffe als ganz abstrakt definierter Sammelbegriff – im Jahre 1900 etwa 1/6 des im Jahre 1970 üblichen betrug, usw. Zum Testen der Gültigkeit der strukturellen und funktionalen Annahmen im Modell wurden die vergangenen 70 Jahre des 20. Jahrhunderts herangezogen. Und so ergab sich zum Beispiel die Zunahme der Bevölkerung von 1,65 Milliarden im Jahre 1900 auf etwa 3,6 Milliarden im Jahre 1970 im Ganzen als richtig. Abweichungen ergaben sich zum Beispiel beim jährlichen Nahrungsmittelverbrauch, soweit er für das Jahr 1970 bekannt war. Allerdings muss dieser Validitätstest als sehr schwach angesehen werden. Denn in den ersten 70 Jahren war das Interagieren zwischen den verschiedenen oben erwähnten Komplexen noch sehr gering.

Bei Forrester ergibt sich dann der Standardrun oder, wie wir heute sagen, der Referenzlauf dadurch, dass man das Rechenprogramm für das Modell ohne irgendwelche ändernden Maßnahmen über die Gegenwart hinaus in die Zukunft weiterlaufen lässt. Dabei ergibt sich dann eine Entwicklung, die sich unter den Voraussetzungen des Modells vollziehen würde, wenn alle in den mathematischen Beziehungen des Modells quantifizierten Zusammenhänge einschließlich menschlicher Verhaltensweisen, zum Beispiel der gewünschten Kinderzahl, unverändert blieben.

Natürlich kann man daneben auch eine Reihe von alternativen Möglichkeiten untersuchen, indem man die für die Vergangenheit geltenden Beziehungen im Modell ab einem bestimmten Zeitpunkt verändert, so zum Beispiel die Zusammenhänge zwischen Geburtenrate und Pro-Kopf-Einkommen, zwischen industrieller Erzeugung und Hektarertrag usw. Dann bekommt man Alternativläufe, die Auskunft darüber geben, wie sich bestimmte Maßnahmen oder technische Entwicklungen oder Änderungen menschlicher Verhaltensweisen auf die zukünftige Entwicklung im Modell auswirken würden. Von diesen Alternativläufen kann man dann ablesen, inwieweit bestimmte Änderungen zu Entwicklungen führen können, die entweder denen des Referenzlaufes vorzuziehen wären oder diesen gegenüber als nachteilig empfunden würden.

Eine der Schwächen der Forresterschen Vorgehensweise ist, dass er sich bei seinen Modellen nur zu einem geringen Teil auf harte Daten stützen kann, weil die bei ihm verwendeten Beziehungen zwischen den einzelnen im Modell auftretenden wesentlichen Größen häufig statistisch nicht belegbar sind. Denn die Statistik erhebt ja ihre Daten nicht aufgrund von Modellvorstellungen, wie sie bei Forrester bestehen, sondern zumeist aufgrund von Modellvorstellungen, die sich im

Rahmen der staatlichen Verwaltung, insbesondere der staatlichen Finanzverwaltung, entwickelt haben. Somit ist es unvermeidlich, dass sich Forrester bei seinen mathematischen Beziehungen zum großen Teil auf plausible Annahmen stützen muss, und dass sich über solche plausiblen Annahmen von Daten ebenso wie bezüglich des strukturellen Modellaufbaus auch die subjektiven Einstellungen der beteiligten Forscher zu dem jeweils untersuchten Forschungsgegenstand auswirken müssen.

Aufgrund der hier vorgetragenen und weiterer nach meiner Ansicht bestehender Schwächen der Prognostik mittels geschlossener Systemmodelle entschlossen sich Mesarovic und ich bei der Entwicklung unseres Weltsystemmodells zur Anwendung der Methode offener Systemmodelle. Hier erfolgt die Analyse von Systemen grundsätzlich getrennt nach objektiven und subjektiven Aspekten. Die objektive Betrachtungsweise stützt sich zur Beschreibung des Systems auf kausale Beziehungen, die auf empirisch gewonnenen Einsichten und wissenschaftlichen Untersuchungen ebenso wie auf zumeist über längere Zeiträume beobachteten Daten beruhen. Diese wird durch die subjektive Betrachtungsweise ergänzt, welche aus der Ungewissheit folgt, die jeden Blick in die Zukunft begleitet, wenn Menschen an ihrer Gestaltung beteiligt sind, da ihre Entscheidungen und Handlungen als Individuen und als Gruppen niemals sicher voraussagbar sind.

Die objektiven Aspekte der hier betrachteten Weltentwicklung schlagen sich in Form eines quantifizierten Modells nieder. Ein solches Modell ist lediglich eine kohärente und systematische Menge von Beschreibungen der für das zu untersuchende System wesentlichen Beziehungen. Ein solches Modell muss natürlich einen über formlose Modellvorstellungen, also über die oben erwähnten Denkmodelle weit hinausgehenden Genauigkeitsgrad besitzen. Infolge der enormen Komplexität und der großen Zahl der Beziehungen, die hier zu formulieren sind, ist der Einsatz eines Computers unerlässlich, um alle wesentlichen Veränderungen berechnen zu können, die während der zeitlichen Evolution des Systems stattfinden.

Die subjektiven Aspekte der hier betrachteten Weltentwicklung finden in der Art und Weise ihren Ausdruck, in der das Computermodell des Weltsystems gehandhabt wird, um mögliche zukünftige Entwicklungsmuster des Systems zu analysieren. Denn um die zukünftige Entwicklung eines Systems abschätzen zu können, ist natürlich eine ganze Reihe von Annahmen in bezug auf mögliche zukünftige Ereignisse notwendig. Ohne das Einbringen solcher Annahmen, die nicht nur die Anfangswerte betreffen, sondern den gesamten betrachteten Zeitraum, kann das Computermodell die zukünftige Evolution des Systems nicht berechnen. Die Gesamtheit solcher Annahmen, die im Allgemeinen eine zeitliche Folge möglicher Entscheidungen, Maßnahmen und Ereignisse umfassen, wird Szenario genannt. Die hiermit verbundene methodische Vorgehensweise heißt Szenario-Analyse.

Der Einsatz verschiedener alternativer Szenarien gestattet nun, mögliche alternative Zukunftsentwicklungen zu analysieren. Denn grundsätzlich ist es nicht das Ziel derartiger Untersuchungen, die Zukunft vorauszusagen, sondern vielmehr, alternative zukünftige Entwicklungen abzuschätzen und zu bewerten. Die Wahrscheinlichkeit des Eintritts einer bestimmten zukünftigen Entwicklung hängt von der Wahrscheinlichkeit des Eintritts der Ereignisse ab, die in einem bestimmten Szenario ihren Niederschlag gefunden haben. Obwohl ein weitgehender Konsensus darüber besteht, dass die Szenario-Methode ein realistischer Ansatz für die Lösung der hier gestellten Aufgabe und somit auch ein praktikables Werkzeug in der Hand eines rational motivierten, politischen Entscheidungsträgers sein kann, wird doch zuweilen der Vorwurf erhoben, die Szenario-Methode sei zu flexibel, das heißt, sie verleite zum »Spielen« mit verschiedenen Szenarien und führe daher nicht zu genügend soliden Entscheidungsgrundlagen. Diesem Vorwurf versuchen wir dadurch zu entgehen, dass wir, um bei den vielen alternativen Entwicklungsmöglichkeiten der Zukunft über eine Vergleichsbasis zu verfügen, ein Referenzszenario erstellen. Dieses spiegelt den gegenwärtigen Stand von politischen und gesellschaftlichen Machtverhältnissen und Zielvorstellungen, der wirtschaftlichen Rahmenbedingungen, insbesondere zum Beispiel der Infrastruktur und des Altersaufbaus, des Kapitalstocks und die technischen Entwicklungsmöglichkeiten aus heutiger Sicht wider. Bei dem Deutschland-Modell, das die im Institut für Angewandte Systemforschung und Prognose (ISP)* tätige Arbeitsgruppe zusammen mit mir erstellt hat, haben wir dieses Referenzszenario mit großer Sorgfalt entwickelt, derart, dass das Wirtschaftsszenario allein im wissenschaftlichen Bericht einen Band von etwa 600 Seiten beansprucht. Das Referenzszenario ist folglich mehr als eine willkürlich gegriffene Vergleichsbasis, denn sein Ergebnis gibt Aufschluss über mögliche langfristige Fehlentwicklungen, die bereits in der gegenwärtigen Situation und den vorhandenen Strukturen ihre Wurzel haben. Dazu muss natürlich unterstellt werden, dass die künftige Entwicklung nicht durch Katastrophen wie zum Beispiel Ausbruch eines großen Krieges, völlig auf den Kopf gestellt wird.

Während das Referenzszenario der Prognose einer Zukunft dient, die anschaulich als »Handabdruck der Vergangenheit« bezeichnet werden könnte, eröffnen sich mit der Analyse von Alternativszenarien neue Wege. Diese Szenario-Analyse ermöglicht, Determinanten der Entwicklung zu berücksichtigen, die anders als die der Vergangenheit sind:

- Sie kann bewusste politische Entscheidungen, wie plötzliche grundsätzliche Kursänderung oder sukzessive Veränderungen über mehrere Jahrzehnte hinweg berücksichtigen und deren Konsequenzen untersuchen.

- Sie kann veränderten Verfügbarkeiten von Ressourcen, veränderten technischen Möglichkeiten und nur spekulativ abschätzbaren Entwicklungen Rechnung tragen, die »von außen« Einfluss gewinnen.

* heute: ISP Eduard Pestel Institut für Systemforschung e.V., Hannover – *d. Red.*

Wie schon erwähnt, können auch bei Forrester mit seiner Systemdynamik alternative Entwicklungsmöglichkeiten untersucht werden. Allerdings wird bei der Szenario-Analyse im Gegensatz zu Forrester sehr viel deutlicher, in welcher Weise diese alternativen Entwicklungen von dem Wollen der diese Entwicklung gestaltenden Akteure bestimmt werden.

Diese Bemerkung greift den zuvor gemachten Hinweis auf, dass die von uns erstellten Modellkonstruktionen zusammen mit der Szenario-Analyse auf die Schaffung eines computergestützten Instrumentes für die Planung und Entscheidungsfindung hinzielen. Auch wenn ein Modell, bestehend aus zahlreichen Submodellen, ein ganz wesentlicher Teil dieses Instrumentes ist, so ist dieses Instrument doch kein Modell im traditionellen Sinne. Auf jeden Fall ist es kein politisches Vorhersagemodell, sondern ein Werkzeug, dazu bestimmt – neben der Bewältigung ungeheurer Zahlenmengen – die kombinatorischen Fähigkeiten des Anwenders zum Überblicken und Verknüpfen eines sonst unüberschaubaren Netzes von unzähligen Beziehungen zu vermehren und zu vertiefen. Ferner soll es dazu dienen, die vom Benutzer entworfenen Szenarien, also seine hier niedergelegten Visionen für die Zukunft (zum Beispiel eine Regierungserklärung) an den im »objektiven« Computermodell dargestellten »Realitäten des Lebens« zu testen, so dass er vom Computer deren weit verästelte Konsequenzen mitgeteilt erhält, die während des betrachteten Zeitraums eintreten können.

Natürlich lässt sich in mathematisch formulierten Modellen ebenso wie in den Szenarien, in denen der Benutzer seine Beurteilung der Gegebenheiten wie seine Zukunftssicht für die »Erprobung« im Modell niederlegt, nicht die ganze Komplexität der politischen, wirtschaftlichen und sozialen Wirklichkeit einfangen. Stets wird man nur einen interessierenden Ausschnitt der Realität betrachten können, allerdings nicht, ohne von den möglichen Einflüssen, die von den »Schnittstellen« ausgehen, gebührende Kenntnis zu nehmen.

So lässt sich z. B. kein Prognose-Modell für die wirtschaftliche Entwicklung der Bundesrepublik Deutschland erstellen, ohne den

Einfluss der Weltwirtschaft zu berücksichtigen. Auch kann man sich nicht auf die Wirtschaft allein beschränken, sondern hat zum Beispiel auch die Entwicklung der Bevölkerung und ihre Struktur ebenso wie die Entwicklung der Technologie zu berücksichtigen.

Aber selbst bei der Betrachtung begrenzter Ausschnitte der Wirklichkeit ist bei der Erstellung von Modellen eine erhebliche Vereinfachung der zu untersuchenden Phänomene erforderlich, wie sie jeder wissenschaftlichen – auch der naturwissenschaftlichen – Analyse der Wirklichkeit eigen ist. Dabei richtet sich der Grad der Vereinfachung nach der jeweiligen Fragestellung.

In jedem Fall – wie detailliert auch immer die Untersuchung angelegt sein mag –, bleibt es demjenigen, der mit Modellen arbeitet, nicht erspart, seine politische und wirtschaftliche Erfahrung, seine Intuition, seine Phantasie einzusetzen, sowohl bei der Übersetzung seiner Wertvorstellungen, Wünsche und Ziele in quantitativ formulierte Szenarien, als auch bei der Interpretation der im Modellversuch gewonnenen Ergebnisse. Dies gilt ebenfalls für die Bewertung der politischen Bedeutung dieser Ergebnisse, zum Beispiel bei der Erspürung des Gefahrengrades sozialer Spannungen, wenn Zahlenkolonnen zur prognostischen Entwicklung bestimmter wirtschaftlicher Indikatoren zeigen, dass bestimmte wirtschaftliche Erwartungen innerhalb einer bestimmten Zeit nicht erfüllbar sind.

Im Hinblick auf die notwendigen Abstraktionen und Vereinfachungen ebenso wie auf die Forderung, derartige Modelle als Planungswerkzeuge benutzen zu können, kommt der Validierung des Computermodells ganz besondere Bedeutung zu. Bei dem Deutschland-Modell war zum Beispiel für das Wirtschaftsmodell, welches aus 19 mittels Input-Output-Matrizen verknüpften Wirtschaftssektoren besteht und zum Unterschied von früheren derartigen Modellen von der Nachfrage gesteuert wurde, eine äußerst sorgfältige Validierung vonnöten. Denn nur so war die Entwicklung des Modells möglich, derart, dass die aufgrund der historisch bekannten Nachfrageentwicklung der letzten 15 Jahre mit Hilfe des Modells zu berechnenden Investitionen in den einzelnen Wirtschaftssektoren mit denen der

Wirklichkeit vergleichbar blieben. Die dabei festgestellten Abweichungen waren in der Hinsicht interessant, dass die in der Wirklichkeit zu Beginn der 60er Jahre getätigten Investitionen die vom Modell errechneten übertrafen, während sie zum Ende der 60er Jahre und zu Beginn der 70er Jahre hinter denen des Modells zurückblieben, wobei sich allerdings diese Unterschiede bis zum Jahre 1975 völlig ausglichen. Hierbei kommt die in Modell und Wirklichkeit verschiedene Betrachtungsweise zum Ausdruck. Im Modell wird nach dem Grundsatz gearbeitet, dass die Investitionen sich der Nachfrage anpassen, das heißt, wenn die Nachfrage derart steigt, dass der Bedarf nicht gedeckt werden kann, dann finden Investitionen statt, die zu größerer Produktion führen, und wenn die Nachfrage nachlässt, gehen auch die Investitionen zurück. Anfang der 60er Jahre hat unsere Wirtschaft aber anders agiert, indem sie in Erwartung eines weiter fortschreitenden schnellen Wirtschaftswachstums auch über die Nachfrage hinaus Investitionen tätigte, ihr Investitionsverhalten also von hoffnungsfrohen Erwartungen bestimmen ließ, was dann in den Folgejahren der Rezession zu vorsichtiger Zurückhaltung bei den Investitionen geführt hat.

Zur Szenario-Analyse noch eine weitere Bemerkung: Hier werden die Szenarien mittels Daten, Parameter und funktionaler Beziehungen jeweils für den ganzen betrachteten zukünftigen Zeitraum, zum Beispiel für die nächsten 50 Jahre oder, wie beim Deutschland-Modell, für das letzte Viertel dieses Jahrhunderts eingegeben. Der Systemanalytiker ist folglich während der Evolution des Systems auf dem Computer in dieser Zeitperiode ein passiver Zuschauer. Dem kann mit Hilfe der interaktiven Methode, des sogenannten Dialogverfahrens, abgeholfen werden, bei dem der Systemanalytiker zum aktiven Mitspieler, zum Interaktor bei der Evolution des Systems geworden ist. Damit gelangen wir zu einer besseren Wahrnehmung der adaptiven Eigenschaften des betrachteten politischen oder gesellschaftlichen oder wirtschaftlichen Systems. Dies führt dann zur schrittweisen Szenario-Erstellung. Allerdings hat die Praxis gezeigt, dass man auch hier in der Regel nur zu brauchbaren Ergebnissen kommt, wenn man zunächst von einem sorgfältig erarbeiteten Referenzszenario ausgeht. Zusammenfassend mag festgestellt werden, dass der von uns verfolgte Ansatz und die von uns benutzte Methodologie sich nicht auf eine nur numerische Systemdarstellung beschränken. Unser Ansatz schließt vielmehr, wo immer erforderlich, auch qualitative und logische Beziehungen mit ein und vertraut ferner dem heuristischen oder interaktiven Vorgehen im Entscheidungsprozeß unter Beachtung des Rahmens, den institutionelle, ökonomische, technische und andere Bedingungen setzen. Betont sei schließlich, dass die Schlussfolgerungen, die man aus einer Studie zur zukünftigen Entwicklung eines Welt- oder nationalen Systems ziehen kann, wesentlich von der hierbei angewendeten Methodologie und insbesondere von der gewählten Struktur des Modells abhängen. Dies zeigt sich ganz deutlich, wenn man zum Beispiel die Ergebnisse von Forrester den Ergebnissen gegenüberstellt, die Professor Mesarovic und ich in unserem Buch »Menschheit am Wendepunkt« bezüglich der weiteren Entwicklung des Weltsystems dargelegt haben.

Erlauben Sie mir, dass ich meine Ausführungen mit einigen allgemeinen Betrachtungen schließe.

Die Menschen, die sich mit Zukunftsaussichten und langfristigen Perspektiven befassen, lassen sich zumeist grob zwei verschiedenen Gruppen zuteilen, den Optimisten und den Pessimisten.

Die Optimisten sind die Fortschrittsgläubigen, die zwar die Möglichkeit von Krisen und Katastrophen nicht ausschließen – wer könnte das schon angesichts der Menschheitsgeschichte? –, jedoch meinen, alles würde sich irgendwie »von selbst« wieder arrangieren. Zu gegebener Zeit würde die Unerschöpflichkeit des menschlichen Geistes die heute sichtbar werdenden Grenzen, wie stets in der Vergangenheit, rechtzeitig überwinden.

Unter den Pessimisten hingegen finden wir vorwiegend diejenigen, die meinen, dass man gegen die auf uns in rascher Folge einstürmenden Probleme eigentlich nichts unternehmen könne. In dieser Geisteshaltung suchen sie ihr Alibi für die Flucht aus der Verantwortung, die die jeweils lebende Generation stets für die kommende zu tragen hat.

Für die Optimisten (»Man braucht nichts zu tun«) und die Pessimisten (»Man kann eh‘ nichts machen«) ist die Prognose kein nützliches Instrument zur politischen Entscheidungshilfe, sondern lediglich eine interessante Gedankenspielerei. Da viele Menschen dies als anregend empfinden, bleibt zumeist der Publizitätserfolg für so verstandene Prognosen nicht aus, besonders dann nicht, wenn dem Leser vorgegaukelt wird, die technologische Entwicklung werde unaufhaltsam allen auf dieser Erde eine großartige Zukunft bereiten. Pessimisten wie Optimisten in dem beschriebenen Sinn sind daher nur passive Mitfahrer auf unserer Reise in die Zukunft; beide verzichten im Wesentlichen auf deren Gestaltung.

Es ist aber gerade Aufgabe der Prognose, Notwendigkeiten zur Gestaltung der Zukunft aufzuzeigen, und sei es nur, um Sinnesänderungen und entsprechende Handlungen auszulösen, die dazu beitragen, dass die Prognosen nicht Wirklichkeit werden. Bei den Römern hieß es schon: »utinam vates falsus sim« (auf dass ich ein falscher Prophet sei). Diese Absicht stand auch hinter den zum Teil pessimistischen Prognosen in der Veröffentlichung des ersten Berichts an den Club of Rome »Die Grenzen des Wachstums«. Jedenfalls ist es nicht Aufgabe der Prognose, den zeitlichen Ablauf der Zukunft vorauszusagen, als sei die Zukunft etwas, was wir bei unserer Lebenswanderung jeweils »hinter der nächsten Gebirgskette« vorgefertigt vorfinden. Das ist grundsätzlich nicht möglich.

Wer sich ehrlich um Prognose bemüht, gehört zu den Menschen, die vor den Krisen der Gegenwart nicht die Augen verschließen und bereit sind, die sichtbaren oder erst erahnten Problemfelder zu erkennen, sie zu analysieren und ihre Verflechtungen aufzudecken. Sie wollen darüber hinaus – und dies ist das wesentliche – alternative Wege erproben, die vom krisenbehafteten Pfad wegführen könnten. Die Urheber von Prognose-Instrumenten und auch diejenigen, die sich ihrer bei der Arbeit für die Gestaltung der Zukunft in Politik und Wirtschaft bedienen, haben zu begreifen, dass es die Träume, Wertvorstellungen und Wünsche der Menschen waren, die die Vergangenheit gestaltet haben und die auch die Zukunft – zumindest langfristig – bestimmen werden. Wer also in der Prognose eine Hilfe für die Gestaltung der Zukunft sucht, muss auch fragen, ob die Träume und Wünsche, die die Ausbreitung und das rasante Wachstum von Wirtschaft und Technologie beflügelt haben, weiter an Boden gewinnen oder vielleicht schon heute zunehmend durch andere verdrängt werden. Er muss, auf seine Intuition gestützt, zu erkennen trachten, ob und welche neuen Inspirationen bei den Menschen aufkeimen, die langfristig die Entwicklung der Welt in eine ganz andere als die gegenwärtige Richtung lenken würden. Denn neu aufkommende Wertvorstellungen und ihre unvermeidliche Kollision mit den bestehenden sind die Ursachen für die Überraschungen der Zukunft. Mit einer mechanistischen Fortschreibung der Vergangenheit wird man wesentliche Entwicklungen nicht vorausschauend erkennen, weil sie sich eben überraschend und unerwartet einstellen. Aber ebenso wenig kann eine auf Intuition allein gestützte Prognose der Politik dienen. Wie kann sie bei der Bewältigung der gegenwärtigen Krisen unserer Zivilisation uns hinreichend den Weg in einem ultrakomplexen System politischer und wirtschaftlicher Zusammenhänge weisen? Es ist doch nur zu offensichtlich, dass niemand ein Düsenflugzeug im Vertrauen auf seine Intuition führen kann, und dass es zunächst einmal erforderlich ist, die kombinierten Wirkungen zu analysieren, die sich ergeben, wenn man die Vielzahl von Schalthebeln und Knöpfen im Cockpit bedient.

Für eine vom Standpunkt praktischer Politik sinnvolle und zugleich nützliche Prognose ist also die intuitive, subjektive Vorausschau zwar nicht entbehrlich, doch auf keinen Fall ausreichend. Sie bedarf unbedingt der Ergänzung durch die Berücksichtigung der objektiv fassbaren Gegebenheiten und damit der Tatsache, dass die Zukunft nicht »auf einer grünen Wiese« beginnt, auf der sich alle Wünsche erfüllen lassen. Andererseits hat die Prognose-Methodik der Einsicht Raum zu geben, dass die Zukunft durch die Zwänge der Vergangenheit (Fakten, Gesetzmäßigkeiten im Ablauf wirtschaftlicher und gesellschaftlicher Vorgänge, Machtstrukturen usw.) nicht unausweichlich vorbestimmt ist, dass vielmehr Optionen für Alternativen bestehen, in denen sich das Zusammen- und Gegeneinanderwirken unterschiedlicher Wunschvorstellungen und vorhandener Gegebenheiten vollzieht. Im Rahmen solcher prognostischer Vorgehensweise ist der politische und wirtschaftliche Entscheidungsträger bei der Gestaltung der Prognose selbst durch Einbringung seiner in Szenarien formulierten Zukunftssicht zu beteiligen, in der seine Wertvorstellungen und Ziele ihren Niederschlag finden. Dieses Vorgehen wird ihm dann auch einen Einblick in die Grenzen seiner Möglichkeiten vermitteln, ebenso wie er sich dabei der Herausforderung an seine politische und wirtschaftliche Gestaltungskraft bewusst wird.

Wir werden es aber erleben und haben es in der Vergangenheit immer wieder gesehen, dass Politiker sich in ihren Entscheidungen nicht von einem Zukunftsbewusstsein tragen lassen, wenn nicht die Bürger selbst kundtun, dass sie bereit sind, für eine langfristig auf das Wohl des Staates und Volkes gerichtete Politik auch Opfer zu bringen.

1 Pierre Bertaux: Mutation der Menschheit, München 1963

Die Welt als System

aus: Mihailo Mesarovic, Eduard Pestel: Menschheit am Wendepunkt. 2. Bericht an den Club of Rome zur Weltlage. Stuttgart 1974

Der Text dieses Beitrags wurde redaktionell geringfügig bearbeitet (s. Anhang, Editorische Hinweise) und um einige Abschnitte gekürzt. Art und Umfang größerer Kürzungen sind jeweils an den entsprechenden Textstellen vermerkt.

Der Wandel der Weltentwicklung vom undifferenzierten zum organischen Wachstum könnte eine Angelegenheit des guten Willens oder der freien Wahl der einzelnen Nationen und keine für alle zwingende Notwendigkeit sein, wäre nicht die Welt inzwischen zu einem eng gekoppelten System zusammengewachsen, in dem die Nationen und Regionen sich nicht nur gegenseitig beeinflussen, sondern auch stark voneinander abhängen. Dazu tragen nicht nur politische und militärische Bündnisse, Wirtschaftsgemeinschaften, verstärkter kultureller Austausch usw. bei, sondern vor allem die unsere Zeit kennzeichnenden weltweiten Probleme, die sich unter anderem in der Rohstoffverknappung, den Schwierigkeiten der Energie- und Nahrungsmittelversorgung und in der sich über Kontinente und Meere erstreckenden Verunreinigung von Luft, Land und Wasser offenbaren. So breitet sich jede Störung des »normalen« Zustandes rasch über die ganze Erde aus. ....

Es folgen Beispiele zur globalen Entwicklung der Nahrungsmittelproduktion und -preise 1971/72 in den USA, der Sowjetunion und China.

Wenn auf unserer Erde eine derartige gegenseitige Abhängigkeit herrscht und diese in Zukunft sicherlich noch weiter zunehmen wird, ist es dann gerechtfertigt, dass regionale oder nationale Entscheidungen immer noch isoliert voneinander getroffen werden, und dies in vollständiger Unkenntnis ihrer Auswirkungen auf andere Teile der Welt?

Heute und in Zukunft können wir also die Welt nicht mehr als eine Ansammlung von mehr als 150 Nationen und eine Reihe von politischen und Wirtschafts-Blöcken sehen. Sie ist ein aus untereinander abhängigen und sich gegenseitig beeinflussenden Nationen und Regionen bestehendes System geworden, in dem keiner von den Auswirkungen eines größeren Ereignisses oder einer weitreichenden Aktion an irgendeinem anderen Punkt der Erde verschont bleibt.

Dies ist allerdings nicht der einzige bedeutsame neue Aspekt, der sich aus dem Entstehen des Weltsystems ergibt. Noch ein weiteres – sehr subtiles – fundamentales Phänomen ist in seinem Gefolge sichtbar geworden. In früheren Epochen mit geringerem Komplexitätsgrad konnte man die unterschiedlichen Erscheinungsformen des persönlichen, gesellschaftlichen, politischen, wirtschaftlichen Lebens einschließlich ihrer Auswirkungen auf die technische Entwicklung und die natürliche Umwelt noch als voneinander unabhängig betrachten. Heute stellen wir eine zunehmende Abhängigkeit und Verquickung dieser Aspekte fest, die eine interdisziplinäre Betrachtung der Entwicklung des Weltsystems unumgänglich machen.

Als der Mensch sich anschickte, sich selbst und die ihn umgebende Wirklichkeit besser zu begreifen und tiefer zu durchdringen, entwickelte er im Laufe der Zeit immer mehr voneinander säuberlich getrennte Disziplinen: Physik, Chemie, Biologie, Technologie, Wirtschafts- und Gesellschaftswissenschaften, Philosophie, Ethik und Theologie, um nur einige wesentliche zu nennen. Dementsprechend hat der Mensch zum Beispiel auch seine Erfahrungen im Laufe der Menschheitsgeschichte jeweils in der Terminologie dieser Disziplinen aufgezeichnet. Wer die Geschichtsabteilung einer großen Bibliothek durchstöbert, wird dort so unterschiedliche Buchtitel finden wie etwa *Eine Kulturgeschichte der Welt, Geschichte der Naturwissenschaften, Technikgeschichte der Welt, Wirtschaftsgeschichte unserer Erde.* Die historische Entwicklung der Erde wird in jedem Einzelwerk unter dem Gesichtspunkt einer besonderen wissenschaftlichen Disziplin analysiert und dargestellt, wobei sich in all diesen unterschiedlichen Büchern natürlich auch gewisse Überschneidungen finden. Für die Betrachtung, Beeinflussung und Gestaltung der künftigen Entwicklung der Menschheit dürfte jedoch eine so monodisziplinäre Untersuchungsweise nicht mehr ausreichen.

Zur Lösung der weltweiten Krisen von heute und morgen wird es notwendig sein, all diese unterschiedlichen Aspekte gleichzeitig in eine interdisziplinäre Betrachtung mit einzubeziehen. Die Verhinderung von Nahrungsmittelkrisen auf der Erde ist beispielsweise nicht nur eine Frage der Landwirtschaft und der allgemeinen wirtschaftlichen Entwicklung, sondern gleichermaßen auch eine Frage der Ökologie sowie der sozialen und physikalischen Bedingungen, das heißt der Verteilung des Eigentums an Grund und Boden, der Bodenfruchtbarkeit, der Möglichkeiten zur Vergrößerung der nutzbaren Ackerbauflächen und Weiden, des Einsatzes technischer Mittel in Form von Düngemitteln, Bewässerung, Mechanisierung. Letztere wiederum sind abhängig von der Versorgung mit Energie und Rohstoffen und ihr nutzbringender Einsatz vom Stand der Ausbildung der Landbevölkerung. Die Nahrungsmittelerzeugung ist darüber hinaus eine Frage der Bevölkerungspolitik; denn schließlich muss sich die Produktion an der Anzahl der durch sie zu ernährenden Menschen orientieren. Schürfen wir noch tiefer, so werden wir erkennen, dass es bei diesem Problem nicht nur um Wirtschaft, Landwirtschaft, Ökologie und Bevölkerungsentwicklung geht. Eine Lage, bei der Nahrungsmittel in einem Teil der Erde verfügbar sind, in einem anderen jedoch verzweifelt benötigt werden – nicht nur in einem Katastrophenjahr, sondern über lange Zeiträume hinweg –, führt auch zu neuen explosiven politischen Situationen. Schließlich müssen sogar die grundlegenden menschlichen Werte und Verhaltensweisen der einzelnen Individuen als Teile der Weltgemeinschaft berücksichtigt werden. Gerade sie werden entscheidend dafür sein, auf welche Weise die politischen und wirtschaftlichen Probleme überhaupt lösbar sind.

Kurz zusammengefasst: Für die zukünftige Gestaltung der Entwicklung der Menschheit brauchen wir eine »holistische«, alle Lebensaspekte umfassende Betrachtungsweise des Weltsystems. Dies ist nichts anderes als der *System's approach,* der sogenannte System-Ansatz, der sich nicht auf die isolierte Betrachtung eines Problems beschränkt, die der traditionellen Vorgehensweise mit analytischen Methoden gewöhnlich zugrunde liegt. Ereignisse, die andere gegenwärtige Krisen begleiten, geben ebenso unübersehbare Hinweise auf das Werden eines globalen und zunehmend komplizierteren Weltsystems. Die Energiekrise* liefert hier besonders deutliches Anschauungsmaterial. ....

Die Autoren illustrieren dies am Beispiel der Ölkrise Anfang der 70er Jahre des 20. Jahrhunderts.

Es ist eine erstaunliche Tatsache, dass die Wirtschaft in den Industrienationen seit Beginn der industriellen Revolution mit den nichterneuerbaren Rohstoffen so umgegangen ist, als seien sie Teile ihres ständigen Einkommens, mit denen man wie mit anderen Einnahmen verfahren könne. Dabei stellen die Rohstoffvorräte kein »Einkommen«, sondern »Kapital« dar, das man nicht aufzehren kann, ohne den Ast abzusägen, auf dem man sitzt. In der Führung eines Wirtschaftsunternehmens würde eine derartige Verwechslung von Kapital und Einkommen nicht lange geduldet werden. Was das Rohstoffkapital angeht, glauben heute noch viele, in der Zukunft sich noch schlimmeren Raubbau leisten zu können als in der Vergangenheit. Die Folgen eines solchen Verhaltens sind ebenso verheerend wie absehbar. ....

Anhand einiger Abbildungen wird die weltweite gegenseitige Abhängigkeit auf dem Gebiet der Rohstoffversorgung illustriert.

* *Energiekrise:* in den 70er Jahren des 20. Jahrhunderts – *d. Red.*

Die Industrienationen werden in Bezug auf die nichterneuerbaren Rohstoffvorräte zunehmend vom Rest der Welt abhängig. Am besten kann man diese Situation wohl am Beispiel der Vereinigten Staaten mit der am weitesten fortgeschrittenen Industrie verdeutlichen, die lange Zeit Überfuß an fast allen Rohstoffen besaßen. ...

Es folgen Zahlenbeispiele und Schaubilder zur Entwicklung der Versorgung mit Rohstoffen in den USA in den Jahren 1950 bis 1975.

Das wirkliche Ausmaß der globalen systemaren Verkettungen und deren vernetzenden Wirkung auf alle Aspekte der Weltentwicklung kann man auch erkennen, wenn man die Entwicklungsländer mit in Betracht zieht. ....

Es folgen einige Zahlenbeispiele

Energie- und Nahrungsmittelkrisen, Bevölkerungswachstum und wirtschaftliche Entwicklung können nicht mehr isoliert voneinander gesehen werden. Die enormen Schwierigkeiten, die sich infolge des sich immer stärker entfaltenden systemaren Charakters der Welt ergeben, werden noch durch eine dritte Eigenschaft des Weltsystems verschärft: die im System inhärent vorhandenen Zeitverzögerungen. Man wird daher in Zukunft mit zunehmend größeren Zeithorizonten rechnen müssen, von zwanzig, dreißig oder gar fünfzig Jahren statt, wie bislang üblich, von einem oder zwei oder bestenfalls fünf Jahren, wie etwa bei der sogenannten mittelfristigen Finanzplanung. Gleichzeitig ist es dringend erforderlich, sehr frühzeitig, also lange bevor sich eine Krise entwickeln kann, zu handeln, sofern man ihren vollen Auswirkungen erfolgreich begegnen will.

In früheren Geschichtsepochen konnte man Krisensituationen noch anders beurteilen. Damals waren die einzelnen Komponenten des Weltsystems so schwach miteinander gekoppelt, dass Lösungen auf lokaler, nationaler oder regionaler Ebene gefunden werden konnten. Außerdem hatte man, sobald ein Problem erkannt war,

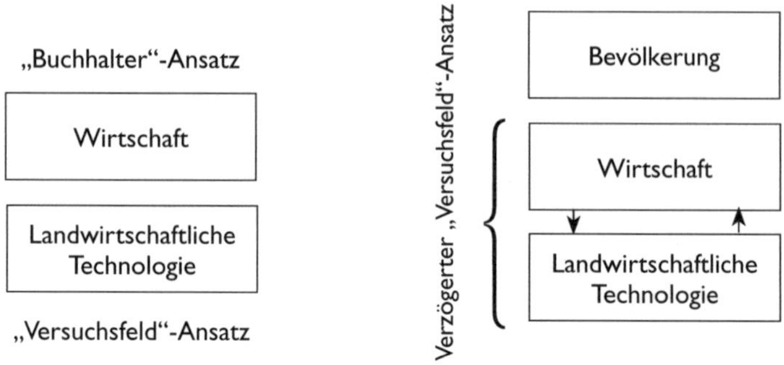

Sorgen wegen der globalen Ernährungssituation werden gegenwärtig zumeist mit dem Hinweis auf zwei verschiedene Lösungsansätze abgetan; den ersten könnte man als »Buchhalter«-Ansatz karikieren. Ihm zufolge ist es lediglich erforderlich, dass die wirtschaftliche Produktion jährlich um 3 bis 4 Prozent ansteigt. Aber können Menschen Dollars essen? Der zweite könnte als »Versuchsfeld«-Ansatz gekennzeichnet werden; er geht davon aus, dass es sich als möglich erwiesen habe, im Versuchsfeld die Ernteerträge gegenüber den »im Freien« erzielten bedeutend zu steigern. Daraus wird geschlossen, es müsste auch möglich sein, zum Beispiel dreißig Milliarden Menschen zu ernähren. Es stellt sich jedoch die Frage, ob die Ressourcen wirtschaftlicher und physikalischer Art einschließlich der Infrastruktur und anderer unbedingt notwendiger Vorbedingungen in den Regionen zur Verfügung stehen, in denen solch ein idealisierter Plan in die raue Wirklichkeit umgesetzt werden soll.

Wirtschaft und landwirtschaftliche Technologie müssen also gleichzeitig mit ihren gegenseitigen Wechselwirkungen, das heißt als ein System, in Betracht gezogen werden. Dies könnte als »Verzögerter Versuchsfeld-Ansatz« gekennzeichnet werden, der eine realistische Abschätzung darüber gestatten würde, wie viel Nahrungsmittel in welcher Zeit in den verschiedenen Regionen erzeugt werden könnten. Aber die Frage ist, wie eine solche Steigerung der Nahrungsmittelproduktion dem durch die Bevölkerungsentwicklung in den verschiedenen Regionen hervorgerufenen Bedarf zugeordnet werden kann.

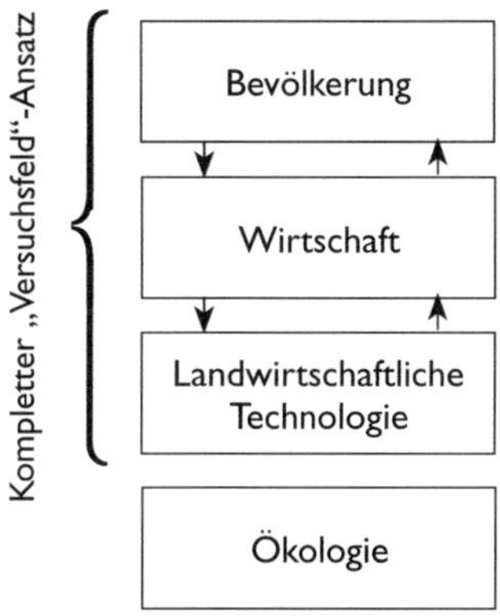

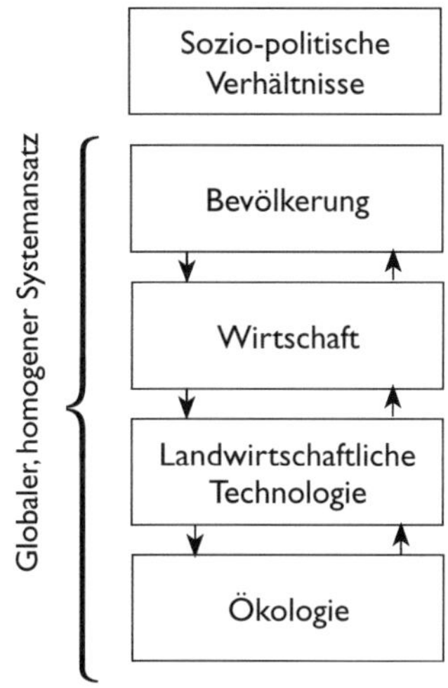

In die systemare Betrachtung müssen also nicht nur die Wirtschaft und landwirtschaftliche Technologie, sondern auch die Bevölkerungsentwicklung einbezogen werden. Ein solcher »Kompletter Versuchsfeld-Ansatz« könnte günstigenfalls schließlich zur Erzeugung der benötigten Nahrungsmittel führen. Eine derartige Steigerung der Nahrungsmittelerzeugung hätte dann allerdings die Konsequenz, dass alle Pflanzenarten, bis auf die wenigen, welche zur menschlichen Ernährung benötigt werden, von den fruchtbaren Böden verschwänden und dass chemische Mittel in einem nie gekannten Ausmaße eingesetzt würden. Aber kann ein solches artenarmes System überhaupt über längere Zeit Bestand haben?

Ökologische Bedingungen müssen also neben Wirtschaft, landwirtschaftlicher Technologie und Bevölkerungsentwicklung in dem betrachteten System ihren Platz haben. Aber die Welt ist weder einförmig noch einheitlich. Schließlich werden die Gebiete, in denen die erforderlichen Nahrungsmittel erzeugt werden können, und diejenigen, in denen sie dringend benötigt werden, nicht die gleichen sein. Einige Teile der Welt werden, um überhaupt existieren zu können, ständig von anderen abhängig sein. Wie werden jedoch die sozialpolitischen Verhältnisse dadurch beeinflusst werden, dass Nahrungsmittel potentiell als politische Waffe missbraucht werden können?

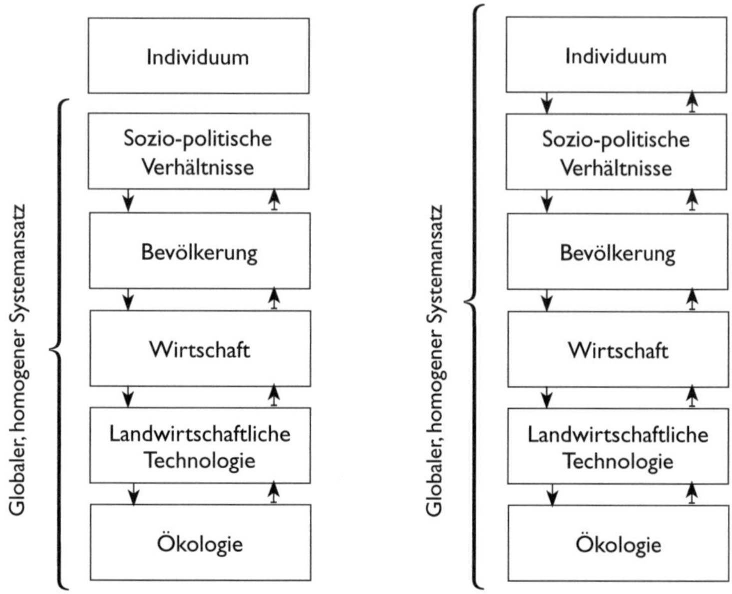

Wirtschaft, landwirtschaftliche Technologie, Bevölkerungsentwicklung, Ökologie und weltweite sozio-politische Verhältnisse müssen folglich als Bestandteile eines Systems gesehen werden. Das Entstehen und die Erhaltung eines solchen weltweiten, integrierten Systems würden allerdings eine Änderung der Verhaltensweisen und Wertvorstellungen erfordern, die heute das Bild des einzelnen Menschen von der Welt und seiner Gesellschaft prägen und auch seine Opferbereitschaft bestimmen, um kommende Generationen vor schwerwiegenden Krisen zu bewahren.

Will man also der Ernährungssituation in der Welt mit realistischen Maßnahmen begegnen, so muss man Wirtschaft, landwirtschaftliche Technologie, Bevölkerungsentwicklung, Ökologie, unterschiedliche sozio-politische Verhältnisse sowie individuelle Wertvorstellungen und Normen in seine Systemaren Betrachtungen einbeziehen. Weniger zu tun würde der Verantwortung, die wir gegenüber den zukünftigen Generationen tragen, nicht gerecht werden.

noch genügend Zeit, eine Lösung zu erarbeiten; denn die Veränderungsrate war niedrig. Selbst bei einer Lösung, die bis zu ihrer vollen Auswirkung Jahrzehnte beanspruchte, waren Art und Größe des Problems praktisch immer noch so wie zur Zeit, da man die Problemsituation erkannt hatte.

Als zum Beispiel zu Anfang des 19. Jahrhunderts die Bevölkerung in Europa rascher zuzunehmen begann und Thomas Malthus das Zukunftsbild permanenten Hungers an die Wand malte, ließ sich der Ertrag der Landwirtschaft durch die Einführung von Kunstdünger so rasch und durchgreifend anheben, dass dieses Problem gelöst war, ehe sich überhaupt Nahrungsmittelkrisen entwickeln konnten. Heute jedoch gehen die Uhren rascher. Viele der auf Schulen und in Universitäten erworbenen Kenntnisse und der praktischen Erfahrungen verlieren frühzeitig ihren Wert. Wenn man in einer exponentiell sich ausweitenden Umwelt lebt, beanspruchen künftige Veränderungen weit weniger Zeit als gleichartige in der Vergangenheit; beispielsweise würde eine jährliche wirtschaftliche Wachstumsrate von 3,3 Prozent in den nächsten sechzehn Jahren zu Veränderungen führen, für die wir in der Vergangenheit vierzig Jahre benötigten. Diese Tatsache mag verständlich machen, warum früher politische und wirtschaftliche Entscheidungsträger künftige Entwicklungen ständig unterschätzt haben; denn mit dem Blick in die Vergangenheit marschierten sie in die Zukunft. Tatsächlich aber leben wir in einer außerordentlich dynamischen Welt, in der wir über Jahrzehnte vorausschauen müssen, wenn Entscheidungen lebenswichtiger Art getroffen werden. In einem politischen System, das durch einen Vierjahres-Wahlzyklus gekennzeichnet ist, wird diese Forderung nach langfristigem Denken und Handeln sicherlich nur durch nicht unbeträchtliche Änderungen, etwa im Verhalten der Bürger und im Regierungsstil, befriedigt werden können.

Alle unsere gegenwärtigen Erfahrungen lassen also kaum Zweifel daran, dass wir schon mitten in der schnellen Entwicklung eines immer stärker verflochtenen Weltsystems stehen. Es ist daher unumgänglich, in Zukunft alle Aktionen zur Bewältigung der großen Probleme unserer Zeit – wo auch immer auf unserer Erde – unter Berücksichtigung ihrer globalen Auswirkungen und sämtlicher interdisziplinärer Aspekte durchzuführen. Die sich ausweitende Dynamik des Weltsystems und das Ausmaß der Änderungen erfordern ferner bei solchen Aktionen einen langfristig vorausgreifenden Weitblick. Es gilt daher, die künftige Entwicklung auf kritischen, problemgeladenen Gebieten weit vorausschauend ins Auge zufassen, sollen angemessene Gegenmaßnahmen bereits wirksam werden, ehe sich die Krisen in ihrem ganzen Ausmaß und mit voller Wucht entwickelt haben.

Ein Globalmodell der Menschheitskrise

Einführung sowie Nachwort* des Herausgebers in Jay W. Forrester: Der teuflische Regelkreis. Das Globalmodell der Menschheitskrise (Hrsg. Eduard Pestel). Stuttgart1972

* Neuer Titel von der Redaktion. Der Text wurde redaktionell geringfügig bearbeitet (s. Anhang, Editorische Hinweise) und leicht gekürzt. Art und Umfang der Kürzungen sind jeweils an den entsprechenden Textstellen vermerkt.

Ein Weltmodell statt Flickwerkspolitik

Die Ursachen für die tiefgreifende Veränderung der Lebensverhältnisse auf unserem Planeten seit der Jahrhundertwende sind vielfältig: in erster Linie die immer rascher sich vollziehende Bevölkerungszunahme, der weltweite Umsturz alter politischer und sozialer Strukturen und die sich überstürzende technische Entwicklung. Alle, die wachen Auges die Gegenwart erleben, sehen, erschreckt und ratlos, ständig neue Probleme vor sich aus der Erde schießen: Hunger und Unterernährung, Verfall der Städte, Verunreinigung der Luft, der Gewässer und der Meere, unkontrollierter Bevölkerungszuwachs, technologisches und wirtschaftliches Ungleichgewicht, Polarisierung militärischer Macht und unzählige andere Probleme von ähnlicher Bedeutung. Es liegt in der Natur unserer Sprache und damit der Art und Weise unserer Wirklichkeitsbetrachtung, einen Situationsbericht in der Form einer in Kategorien geordneten Aufzählung von Problemen zu erstatten. Diese Eigenart unserer Betrachtungs- und Denkweise verführt uns immer wieder dazu, Schwierigkeiten der oben angedeuteten Art als klar definierte und voneinander abgegrenzte Probleme zu sehen.

Viele Probleme, besonders in den Naturwissenschaften und in der Technik, können tatsächlich so isoliert formuliert werden, dass relevante Lösungen gefunden werden. Die hier allgemein praktizierte Lösungsmethodik muss jedoch versagen, wenn die vorliegenden Probleme gar nicht mehr isolierbar sind, sondern miteinander verflochtenen, voneinander abhängigen Problemgruppen angehören. Denn wenn wir nur das in seinen Symptomen sichtbare Problem vor Augen haben, so werden wir bald entdecken, dass das, was wir für die Lösung einer bestimmten Problemkategorie halten, häufig genug Probleme einer anderen erzeugt. Man wird an die neunköpfige Hydra des Herkules erinnert, der immer gleich zwei neue Köpfe erwuchsen, wenn man ihr einen abschlug. Einige simple Beispiele mögen diese Feststellung belegen: Die Verminderung der Sterberate in den Entwicklungsländern erweist sich als Hauptursache für das allzu rasche Wachstum der Bevölkerung und damit der Vergrößerung des Heeres von ständig am Rande des Hungers lebenden Menschen.

Die »Grüne Revolution«, angebahnt durch die Züchtung hochergiebiger Getreidesorten, weckte die Hoffnung, den Hunger in den Entwicklungsländern beseitigen zu können. Aber schon heute zeigen sich höchst unerfreuliche Nebenwirkungen: Die hohen Investitionskosten für Bewässerungsanlagen, die Aufwendungen für die – übrigens auch die Verschmutzung erheblich fördernde – intensive Anwendung von Düngern und Pflanzenschutzmitteln und die zur Feldbearbeitung und schnellen Ernteeinbringung notwendige Mechanisierung haben zur Konzentration auch in der Landwirtschaft der Entwicklungsländer geführt mit dem Ergebnis, dass immer mehr Bauern das Land verlassen und das Elendsproletariat in den großen Städten vermehren. Dort wächst das Heer der Arbeitslosen und Unterbeschäftigten. Die sozialen Spannungen steigen, so dass unkontrollierbare politische Eruptionen unvermeidlich scheinen. Ein hoher Preis für ein paar Jahrzehnte, in denen, wie der Naive glauben könnte, die Bevölkerung wie bisher, ohne verhungern zu müssen, weiterwachsen dürfe – ohne zu ahnen, dass dann noch mehr Menschen schließlich verelenden müssen.

Es ist falsch, die oben angeführten Problemkreise als säuberlich voneinander trennbare Abbilder der Wirklichkeit aufzufassen, sondern man muss sie in ihrer Gesamtheit als ein riesenhaftes Problemsyndrom, das wir als Problematik der Menschheit bezeichnen wollen, betrachten.

Diese zunächst intuitive Erkenntnis führte dazu, dass sich auf Initiative des italienischen Wirtschaftlers und Industriellen Aurelio Peccei* einige Männer im Club of Rome (Gründungsort) zusammenschlossen, um die systemaren Zusammenhänge dieser Problematik zu untersuchen. ...

Es folgt eine kurze Beschreiung der Ziele und Mitglieder des Club of Rome.

Die Mitglieder des Club of Rome sind davon überzeugt, dass es der Menschheit auf lange Sicht wenig nutzt, wenn man fortfährt – wie es leider den Anschein hat –, sich lediglich mit individuellen Problemgebieten zu beschäftigen, um dann unsere Situation durch entsprechend isolierte Maßnahmen zu verbessern. Wenn man wirklich neue Einsichten gewinnen will, muss man seinen Blick vom Einzelproblem weg auf den totalen Komplex der Problematik wenden, um sie in ihrem systemaren Zusammenhang und ihren Synergien zu erkennen. Man muss sich ein globales System-Modell unserer gegenwärtigen Situation schaffen. Ein solches notwendigerweise grobes Weltmodell sollte uns einen vertieften Einblick in den dynamischen Prozess vermitteln, in dem sich unsere Problematik entfaltet, und gleichzeitig neue, auf lange Sicht zukunftsträchtige Aktionsrichtungen auf dem Gebiet weltweiter und weltgemeinsamer Politik erschließen, anstelle einer nur Krisen bewirtschaftenden Flickwerkspolitik. Natürlich sind dazu weitere, im einzelnen gründlichere Untersuchungen zur Erstellung weit detaillierterer Modelle notwendig, die aber erst aufgrund

* Aurelio Peccei (1908 – 1984), italienischer Industrieller, Mitbegründer und Vorsitzender des Exekutivkomitees des Club of Rome

der mit dem groben Modell gewonnenen Erfahrungen und neuen Einsichten sinnvoll konstruiert werden können.

Bevor der Club of Rome die erste Phase seines Programms begann, unternahm er eine breit angelegte Suche nach Methoden, die in der Lage sein könnten, die vielen zur Erörterung der Weltsituation notwendigen Disziplinen bei dem Aufbau eines System-Modells zu integrieren. ....

Die Entstehungsgeschichte der Studie wird kurz skizziert.

Das (*im Buch – Anm. d. Red.*) erörterte Weltmodell ist im Wesentlichen für die Beantwortung der Frage aufgestellt: Wo liegen die Grenzen für das Bevölkerungs- und Wirtschaftswachstum auf dieser endlichen Erde? Hierbei konnte man nur versuchen, sehr allgemeine Verhaltensweisen des Weltsystems in seiner zeitlichen Entfaltung zu begreifen. Denn jede im Modell verwendete Größe konnte bei dieser ersten Untersuchung nur im groben Weltdurchschnitt definiert werden: Das fängt bei der Bevölkerung an, wo lediglich Durchschnittseigenschaften der Weltbevölkerung erfasst werden konnten, und hört dabei auf, dass bei der Untersuchung des Einflusses der Umweltverschmutzung in diesem Modell nur langlebige, global verteilte Umweltverunreinigungen wie zum Beispiel Blei, Quecksilber und DDT betrachtet werden. Forrester war sich ferner natürlich auch darüber im Klaren, dass Nahrungsmittel, Rohstoffvorräte und Verschmutzung nicht gleichförmig über die Welt verteilt sind. Ungleichmäßigkeiten dieser Verteilung sowie soziale und politische Spannungen, die sich aus mangelhaftem Einsatz beziehungsweise Verteilung von Kapital und Arbeit ergeben können, werden aber mit Sicherheit den Einfluss haben, die Optionsmöglichkeiten der Menschheit, mit der sich abzeichnenden, ja bereits vorhandenen Krise fertig zu werden, noch weiter einzuschränken, als dies nach Forresters globalen Modelluntersuchungen den Anschein haben könnte. Das Modell hilft uns ferner, eine Reihe von realistischen erreichbaren Zielen für die globale Gesellschaft zu erkennen. Dabei können wir lernen, welche

Opfer die Menschheit zu bringen hat, um zu – im Rahmen der so erkannten Möglichkeiten – ausgewählten Zielen zu gelangen, zum Beispiel zu einem im allgemeinsten Sinne verstandenen ökologischen Gleichgewicht. Forrester stellt uns also ein neues Werkzeug zur Verfügung, welches in seiner weiteren Entwicklung geeignet sein kann, das Wirken unserer komplexen wirtschaftlichen, sozialen und politischen Systeme ebenso wie unsere natürliche Umwelt besser zu begreifen und dementsprechend sinnvoller zu gestalten.

Es folgt das Nachwort des Herausgebers.
Die Überschriften der Abschnitte wurden beibehalten.

Möglichkeit anderer Gleichgewichtskonstellationen

Die von Forrester vertretenen Auffassungen über die Bedingungen, die zu einem langandauernden Gleichgewicht der verschiedenen von ihm betrachteten Größen (Bevölkerung, Umweltverschmutzung) führen, werden von vielen Lesern sicherlich als völlig undurchführbar verworfen. Dass sich unter den Voraussetzungen, auf denen sich das Forrester-Weltmodell aufbaut, auch andere, besser realisierbare Möglichkeiten zur Erlangung eines globalen Gleichgewichtes finden lassen, zeigen die Ergebnisse von Meadows, der eine weitere Modelluntersuchung über die kritischen Weltprobleme angestellt hat. Sein Modell stützt sich zwar in seinen Grundzügen auf die Arbeiten von Forrester, es verarbeitet jedoch einen größeren Reichtum an Daten und besitzt eine kompliziertere Struktur; dennoch weisen die von Meadows erzielten Ergebnisse die gleichen Entwicklungstendenzen auf wie Forresters Weltmodell. Man wird bei einem Vergleich lediglich feststellen, dass die Kurvenanstiege und -abfalle bei Meadows steiler als bei Forrester sind, eine Tatsache, die zweifellos auf die im Meadows-Modell vorhandenen stärkeren Verzögerungsglieder zurückzuführen ist. Die von Meadows gefundenen Gleichgewichtszustände haben verglichen mit den von Forrester angegebenen vielleicht eine gewisse

Chance, von der Menschheit akzeptiert zu werden. Natürlich wird während eines länger anhaltenden Gleichgewichtszustandes eine nicht geringe Veränderung der menschlichen Wert- und Zielvorstellungen stattfinden, die sich im Forrester- wie im Meadows-Weltmodell in den kausalen Beziehungen zwischen den dort betrachteten Variablen niederschlagen, so zum Beispiel zwischen dem materiellen Lebensstandard und der Geburtenziffer oder in der Definition der Lebensqualität. Bei Änderung der Wert- und Zielvorstellungen müsste man dann sicherlich das Weltmodell zum Teil erheblich abändern. Daraus folgt, dass neben einer strukturellen Weiterentwicklung derartiger Weltmodelle, neben ihrer Ergänzung durch nichtmaterielle, zum Beispiel psychologische und soziologische Elemente auch von Zeit zu Zeit die im Modell verarbeiteten funktionalen Beziehungen neu im Licht der sich ändernden Lebensbedingungen und Weltanschauungen überdacht werden müssen.

Gefahren des Laisser-faire

Der Mensch unserer Tage, gewohnt, riesige Unternehmungen in Monaten oder in wenigen Jahren durchgeführt zu sehen, während der mittelalterliche Mensch Jahrhunderte an seinen Domen baute oder der des Barockzeitalters Gärten anlegte, die erst Generationen nach ihm so erleben konnten, wie sie vom entwerfenden Architekten konzipiert waren. Dieser Mensch unserer Tage also wird beim Betrachten des Standardlaufes des Forrester-Modells vielleicht mit Erleichterung feststellen, dass ja in den nächsten Jahren das Wachstum ohne irgendwelche Anzeichen von Katastrophen weitergehen könnte. Der materielle Lebensstandard erreicht sogar um das Jahr 2000 einen Höhepunkt; das Absinken der Lebensqualität in den nächsten Dekaden beruht lediglich auf der Abnahme der Lebensqualität infolge des mit der Bevölkerung zunehmenden Ballungsgrades, und das scheinen heute schon viele Menschen gar nicht so lebensqualitätsmindernd zu empfinden, wie Professor Forrester das offenbar tut. Wer glaubt, dass in den kommenden Jahren der Menschheit so viel Neues einfallen wird, dass der danach von Forrester errechnete rapide Niedergang aller wesentlichen Größen seines Modells abgewendet werden kann, mag geneigt sein, so wie bisher weiterzumachen. Diesen Menschen kann nur nachdrücklich ins Stammbuch geschrieben werden, dass sich in diesen Jahren so viel dem oberflächlichen Beschauer verborgener Zündstoff angesammelt haben wird, dass eine rationale Meisterung der dann auf den Menschen einstürmenden Probleme kaum noch möglich sein wird.

Zeitbombencharakter unserer Problematik

Der wesentliche Unterschied unserer Epoche gegenüber früheren liegt darin, dass die Zeitspannen, in denen sich für unser Leben wesentliche Größen wie Bevölkerungszahl, Energieverbrauch, Geschwindigkeit und Zahl der Verkehrsfahrzeuge, Nachrichtenmedien und ihre Verbreitung verdoppeln, vervielfachen oder sich gänzlich neu entwickeln, heute von der gleichen Größenordnung, ja zuweilen kleiner sind als die psychologischen, sozialen und politischen Anpassungszeiten, die dem Menschen durch Tradition, Erziehung und seine seelische und biologische Struktur sozusagen eingepflanzt sind. Deswegen fällt es dem Menschen heute so schwer, seine Wert- und Zielvorstellungen und seine Gewohnheiten schnell genug zu ändern, um mit dem sich um ihn entfaltenden und von ihm selbst bewirkten Fortschritt Schritt halten zu können. Dieser vollzog sich in den vergangenen Epochen so langsam, dass der Mensch sich selbst ebenso wie die Erziehung seiner Nachkommenschaft dem ohne Schwierigkeit anpassen konnte. Im Gegensatz dazu müssen wir, um der Gefahr des Laisser-faire und dem dann unvermeidlichen Niedergang der Menschheit zu entgehen, unsere Wert- und Zielvorstellungen bereits in den nächsten zwei Dekaden drastisch ändern, und zwar nicht – wie heute viele Teile der mit einigem Recht ratlosen Jugend – geleitet durch verstaubte Ideologien aus dem vorigen Jahrhundert. Dieser Verfall würde dann sicherlich von Katastrophen und gewaltsamen Revolutionen begleitet sein, von denen wir schon heute in manchen lokal noch sehr begrenzten Teilen unserer Welt einen Vorgeschmack bekommen. Wie sehr zum Beispiel soziale Probleme den Charakter einer Zeitbombe tragen, belegt unter vielem die Tatsache, die mir ein Geograph und Kenner der Verhältnisse in Lateinamerika mitteilte, dass die lateinamerikanischen Stadtguerillas sich im wesentlichen aus der zweiten Generation der durch Armut und Hunger in die Städte getriebenen Landbevölkerung rekrutieren. Diese ist im Gegensatz zu ihren Vätern, die im Hinblick auf ihr dauernd von lokalen Hungersnöten und entsetzlicher Armut belastetes Leben auf dem Lande bereit waren, ihr elendes Stadtdasein zu akzeptieren, nicht länger willens, am Rande der Gesellschaft zu vegetieren, sondern revoltiert nunmehr gewalttätig, 20 bis 30 Jahre nachdem durch die Abwanderung ihrer Eltern in die Stadt der Keim zu der jetzt ausbrechenden sozialen revolutionären Krise gelegt wurde.

Notwendigkeit weitgehender Modelluntersuchungen

Nur mit dynamischen Modellen, in denen die zeitliche Entfaltung unserer Problematik sichtbar gemacht wird, kann man die Keime von langfristigen Entwicklungen frühzeitig erkennen und bei ungünstigen Tendenzen geeignete Gegenmaßnahmen treffen, vielleicht auch die gesellschaftlichen Ziele frühzeitig genug ändern. Das hier vorgelegte Weltmodell ist ein solches dynamisches Modell – zugegebenerweise ein noch grobes. Aber es zeigt mit einiger Glaubwürdigkeit die Grenzen auf, die unvermeidlich unser gegenwärtiges Wachstum – so oder so – zum Erliegen bringen werden. Es zeigt auch einen – unter vielen anderen – Weg vom Wachstum zu einem nicht vom baldigen Niedergang bedrohten Gleichgewichtszustand. Wie wir dorthin kommen können, dafür bietet Forresters Arbeit einige summarische Hinweise und Leitgedanken. ...

Es folgt ein Hinweis auf andere Modelluntersuchungen in verschiedenen Ländern.

Neue Wege

Hoffentlich reift die Zeit bald dafür heran, dass auch die Politiker sich der Simulationstechnik bei ihrer Entscheidungsfindung bedienen werden. Niemand käme zum Beispiel auf die absurde Idee, ein Raumschiff zum Mond zu starten, ohne zuerst die Raketen, ihre Bauelemente und Steuerungsgeräte anhand von Prototypen, das heißt Modellen, ausgiebig zu erproben und die Bahn des Raumschiffes sowie den ganzen Flug auf dem Computer zu simulieren, also im Modell ablaufen zu lassen. Kein Hersteller würde eine Ware, sei es eine kleine Küchenmaschine oder einen riesigen Elektronenrechner, auf den Markt bringen, ohne das betreffende Produkt vorher ausgiebig zu testen. Unsere Gesellschaftssysteme sind aber sehr viel komplizierter und schwieriger zu durchschauen als eine Küchenmaschine, ein großer Computer oder irgendein anderes technologisches System. Warum also machen wir mit den Gesellschaftssystemen nicht ebenfalls Modellversuche, ehe neue Gesetze und Regierungsmaßnahmen in Kraft gesetzt werden? Oft hört man die Antwort, wir wüssten viel zuwenig von unseren Gesellschaftssystemen, um von ihnen Modelle zu erarbeiten. Für lebenswichtige politische Entscheidungen scheint dieses Wissen allerdings den Beteiligten auszureichen. Dass wir nicht allzu viel gesichertes Wissen über das Verhalten komplexer Gesellschaftssysteme besitzen, ist unbestritten. Gerade hier wird uns die Computersimulation weiterhelfen können, indem wir über die verschiedenen Elemente eines Gesellschaftssystems Annahmen treffen, diese ins Computermodell einführen und die sich ergebenden Folgen beobachten. Am Anfang können diese Annahmen ebenso unkorrekt sein wie unsere Vorstellungen beim intuitiven Denken. Aber das Modellspiel auf dem Computer verlangt, dass die Hypothesen exakt ausgedrückt werden. Unterschiedliche, alternative Annahmen können dann im Zusammenhang mit allen anderen zugänglichen Informationen überprüft, gegebenenfalls verbessert und ihr Einfluss auf das Modellverhalten abgeschätzt werden.

Nach einigen Jahrtausenden der Menschheitsentwicklung, die wir geschichtlich überblicken, erfolgte erst vor wenigen Jahrhunderten der Durchbruch der Naturwissenschaften und der Technologie. Die dadurch bedingten Veränderungen unseres Lebens auf dieser Erde führten dazu, dass heute die Sozialwissenschaften einen immer breiteren Raum einnehmen. In ihnen gibt es noch viele gegensätzliche philosophische und ideologische Strömungen, die zu teilweise unnützen Meinungsstreitigkeiten und Irrwegen führen. Hier wird die Erstellung dynamischer Modelle immer wieder dazu beitragen können, komplexe Zusammenhänge rational zu durchschauen, anstatt sie ideologisch zu simplifizieren. Die Systemmodelltechnik wird darüber hinaus in wenigen Jahrzehnten für Politiker und Entscheidungsträger in allen Sparten unseres Lebens ein unentbehrliches Werkzeug werden. Und schließlich kann auch das in dem vorliegenden Buch exemplifizierte Denken dem kritischen Menschen dabei helfen, zu neuen Einsichten über sich selbst und, vielleicht auch, zu einer fundamentalen Neuorientierung seiner Ziel- und Wertvorstellungen zu gelangen.

Mehrebenen-Modell des Weltsystems

aus: Mihailo Mesarovic, Eduard Pestel: Menschheit am Wendepunkt. 2. Bericht an den Club of Rome zur Weltlage. Stuttgart 1974

Der Text dieses Beitrags wurde redaktionell geringfügig bearbeitet (s. Anhang, Editorische Hinweise) und um einige Abschnitte gekürzt. Art und Umfang größerer Kürzungen sind jeweils an den entsprechenden Textstellen vermerkt.

Die Analyse der zukünftigen Evolution des Weltsystems – in der Tat jedes Systems – erfolgt grundsätzlich unter objektiven und subjektiven Aspekten.[1] Die *objektive* Betrachtungsweise stützt sich zur Beschreibung des Systems auf kausale Beziehungen, die auf empirisch gewonnenen Einsichten und wissenschaftlichen Untersuchungen ebenso wie auf zumeist über längere Zeiträume beobachteten Daten beruhen. Bei einem ökonomischen System zum Beispiel wissen wir, dass Investitionen im Allgemeinen das Produktionskapital erhöhen, was unter normalen wirtschaftlichen Verhältnissen zu einer erhöhten Produktion führt. Ebenso wissen wir, dass in einem Bevölkerungssystem eine Zunahme der Geburtenziffer – vorausgesetzt, die Sterbeziffer ist niedriger und nimmt nicht zu – zu einem schnelleren Anwachsen der Bevölkerungszahl führt. Die *subjektive* Betrachtungsweise ergibt sich aus der Ungewissheit, die jeden Blick in die Zukunft begleitet, besonders wenn Menschen an dem Geschehen beteiligt sind, da ihre Entscheidungen und Handlungen als Individuen und als Gruppen niemals sicher voraussagbar sind.

Die objektiven Aspekte der hier betrachteten Weltentwicklung schlagen sich in Form eines Modells nieder, im vorliegenden Fall eines Computermodells. Ein Modell ist für uns lediglich eine kohärente und systematische »Menge« von Beschreibungen der für das zu untersuchende System wesentlichen Beziehungen. Das Modell stellt also ein Abbild der jeweils relevanten Aspekte der Wirklichkeit dar, so wie wir sie sehen. Jeder von uns benutzt häufig Modelle dieser Art in Situationen, in denen eine Entscheidung oder Wahl zu treffen ist. Betrachten wir beispielsweise jemanden, der einen Flug von Cleveland nach Hannover gebucht hat. Am Morgen schaut er aus dem Fenster und sieht, dass die ganze Stadt in Nebel gehüllt ist. Seine *Modellvorstellung* dieser Situation, die sich auf eigene und fremde Erfahrung hinsichtlich der Beziehungen zwischen Nebel, Flugplan und so weiter stützt, sagt ihm, dass bei einem solchen Nebel kein Flugzeug startet. Er könnte sich folglich entscheiden, wieder ins Bett zu gehen. Andererseits wird er, wenn es sich um eine wichtige Reise handelt, den Flughafen anrufen, um festzustellen, ob sein Flug gestrichen wurde oder der Start mit einiger Verspätung doch erfolgt. Die verspätete Ansetzung des Fluges würde natürlich auch auf der Basis eines Modells erfolgen, welches die Wetterbedingungen, wie sie zum Zeitpunkt einer solchen Entscheidung herrschen und wie sie später zur neuangesetzten Abflugszeit sein könnten, miteinander in Beziehung setzt. Hier muss allerdings schon ein genaueres, von Experten entwickeltes Modell vorliegen, das Messungen der verschiedenen Wetterzustandsgrößen und quantitative Beziehungen zwischen diesen verwendet. Der Unterschied zwischen einem solchen Modell und der formlosen Modellvorstellung des Flugreisenden liegt lediglich im Genauigkeitsgrad; beide dienen jedoch im Grunde dem gleichen Zweck, nämlich zu entscheiden, wie der zukünftige Gang der Dinge am wünschenswertesten zu gestalten sei.

Abbildung 1: Einfachste mechanische Analogien zum Weltsystem und seinen Grenzen

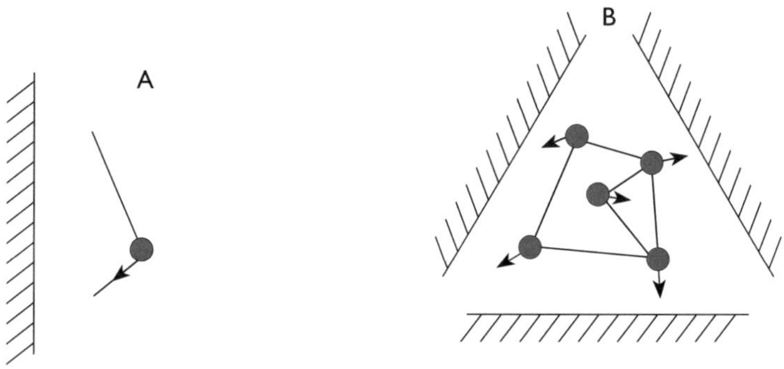

Wenn man die Welt als eine einförmige Einheit auffasst, in der die Unterschiede zwischen den einzelnen Weltregionen unterdrückt werden, indem nur globale Indikatoren und Veränderliche verwendet werden, so gelangt die ganze Welt gleichzeitig an ihre Grenzen. Sie erleidet dann als Ganzes zur gleichen Zeit ihren Zusammenbruch.

Wenn man andererseits bei seiner Schau der Welt deren Mannigfaltigkeit ausreichend berücksichtigt, gibt es so etwas wie eine Grenze für das ganze System überhaupt nicht; vielmehr finden sich verschiedene Teile des Systems zu verschiedenen Zeiten verschiedenen Grenzen gegenüber. Wenn ein Teil an eine Grenze stößt, werden die Folgen für die übrigen Komponenten des Systems von ihrem Zusammenhang untereinander bestimmt.

In einer höchst vereinfachenden Analogie wird die monolithische Einheitswelt, die einer Grenze zustrebt, durch ein Pendel (siehe Abbildung A) repräsentiert, das auf eine Wand zuschwingt. Will man einen harten Aufprall verhindern, so ist ein Eingriff vonnöten, der die Geschwindigkeit des Pendels verringert. In einer ebenso stark vereinfachenden Analogie würde die differenzierte Welt, als ein aus mannigfaltigen Komponenten bestehendes System, einer Anzahl von durch Federn zusammengekoppelten Kugeln entsprechen, deren Bewegungsspielraum durch eine Reihe von Grenzen beschränkt ist. Eine Kugel mag dann auf eine Grenze stoßen, während die anderen noch von den Begrenzungen entfernt sind. Natürlich bekommen auch sie infolge der Federkopplungen auf unterschiedliche Weise die Grenzkollisionen der einen Kugel, also eines Teiles ihres Systems, zu spüren. Wenn man die Kollision einer Kugel mit einer Grenze als Zusammenbruch eines Weltteils deutet, dann kann man also feststellen, dass nicht die Welt als Ganzes auf einmal zusammenbricht, sondern lediglich ein regionaler Zusammenbruch stattfindet, der sich allerdings auch – und zwar auf höchst unterschiedliche Weise – dem gesamten System mitteilt.

Bei unseren Untersuchungen benutzen wir ein Modell des Weltsystems, um dessen zukünftige Evolution zu erforschen. Ein solches Modell muss natürlich einen über formlose Modellvorstellungen weit hinausgehenden Genauigkeitsgrad besitzen. Infolge der enormen Komplexität und der großen Zahl der Beziehungen, die hier zu formulieren sind, muss ein Computer, in unserem Fall eine Großrechenanlage, eingesetzt werden, um alle wesentlichen Veränderungen berechnen zu können, die während der zeitlichen Evolution des Systems stattfinden. Wir haben daher ein Computermodell konstruiert, das nichts anderes ist als eine große, geordnete Zahl von Daten und eine riesige Menge[2] von Beziehungen, die zusammen mit einer Reihe bestimmter Rechenprogramme im Computer gespeichert sind. *Die subjektiven Aspekte der hier betrachteten Weltentwicklung finden in der Art und Weise ihren Ausdruck, in der das Computermodell des Weltsystems gehandhabt wird,* um mögliche zukünftige Entwicklungsmuster des Systems zu analysieren. Die Ungewissheit bei der Untersuchung der zukünftigen Entwicklung ergibt sich aus der Unmöglichkeit, alle Umstände exakt zu erfassen und vorauszusagen, unter denen sich die Evolution des Systems vollziehen wird. Ebenso wenig können alle Entscheidungen berücksichtigt werden, die in Zukunft zur Beeinflussung der Entwicklung des Systems getroffen werden. Wir haben zum Beispiel festgestellt, dass eine Zunahme der Geburtenziffer zu einem schnelleren Anwachsen der Bevölkerung führt, *vorausgesetzt,* dass die Sterbeziffer nicht auch zunimmt, was durchaus im Falle großer Epidemien und Hungerkatastrophen eintreten könnte. Ähnlich führt eine Erhöhung des investierten Kapitals zu einer Produktionserhöhung, *vorausgesetzt,* dass auch die notwendigen Arbeitskräfte vorhanden sind und der entsprechende Bedarf für die zur Fertigung vorgesehenen Güter besteht. Um also die zukünftige Entwicklung eines Systems abzuschätzen, ist eine ganze Reihe von Annahmen in bezug auf mögliche zukünftige Ereignisse notwendig. Das Computermodell berechnet dann die zukünftige Evolution des Systems unter den jeweils angenommenen Bedingungen. *Eine Folge möglicher Entscheidungen, Maßnahmen und Ereignisse wird Szenario genannt. Die hiermit verbun-*

dene methodische Vorgehensweise ist die Szenario-Analyse. Die zukünftige Entwicklung wird folglich in bezug auf eine Menge verschiedener Szenarien untersucht. Im Prinzip versuchen wir bei einer derartigen Untersuchung nicht die Zukunft vorauszusagen, was von recht zweifelhaftem Wert wäre, wenn man sich mit sehr langen Zeithorizonten befasst. Wir bemühen uns vielmehr, alternative zukünftige Entwicklungen abzuschätzen und zu bewerten. Die Wahrscheinlichkeit des Eintritts einer bestimmten zukünftigen Entwicklung hängt von der Wahrscheinlichkeit des Eintritts der Ereignisse ab, die in einem bestimmten Szenario ihren Niederschlag gefunden haben. Obwohl ein weitgehender Konsens darüber besteht, dass die Szenario-Methode ein realistischer Ansatz für die Lösung der hier gestellten Probleme und auch ein praktikables politisches Werkzeug sein kann, wird doch zuweilen der Vorwurf erhoben, die Szenario-Methode sei zu flexibel, das heißt, sie führe nicht zu genügend eindeutigen Schlussfolgerungen. Dieser Vorwurf hat sich das falsche Ziel gewählt und ist in dieser Pauschalität nicht gerechtfertigt. Wenn beispielsweise gewisse Ergebnisse bei einer großen Menge alternativer Szenarien immer wiederkehren, dann ist ein hoher Wahrscheinlichkeitsgrad dafür vorhanden, dass das betrachtete System sich in Zukunft entsprechend diesen Modell-Ergebnissen entwickelt. Man kann sogar folgern, dass eine solche Entwicklung praktisch unvermeidlich ist, falls das Spektrum der alternativen Szenarien breit genug angelegt wurde. ....

Die Aussage wird anhand von Beispiel-Szenarien für Südasien illustriert.

In einem allgemeinen Bericht, wie er hier vorgelegt wird, ist es selbstverständlich unmöglich, das Modell und die Methode der Szenario-Analyse in vollem Umfange zu beschreiben.[3] Es dürfte jedoch zum besseren Verständnis unserer Arbeiten und zur Bewertung der gefundenen Ergebnisse hilfreich sein, zumindest die Grundstruktur des Modells zu kennen ebenso wie den Rahmen, in dem die Szenario-Analysen vollzogen wurden. Hierdurch dürfte dem Leser wohl das wesentliche Merkmal deutlich werden, das unsere Studie von vielen anderen, die sich auch mit den Aussichten der Menschheitsentwicklung befassen, unterscheidet. Sie betrachtet nämlich die Welt nicht von unverrückbaren ideologischen Positionen aus,[4] sondern gründet sich unvoreingenommen – soweit dies menschenmöglich ist – auf Daten und wissenschaftliche Methodik. Unser Ansatz hat folgende Strukturmerkmale:

1. Das Weltsystem wird in Form untereinander abhängiger Subsysteme, den *Regionen,* dargestellt. Dies ist für eine angemessene Berücksichtigung der unterschiedlichen politischen, wirtschaftlichen und kulturellen Verhältnisse in der Welt wesentlich.

2. Die regionalen Entwicklungssysteme werden in Form einer vollständigen Menge von Beschreibungen aller wesentlichen Prozesse dargestellt, die ihre Evolution maßgebend bestimmen, also in der Form von physikalischen, ökologischen, technologischen, ökonomischen, demographischen, sozialen Submodellen. Diese werden dann in einer hierarchischen Mehrebenen-Struktur geordnet.

3. Man kann sicherlich davon ausgehen, dass das Weltentwicklungssystem die Fähigkeit besitzt, Anpassungsprozesse zu durchlaufen, mit denen Entwicklungen, die zu Katastrophen führen würden, abgewendet oder in ihrer Wirkung erheblich gemindert werden könnten. Diese Fähigkeit findet in der Handhabung des Modells ihre Berücksichtigung.

Die Regionalisierung des Weltsystems steht der Betrachtung einer umfassenden globalen Entwicklung nicht im Wege; im Gegenteil, sie ist absolut notwendig, wenn man sich mit den wichtigen Problemen, denen die Welt gegenübersteht und noch stehen wird, effektiv auseinandersetzen will. Die Welt als ein homogenes Ganzes anzusehen, das heißt, das Bevölkerungswachstum in der ganzen

Welt, das Pro-Kopf-Einkommen im Durchschnitt der ganzen Welt und so weiter zu betrachten, wie es in früheren Weltmodell-Untersuchungen geschehen ist,[5] ist eine unzulässige Vereinfachung und kann außerdem zu irreführenden Resultaten führen. Es ist einfach unumgänglich, der Tatsache Rechnung zu tragen, dass die Welt aus Teilen besteht, deren Vergangenheit grundverschieden war, deren Gegenwart folglich auch verschieden ist und die somit einer unterschiedlichen Zukunft entgegengehen. Die Welt kann daher nicht als ein einförmiges Ganzes angesehen werden, sondern muss als ein Gebilde aufgefasst werden, das aus unterschiedlichen – allerdings eng miteinander gekoppelten – Regionen besteht.

In unserer Studie ist das Weltsystem in 10 Regionen aufgeteilt worden:

1. Nordamerika
2. Westeuropa
3. Japan
4. Australien, Südafrika und der Rest der marktwirtschaftlich entwickelten Welt
5. Osteuropa einschließlich der Sowjetunion
6. Lateinamerika
7. Nordafrika und Mittlerer Osten
8. Tropisch-Afrika
9. Südasien
10. China, Nord-Korea usw.[6]

Die Auswahl der in den einzelnen Regionen zusammengefassten Nationen geschah unter verschiedenen Gesichtspunkten: Sie müssen in ihren Traditionen, im Lebensstil, dem wirtschaftlichen Entwicklungszustand, den gesellschaftspolitischen Auffassungen einander ähnlich sein, und es muss eine Gemeinsamkeit ihrer wesentlichen Zukunftsprobleme vorliegen. Unser Modell setzt allerdings keine förmlichen oder auch nur zwanglosen regionalen Vereinbarungen voraus. Doch machen es unsere Untersuchungen recht deutlich, dass größere Gemeinschaften von Nationen in der sich entwickelnden Welt notwendig sind, damit zwischen den Weltregionen eine bessere Ausgewogenheit[7] der politischen und wirtschaftlichen Kräfte sowie der gegenseitigen kulturellen Einflüsse entstehen kann. Um die Zahl der Regionen in Grenzen zu halten, erwies sich bei der Regionalisierung natürlich auch eine Reihe von Kompromissen als unumgänglich. Hier sind sicherlich noch Änderungen wünschenswert, insbesondere für die Analyse spezifischer Fragen. So sollte beispielsweise für eine detaillierte Untersuchung der langfristigen Nahrungsmittelversorgung die Region 9 (Südasien) in das »eigentliche« Südasien (Pakistan, Indien, Bangladesh und Sri Lanka) und Südostasien aufgeteilt werden.

Für die Untersuchungen einiger anderer Problemarten wiederum war es nützlich, das 10-Regionen-Modell in größeren Regionen zusammenzufassen, so zum Beispiel in:

1. die entwickelte Welt (mit den Regionen 1, 2, 3 und 4)
2. die sozialistische Welt (mit den Regionen 5 und 10)
3. die nichtindustrialisierte Welt (mit den Regionen 6, 7, 8 und 9).

Die multidisziplinäre Menge von Beschreibungen der unterschiedlichen regionalen Entwicklungsprozesse wurde in einer hierarchischen Struktur, aus einer Reihe von Modellebenen bestehend, erfasst. Die gegenwärtige Version des Weltmodells ist in folgende Ebenen gegliedert (siehe auch Abbildung 2 A):[8]

Abbildung 2: Darstellung des Weltmodells auf dem Computer

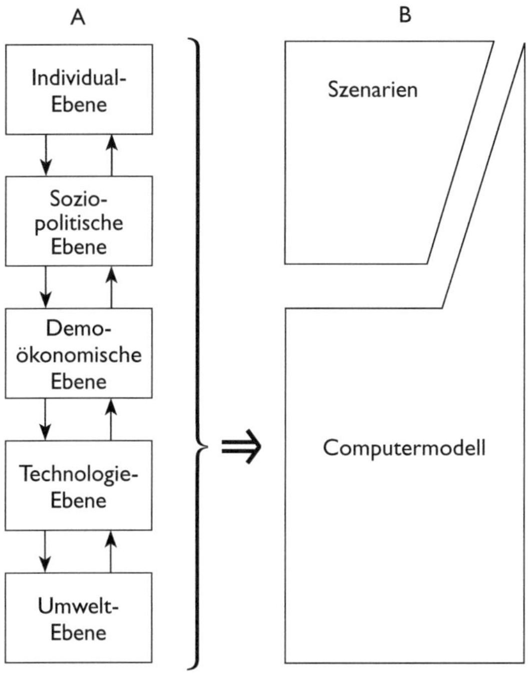

Das Verhalten des regionalisierten Weltsystems wird auf fünf verschiedenen »Ebenen« beschrieben (siehe A), der Individual-, sozio-politischen, demo-ökonomischen, Technologie- und Umwelt-Ebene. Jede dieser Ebenen vermittelt eine Darstellung des Weltsystems unter Benutzung des Wissens, das in den verschiedenen wissenschaftlichen Disziplinen, von der Psychologie über die Ernährungswissenschaften bis zur Ökologie und Geophysik, erarbeitet wurde. Alle Ebenen werden in der gezeigten hierarchischen Anordnung zu einem ganzen Modell zusammengefasst. Nicht auf jeder dieser Ebenen ist es möglich (siehe B), alle dort wirksamen Relationen und Prozesse in einem Computermodell als Ursache-Wirkung-Beziehungen abzubilden. Den subjektiven Aspekten auf den Individual- und Gesellschafts-Ebenen muss folglich in geeigneten Szenarien Rechnung getragen werden, die alternative Sequenzen plausibler Ereignisse enthalten sowie gesellschaftliche und individuelle Entscheidungen widerspiegeln. Ein ganz einfaches Beispiel: Bevölkerungspolitische Entscheidungen auf der Gesellschafts-Ebene würden in den entsprechenden Szenarien durch verschiedene zeitliche Verläufe des allmählichen Absinkens der Geburtenrate dargestellt.

A Die Umwelt-Ebene. Sie umfasst
   1. die geophysikalischen Gegebenheiten und Prozesse in der physikalischen Welt des Menschen: Klima, Land, Wasser, Luft, Rohstoffe;
   2. die ökologischen Zustände und Prozesse in der lebendigen Umwelt des Menschen: Pflanzen, Organismen, Tiere usw.

B *Die Technologie-Ebene.* Sie dient zur Darstellung aller technischen Tätigkeiten des Menschen von der Landwirtschaft bis zur Weltraumfahrt, damit deren Zusammenwirken mit der Umwelt-Ebene ebenso wie mit der demo-ökonomischen Ebene dargestellt werden kann.

C *Die demo-ökonomische Ebene.* Hier wird die Evolution der regionalen Bevölkerung und Wirtschaft verfolgt, indem sozusagen über deren zahlenmäßige Entwicklung »Buch« geführt wird.

D *Die Gesellschafts-Ebene.* Auf ihr finden die institutionellen Reaktionen, das Verhalten politischer Gruppierungen usw. ihren Niederschlag.

E *Die Individual-Ebene.* Hier werden die das Leben des einzelnen prägenden Wertvorstellungen, seine psychischen und biologischen Existenzbedingungen usw. reflektiert.

Unsere Darstellung des Weltsystems orientiert sich also am Menschen; denn schließlich betrachten wir auf der höchsten Ebene unserer Hierarchie die Sorgen und Bedürfnisse des einzelnen Menschen. Dies bedeutet jedoch nicht, dass der Mensch der einzige Lenker seines Schicksals ist oder sein sollte. Seine Umwelt, auf welcher Ebene auch immer, möge es die ökonomische, klimatische, ökologische oder eine andere sein, kann ihm sehr wohl alle Handlungsfreiheit rauben. Mit anderen Worten, die Zukunft kann durch die unausweichliche allgemeine Dynamik der Entwicklung bestimmt werden, ganz gleich, welche Ziele der Mensch hat oder wie er handelt. Ferner können in einigen Regionen der Erde die gesellschaftlichen Normen und Ziele vorrangig gegenüber denen des einzelnen sein – aufgrund historischer Entwicklung oder auch gemäß überlegt getroffener Entscheidungen der hier lebenden Menschen. Die hierarchische Struktur, die wir unserem Modell zugrunde gelegt haben, ist nicht von irgendwelchen Weltanschauungen und Ideologien in irgendeiner Region vorbestimmt. Im Gegenteil, es war und ist unsere Absicht, ein Modell zu entwickeln, das der in der realen Welt vorhandenen Mannigfaltigkeit Ausdruck zu geben vermag.

Schließlich ist die Berücksichtigung des anpassungsfähigen Verhaltens des Weltsystems eng verknüpft mit der Bewältigung des Zwiespalts zwischen Objektivität und Subjektivität in der Abschätzung und Bewertung zukünftiger Entwicklungen. In diesem Zusammenhang sei darauf hingewiesen, dass die Mehrebenen-Darstellung entsprechend Abbildung 2 A lediglich konzeptionell verstanden werden darf; sie kann nämlich nicht in dem Sinne objektiviert werden, dass alle Ebenen des hierarchischen Systems in einem Computermodell abgebildet werden. Das gilt insbesondere für die »höheren« Ebenen, oberhalb der demo-ökonomischen Ebene. Nur einige größere Entwicklungslinien konnten in Form von Ursache-Wirkung-Beziehungen programmiert werden; der weitaus größere Anteil musste über Szenarien eingegeben werden (Abbildung 2 B). Allerdings haben wir uns bemüht, den Bereich des Computermodells des Weltsystems noch weiter auszudehnen, um den subjektiven Bereich des Gesamtmodells so weit wie möglich einzuschränken. Hierzu standen uns zwei Möglichkeiten zur Verfügung, die entweder gemeinsam oder auch getrennt angewendet werden können:

1. Die Individual- und die Gesellschafts-Ebene stellen im Wesentlichen zielsuchende Systeme dar. Hier sind fast keine mechanistischen Ursache-Wirkung-Prozesse angesiedelt. Will man also den Computerbereich des Modells auch auf diesen Ebenen erweitern,

so muss man einige der hier stattfindenden Entscheidungsprozesse numerisch darstellen. Dies kann etwa dadurch geschehen, dass man dem Rechner die für diese Entscheidungsprozesse verfügbaren Wahlmöglichkeiten ebenso wie die den Spielraum einengenden Bedingungen »anvertraut«.

2. In der Szenario-Analyse werden die Szenarien mittels Daten, Parametern und funktionaler Beziehungen jeweils für den ganzen betrachteten zukünftigen Zeitraum, zum Beispiel für die nächsten fünfzig Jahre, eingegeben. Der System-Analytiker ist folglich während der Evolution des Systems auf dem Computer in dieser Zeitperiode ein passiver Zuschauer. Dem kann mit Hilfe der interaktiven Methode, des sogenannten Dialogverfahrens, abgeholfen werden, bei dem der System-Analytiker zum aktiven »Mitspieler«, zum Interaktor bei der Evolution des Systems geworden ist. Damit gelangen wir zu einer besseren Wahrnehmung der adaptiven Eigenschaften des Weltsystems.

In den Abbildungen 3, 4 und 5 haben wir für den interessierten Leser die hier angedeuteten zwei verschiedenen Vorgehensweisen näher erläutert. ....

Die weitere, für technisch versierte Leser gedachte Beschreibung des Computermodells wurde hier nicht aufgenommen. Wir verweisen auf das entsprechende Kapitel 4 in *Menschheit am Wendepunkt*, Seite 48 ff.

Abbildung 3: Erweiterte Version des Computermodells des Weltsystems

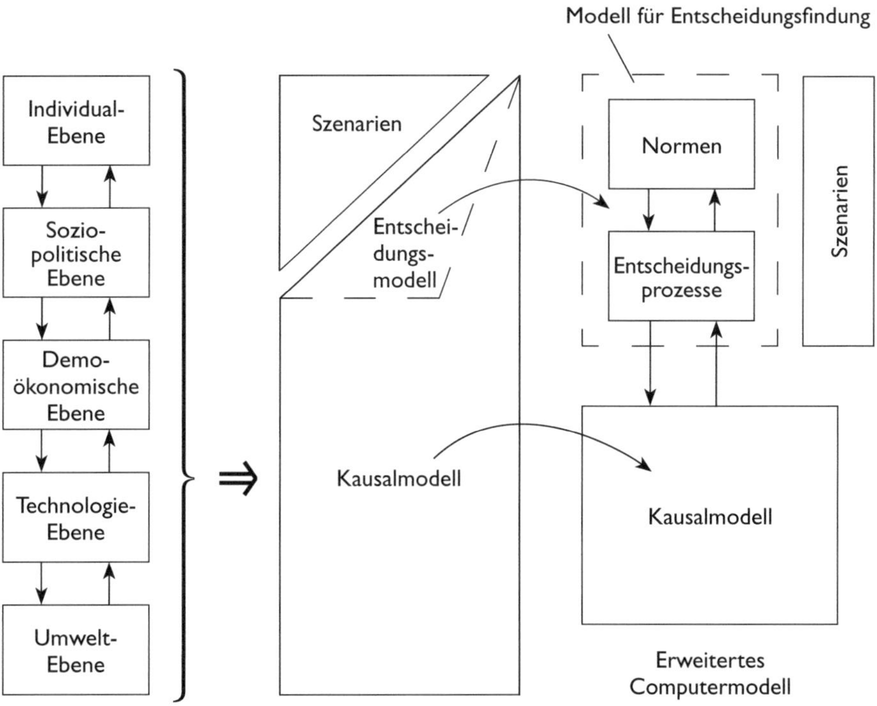

In der erweiterten Version des Computermodells werden zusätzlich Teile der sozio-politischen und Individual-Ebenen in den Computer eingegeben. Die ursprüngliche Version des Computermodells wird als »Kausal-Modell« bezeichnet, weil es auf einer Darstellung von Ursache-Wirkung-Beziehungen beruht. Der zusätzliche Teil des erweiterten Computermodells wird »Modell für Entscheidungsfindung« genannt, weil es gewisse Aspekte der Entscheidungs-Aktivitäten auf den beiden »obersten« Ebenen beinhaltet, welche auf dem Rechner darstellbar sind. Dieser Teil des jeweiligen Regionalsystems kann wiederum in zwei Schichten zerlegt werden: die Schicht der Entscheidungsprozesse und die Normen-Schicht. Auf der erstgenannten wird der Prozess der Wahl zwischen verschiedenen alternativen Möglichkeiten reflektiert, während auf der Normen-Schicht die Wertvorstellung, allgemeine Ziele und andere einschränkende Bedingungen enthalten sind, die den Spielraum beim Entscheidungsprozeß einschränken.

Abbildung 4: Feinere Auflösung des Modells für die Entscheidungsfindung

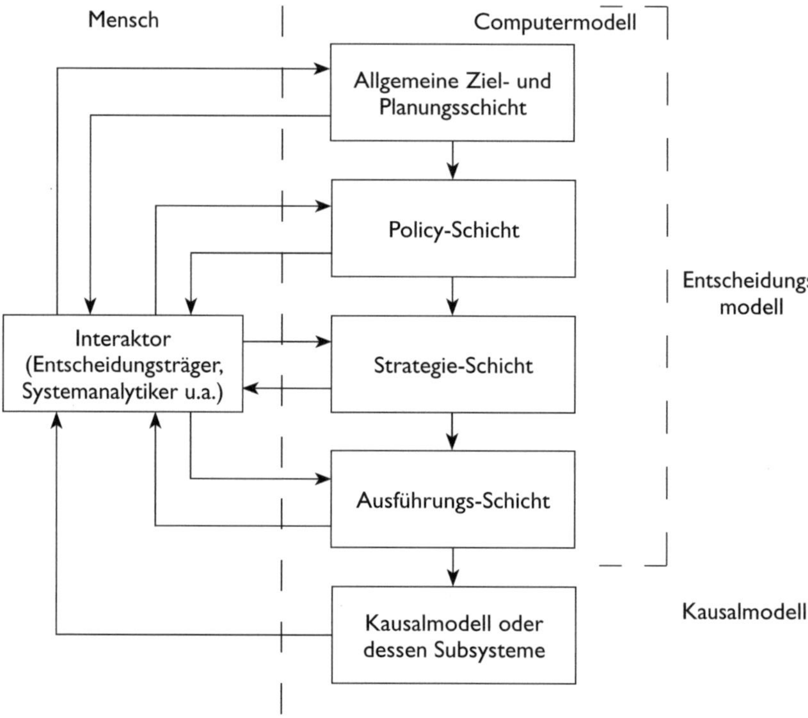

Für das im Computer vorhandene Modell zur Entscheidungsfindung wurde eine vierschichtige Struktur entwickelt. Hier ist der Computer auch beim Entscheidungsprozeß ein regelrechter Partner des menschlichen Entscheidungsträgers – als Interaktor bezeichnet –, dem »lediglich« die nicht programmierten Aspekte des Entscheidungsprozesses überlassen werden.
In der obersten Schicht werden zukünftige Bedürfnisse und mögliche Ereignisse antizipiert. Hier werden die Bereiche, die für die Policy-Erörterungen von Interesse sind, abgesteckt. Die nächsttiefere Schicht dient der Policy (Rahmenplan), wobei dieser Begriff ziemlich weit gespannt ist. Die hier angestellten Betrachtungen sind nicht quantitativ und bedienen sich daher einer Sprache und Terminologie, die dem Entscheidungsträger vertraut ist. Sie erlauben die Formulierung der allgemeinen Intentionen und Wünsche des Entscheidungsträgers, indem er unter den hier gemachten verschiedenen Policy-Vorschlägen eine Wahl trifft, wobei die Verständigung mit dem Computer weitgehend in natürlicher Sprache mittels eines Dialog-Terminals erfolgt. In der darmunterliegenden

strategischen Entscheidungsschicht werden dann die Maßnahmen erörtert, die eine Ausführung der gewählten Policy ermöglichen. Diese Maßnahmen, unter denen der Interaktor auch eine Wahl zu treffen hat, werden sehr detailliert beschrieben und ausdrücklich in Form von Variablen und Indikatoren, wie sie das Kausal-Modell oder hier angesiedelte einzelne Submodelle liefern, dargestellt. Schließlich, auf der niedrigsten Schicht, der sogenannten Ausführungsschicht, werden die Werte der Größen errechnet, die in das Kausal-Modell eingegeben werden sollen. Diese Schicht des Entscheidungsprozesses dient in der Regel der Auswahl der endgültig für die Durchführung des anstehenden Entscheidungsschrittes zu treffenden Maßnahmen (zum Beispiel Investierungen), bei der man natürlich auch die Hilfe von Such- und Optimierungsmethoden, von heuristischen Befriedigungsmethoden oder ähnlichen Vorgehensweisen in Anspruch nehmen kann.

Abbildung 5: Szenario-Analyse und interaktives Dialogverfahren

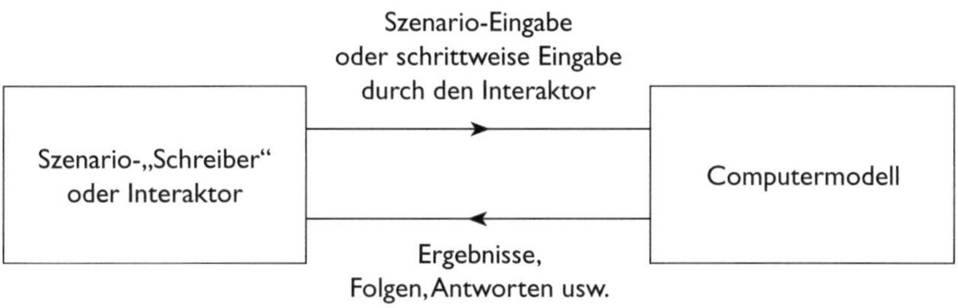

In der Szenario-Analyse wird eine Folge möglicher Entscheidungen und Ereignisse – genannt Szenario – gewählt, welche die Eingangsgrößen in das Computermodell bestimmen. Der Computer antwortet dann mit den Konsequenzen, die sich ergeben würden, wenn die im Szenario vorgesehenen Entscheidungen ergriffen und die dort niedergelegten »Ereignisse« stattfinden würden.

Im Dialogverfahren dagegen werden die Eingangsgrößen dem Computer in kleinen Zeitschritten stückweise eingegeben. Dabei bewertet der Interaktor – zum Beispiel Mitglied eines Planungsstabes, eines Entscheidungsgremiums oder ähnlicher Personengruppen – stets die Folgen des vorangegangenen Schrittes, wie sie ihm vom Computer auf Anforderung mitgeteilt werden, bevor er im nächsten Schritt dem Computer neue Anweisungen erteilt. Hier findet also regelrecht eine Mensch-Maschine-Symbiose im Rahmen einer geeigneten Arbeitsteilung statt: Der Mensch entscheidet über die Prioritäten, Kosten und Risiken, während der Computer die ganze Breite der Wahlmöglichkeiten darbietet und die zu erwartenden Konsequenzen der menschlichen Entscheidungen errechnet und mitteilt.

Zum Abschluss seien einige Gedanken zu unserer »Welt-Anschauung«, wie sie sich in unserem Modellansatz und im Modell selbst niedergeschlagen hat, nochmals besonders herausgestellt: Erstens möchten wir auf den Unterschied zwischen der hier verwendeten Methodologie und den üblichen Vorgehensweisen beim Computer-»Modellieren«[9] hinweisen. Unser Ansatz beschränkt sich nicht auf eine nur numerische Systemdarstellung, ebenso wenig wie auf einen Optimierungs-Algorithmus, der sich auf eng definierte Kriterien stützt. Er schließt vielmehr – wo immer erforderlich – auch qualitative und logische Beziehungen mit ein und vertraut ferner dem heuristischen oder interaktiven Vorgehen im Entscheidungsprozeß unter Beachtung des Rahmens, den institutionelle, ökonomische, technologische und andere Bedingungen setzen. Besonders betont sei, dass die Schlussfolgerungen, die man aus einer Studie zur zukünftigen Entwicklung des Weltsystems ziehen kann, wesentlich von der hierbei angewendeten Methodologie und insbesondere von der gewählten Struktur des Modells abhängen (siehe Kasten auf Seite 185 f.: »Auswirkungen der Weltmodell-Struktur auf die Prognose der Zukunftsentwicklung«).

Zweitens, die von uns erstellte Modell-Konstruktion stellt in Wirklichkeit einen ersten – wenn auch unseres Erachtens ziemlich großen – Schritt zu einem computergestützten Instrument für die Planung und Entscheidungsfindung dar. Auch wenn ein Modell, bestehend aus zahlreichen Submodellen, ein Teil dieses Instrumentes ist, so ist dieses doch kein Modell im traditionellen Sinne. Auf jeden Fall ist es kein »politisches« Vorhersagemodell, sondern ein Werkzeug, dazu bestimmt – neben der Bewältigung ungeheurer Zahlenmengen –, die kombinatorischen Fähigkeiten des Anwenders zum Überblicken und Verknüpfen eines sonst unüberschaubaren Netzes von unzähligen Beziehungen zu vermehren und zu vertiefen. Ferner soll es dazu dienen, die vom Benutzer entworfenen Szenarien, also seine hier niedergelegten Visionen, für die Zukunft (zum Beispiel eine regionale »Regierungserklärung«) an den im »objektiven« Computermodell dargestellten »Realitäten des Lebens« zu testen, so dass er vom Computer deren weitverästelte Konsequenzen mitgeteilt erhält, die während des betrachteten Zeitraums eintreten können.

Schließlich noch eine allgemeine Bemerkung zum Verhalten komplexer Systeme: In bezug auf die gegenwärtigen Energie- und Umweltkrisen hat man häufig die Feststellung vernommen, dass offenbar »alles und jedes von allem und jedem abhänge«. Das führe dazu, dass sich das System, welches von diesen Krisen befallen wird, gegenüber zum Eindämmen der Krisen ergriffenen Maßnahmen gegenintuitiv verhalte, das heißt, dass die Maßnahmen nicht das erbrächten, was man von ihnen »logischerweise« erwarten müsste. Daran knüpft sich dann sogleich die Bemerkung, dass diese Eigenart eine unausweichliche Folge der Komplexität des Systems sei. Vom Standpunkt der Mehrebenen-Systeme jedoch ist gegenintuitives Verhalten keine Folge der Komplexität des Systems, sondern eine Folge der *Unordnung,* in die das System geraten ist. Denn intuitives Verständnis gründet sich auf Erfahrungen, die bei normalem Funktionieren des Systems gewonnen wurden, und daher ist gegenintuitives Verhalten ein Zeichen dafür, dass sich das System in einer Krise befindet und deshalb abnorm verhält. Unter normalen Umständen sind die verschiedenen Ebenen eines hierarchischen Systems ziemlich unabhängig voneinander, so dass dann auch die jeweils ergriffenen Maßnahmen im wesentlichen nur die von ihnen gezielt angesprochene Ebene betreffen, deren Attribute sich ganz entsprechend der intuitiven Erwartung verhalten. Wie hätten sonst so komplexe Systeme, wie es nun einmal gesellschaftliche und politische Systeme sind, in der Vergangenheit allein durch den »gesunden Menschenverstand« gelenkt werden können? Unter Krisenverhältnissen jedoch, wenn die verschiedenen Ebenen nicht mehr unabhängig voneinander mit den geänderten System-Umweltbedingungen fertig werden können, verschmelzen sie miteinander – mit dem Ergebnis, dass nun das ganze System so eng vermascht wird, dass sein Verhalten in der Tat gegenintuitiv wird.

Diese Betrachtung ist von Bedeutung, wenn man nach Maßnahmen sucht, um das System aus einer Krisenlage heraus- und in einen »normalen« Zustand zurückzuführen. Hier nützen grundsätzlich keine äußeren Lenkungsmaßnahmen, die zu weiterem Wachstum oder umgekehrt zum Null-Wachstum führen. Was Not tut, ist vielmehr eine *innere Neustrukturierung des Systems* derart, dass dies so »sanierte« System aus Subsystemen besteht, welche die sie betreffenden Probleme weitgehend allein meistern können, und zwar fast ohne Rückgriff auf die übrigen Subsysteme und ohne deren schädliche Beeinträchtigung. Unsere Analyse der gegenwärtigen und der in den nächsten Jahrzehnten drohenden Probleme und Krisen hat entsprechend den oben gemachten Prämissen für das Verhalten komplexer Systeme deutlich gemacht, dass

1. eine horizontale Neustrukturierung des Weltsystems, also eine Änderung in den zwischenstaatlichen und interregionalen Beziehungen, erforderlich ist und

2. in der vertikalen Struktur des Weltsystems drastische Veränderungen im Normenstratum (das heißt im Subsystem der Wertvorstellungen und Ziele des Menschen) notwendig sind. Darüber hinaus muss aber auch eine Neuorientierung der verschiedenen Tätigkeiten und Wissenschaften auf den »darmunterliegenden« Ebenen der regionalen Entwicklungssysteme erfolgen, um auch die spezifischen Aufgaben, welche die Probleme und Krisen diesen Ebenen stellen, besser als unter dem heutigen Verständnis der hier angesprochenen fachlichen Disziplinen meistern zu können.

Nur so wird das Weltsystem auf den Weg zu einem organischen Wachstum gelangen können.

Auswirkungen der Weltmodell-Struktur auf die Prognose der Zukunftsentwicklung

Die Schlussfolgerungen, welche man aus der Modell-Analyse der zukünftigen Weltentwicklung ziehen kann, hängen entscheidend von der »Welt-Anschauung« ab, die in der Struktur des Weltmodells ihren Niederschlag gefunden hat. Aus der nachstehenden Gegenüberstellung der in den MIT-Modellen zum Ausdruck kommenden »Welt-Anschauung« mit der unsrigen ergeben sich, grob formuliert, folgende Thesen:

Forresters und Meadows Thesen

1. Die Welt kann als ein einförmiges homogenes System angesehen werden.

2. Dieses System wird irgendwann um die Mitte des 21. Jahrhunderts zusammenbrechen, wenn sich die gegenwärtigen Trends fortsetzen.

3. Zur Vermeidung eines Zusammenbruchs muss das Wirtschaftswachstum sofort verlangsamt werden, und zwar derart, dass in relativ kurzer Zeit der Gleichgewichtszustand des Nullwachstums erreicht wird.

Unsere Thesen

1. Die Welt kann realistisch nur als ein System miteinander agierender Regionen betrachtet werden, deren Kulturen, Traditionen, politische und wirtschaftliche Entwicklungen unterschiedlich sind. Eine homogenisierende Betrachtungsweise ist wenig aussagekräftig, ja irreführend.

2. Anstelle eines allgemeinen Weltkollapses werden sich in den verschiedenen Regionen zu verschiedenen Zeiten, teils lange vor der Mitte des nächsten Jahrhunderts, Zusammenbrüche unterschiedlicher Natur und aus unterschiedlichen Gründen einstellen. Allerdings werden diese regionalen Zusammenbrüche in der ganzen Welt aufgrund der alle Regionen verbindenden systemaren Zusammenhänge fühlbare Folgen haben.

3. Aktionen, die zur Bewältigung solcher regionaler Krisen und damit zur Vermeidung regionaler Katastrophen geeignet sind, können nur im globalen Kontext erfolgen. Keine Region wird schließlich von der Kette katastrophaler Ereignisse verschont bleiben, wenn sich die Menschheit nicht zu gemeinsamem Handeln aufrafft.

4. Nur organisches, wohl auf den jeweiligen Wirtschafts- und Sozialzustand der einzelnen Regionen abgestimmtes Wachstum bietet die Voraussetzungen für die Bewältigung der Weltkrisen. Undifferenzierter Wildwuchs wird dagegen die Folge regionaler Katastrophen nur beschleunigen.

5. Verzögerungen in der Entwicklung geeigneter Strategien führen nicht nur zu einer ständigen Verringerung der Optionen, die der Menschheit für die Lösung ihrer großen Probleme noch offen stehen, sondern werden letztlich tödliche Folgen haben. In diesem Sinne verstehen wir unsere Bemühungen um eine »Strategie zum Überleben« für die vor uns liegenden Jahrzehnte.

1 Der interessierte Leser findet eine weitere anschauliche Darstellung des Mehrebenen-Modells des Weltsystems in dem Aufsatz von R. Pestel und H. D. Heck: »Das neue Weltmodell«. In: Bild der Wissenschaft, 9 (1974).

2 Allerdings eine sehr komplizierte und umfangreiche Menge von Beziehungen, die beim gegenwärtigen Stand des Modells etwa 100.000 betragen. Zum Vergleich sei bemerkt, dass die MIT-Modelle lediglich einige Hundert Beziehungen umfassen.

3 Der interessierte Leser wird auf die Forschungsberichte verwiesen, die vom International Institute for Applied Systems Analysis (IIASA) in Laxenburg, Österreich, erstellt wurden.

4 Natürlich werden dann aufgrund unserer Ergebnisse Positionen bezogen, die bestimmten Grundhaltungen und Wertvorstellungen den Vorzug vor anderen geben.

5 Siehe zum Beispiel Meadows et al.: Die Grenzen des Wachstums. Stuttgart 1972.

6 Die Aufstellung der Nationalstaaten, aus denen sich die genannten Regionen zusammensetzen, findet sich im Anhang II von »Menschheit am Wendepunkt«, Seite 147 ff.

7 Beispielsweise kann man sich fragen, ob langfristig den Interessen der Entwicklungsländer durch direkte Verhandlungen zwischen so unterschiedlichen Partnern, wie zum Beispiel der USA und Dahomey (2,5 Millionen Einwohner), gedient wird. Nach unserer Meinung ist dieses nicht möglich. Genauso, wie die Europäische Wirtschaftsgemeinschaft gebildet wurde, um die europäischen Länder zu einem gewichtigen Partner der USA zu machen, sollten ähnliche Gemeinschaften auch in anderen Teilen der Welt gebildet werden, auch wenn der gegenwärtige Zustand der EG diese nicht zum Vorbild erhebt.

8 Eine ins Einzelne gehende Beschreibung des Weltmodells ist im Rahmen dieses Beitrags unmöglich. Einen kleinen Einblick in die Komplexität des Modells, die vielen bearbeiteten Details und die Art, wie die Submodelle auf den verschiedenen Ebenen miteinander gekoppelt sind, vermittelt die Abbildung »Übersicht und Teilaspekte des Computermodells des Weltsystems« in »Menschheit am Wendepunkt«, Seite 48, dessen Einzelheiten dort ausführlich beschrieben sind.

9 Zum Beispiel Systemdynamik (Forrester), lineare Programmierung und so weiter.

Kritische Würdigung des Weltmodells

von Aurelio Peccei und Alexander King in: Mihailo Mesarovic, Eduard Pestel: Menschheit am Wendepunkt. 2. Bericht an den Club of Rome zur Weltlage. Stuttgart 1974

Der Text dieses Beitrags wurde redaktionell geringfügig bearbeitet und um den (nur für das Entstehungsjahr des Berichts relevanten) Schlussteil gekürzt.

Wir begrüßen aufs wärmste diesen Bericht (*s.o. – d. Red.*) an den Club of Rome von Mihailo Mesarovic und Eduard Pestel; denn hier wird ein wichtiger neuer Schritt getan auf dem Wege zum tieferen Verständnis des globalen Natur- und Menschheitssystems, in dem wir leben. Der Zeitpunkt, zu dem dieser Bericht einer weiteren Öffentlichkeit zugänglich gemacht wird, erscheint uns günstig, zumal die öffentliche Meinung unter dem Eindruck der sich verschlimmernden Weltlage in den vergangenen Jahren kritischer wurde. Die Entscheidungsträger in den einzelnen Ländern, überhaupt die Etablierten in aller Welt, obwohl gezwungen, der immer bedrückenderen Wirklichkeit nicht länger auszuweichen, zögern allerdings noch, ihre Denkweisen und ihr Handeln von Grund auf zu erneuern. Das Werk von Mesarovic und Pestel konfrontiert sie heute mit einem Bezugsrahmen für politisches Denken und Handeln, den man nicht beiseite schieben kann und der gleichzeitig ein potentiell sehr mächtiges Werkzeug darstellt, um den Wert oder Unwert von Meinungen und politischen Zielsetzungen zu testen.

Die Notwendigkeit einer klaren Einsicht in das Wirken globaler Systeme und in die gegenseitige Abhängigkeit der Komponenten dieses Systems liegt dem Club of Rome besonders am Herzen. Als wir

1968 begannen, diese Fragen zu erörtern, waren wir von dem – auch heute noch – fast unerforschten Zusammenwirken der wesentlichen Menschheitsprobleme tief beeindruckt, ebenso von der Tatsache, dass in nahezu jeglicher politischer Planung und politisch-wirtschaftlicher Regierungstätigkeit solche Zusammenhänge weitgehend ignoriert wurden. Die Philosophen haben zwar von alters her immer wieder auf die Einheit der Existenz der Menschen und ihrer natürlichen und geistigen Umwelt sowie auf ihre gegenseitigen Verflechtungen hingewiesen. Im politischen und sozialen Verhalten jedoch hat ihre Lehre nur selten Widerhall gefunden. Die Grundsätze, die das Verhalten souveräner Nationalstaaten bestimmen, die Strukturen und Vorgehensweisen von Regierungen, die sequentielle Art ihres politischen Handelns sind schwer zu überwindende Hindernisse für eine Umsetzung solcher Gedanken in die politische Gegenwart. In der Vergangenheit konnten die Folgen eines Missverhältnisses zwischen Problemsituation und Lösungsansatz immer noch beseitigt werden, sobald sich eine Krise ausgetobt hatte. Heute können wir wegen des gewaltigen Ausmaßes der Krisen, ihrer Komplexität und des schnellen Veränderungstempos nicht mehr mit solchen Atempausen rechnen; darüber hinaus bezahlen wir immer teurer dafür, dass wir den »cross-impact« von Problemen und Lösungsversuchen nicht beachten oder widerspruchsvollen nationalen und regionalen Zielen nachlaufen. In der gegenwärtigen Situation kann man die Menschheit nicht wieder auf einen sicheren Kurs bringen, ohne dass der unaufhörliche Krisenstrom aufgehalten wird und die noch ernsteren, vor uns liegenden Krisen an ihrer vollen Entfaltung gehindert werden.

Der erste Versuch des Club of Rome zum Verständnis der »Weltproblematik« war die Förderung des Weltmodells des MIT-Professors J. Forrester und gipfelte in einer unter der Leitung von Professor D. Meadows durchgeführten Studie, über die 1972 ein allgemeiner Bericht unter dem Titel *Die Grenzen des Wachstums* erschien.

Die Schlussfolgerungen dieser ersten Forschungsarbeit wurden allgemein als Untergangsprophetie aufgefasst, trotz der wiederholten Feststellungen im Buch selbst, dass es der Zweck des Projekts war, die Konsequenzen eines »Weitermachens wie bisher« aufzuzeigen. Dadurch wollte man Änderungen im menschlichen und politischen Verhalten hervorrufen, welche die Aussagen der MIT-Studie dann selbst widerlegen würden. In der Zwischenzeit sind die Energie- und Nahrungsmittelkrisen mit solcher Macht ausgebrochen, dass viele der voreiligen Kritiken am MIT-Projekt Lügen gestraft wurden. Obwohl wir bereit sind, die Unzulänglichkeiten dieser ersten Pionierarbeit anzuerkennen, betrachten wir sie dennoch als einen Meilenstein: Sie hat dafür gesorgt, dass sich die Aufmerksamkeit der Welt ernsthaft den fundamentalen Fragen unserer Zeit zuwandte. Mesarovic und Pestel haben einen völlig neuen Anfang mit ihren Forschungsarbeiten gemacht. Eine der Beschränkungen der früheren MIT-Arbeit lag in der globalen Aggregierung. Natürlich wussten wir, dass die Vernachlässigung der Diversität in dieser Welt – auf kulturellem, wirtschaftlichem und politischem Gebiet – es unmöglich machte, dass das MIT-Projekt den Entscheidungsträgern ein Werkzeug für die Gestaltung ihrer zukünftigen Arbeit in die Hand gab. Auf diese Weise konnte lediglich eine globale Perspektive der dynamischen Weltentwicklung gegeben werden. Wir waren daher von der Dringlichkeit überzeugt, dass diesem Anfangsprojekt eine detaillierte Studie folgen musste, die zu einem tieferen Verständnis des breiten Spektrums globaler, regionaler und nationaler Entwicklungen führen sowie den Politikern eine operationale Stütze sein würde. Folglich haben wir uns von Anfang an hinter die Arbeit von Mesarovic und Pestel gestellt, weil sie gerade dies zum Ziel hat. Ihr Weltmodell, das auf der hierarchischen Mehrebenen-Systemtheorie beruht, teilt die Welt in zehn gegenseitig abhängige und miteinander agierende Regionen ein und ist ferner in der Lage, seine Datenbasis in noch kleinere Einheiten aufzuteilen – bis zur einzelnen Nation. Dies bedeutet, dass die Ergebnisse auch für nationale politische Entscheidungsträger relevant sein können. Darüber hinaus ist es zum erstenmal möglich, die »policies« verschiedener, auf diesem begrenzten Planeten im Wettbewerb stehender Gruppierungen einander gegenüberzustellen und so Konfliktsituation beziehungsweise Unverträglichkeiten, die bei nationaler und regionaler Politik unvermeidbar sind, im Modellversuch zu untersuchen. Die Aufgabe der Entscheidungsfindung ist normalerweise schwierig. Auch wenn die Ziele mehr oder weniger klar definiert sind, politische und ideologische Grundsätze deutliche Richtlinien setzen und gute statistische Daten und qualitative Analysen der Situation vorliegen, ist der Entscheidungsprozeß im allgemeinen eine wenig klare und rationale Angelegenheit. Die Entscheidung beruht schließlich auf der menschlichen Einschätzung dieser und anderer Gesichtspunkte, nicht zuletzt auf der angesammelten Erfahrung bezüglich der zu erwartenden Konsequenzen bestimmter Handlungen. Das normale geistige Modell des Entscheidungsträgers ist relativ einfach. Es kann von hoher Qualität hinsichtlich seiner Intuition und im Sinne politischer, sozialer und physiologischer Anwendbarkeit sein, die beim Entscheiden weiterhin die gewichtigste Rolle spielen werden; es ist aber nicht in der Lage, die vielen Variablen, mit denen es zu tun hat, mit einiger Sicherheit zu überschauen und miteinander über einen längeren Zeitraum in Beziehung zu setzen.

Die Vorteile eines Computermodells liegen in der Verstärkung der menschlichen Fähigkeiten bei der Verarbeitung einer großen Zahl analysierter Daten, in der Möglichkeit, in die Zukunft weisende Projektionen zu machen und viele Entscheidungsalternativen zu erforschen. Voreingenommene werden natürlich in jedem solchen Ansatz eine technokratische Bedrohung in dem Sinne sehen, dass der Computer sich anschickt, die Verantwortung für die Gestaltung des Menschheitsgeschicks zu übernehmen. Dies ist barer Unsinn, insbesondere in bezug auf die Arbeiten von Mesarovic und Pestel. Ihre Methodologie ist unseres Erachtens vielversprechend und flexibel, da sie den stetigen Dialog zwischen dem Menschen mit seinen Wertvorstellungen, Ermessensfähigkeiten und Zielen auf der einen Seite und dem Computer auf der anderen gestattet. Die menschliche Initiative und die Reaktion auf Konflikt und Herausforderung bleiben nicht nur dominant, sie werden vielmehr mit Hilfe des Modells so verstärkt, dass hier viele alternative Szenarien untersucht, unterschiedliche Entscheidungsmöglichkeiten durch Abschätzung ihrer Folgen getestet und somit politische Entscheidungen verbessert und rationalisiert werden können. Häufig wandte sich die Kritik an dem Projekt *Grenzen des Wachstums* dagegen, dass hier nur materielle Grenzen betrachtet wurden, die wahrscheinlich wegen bereits vorher eingetretener politischer und anderer Schwierigkeiten nie erreicht würden. Zweifellos sind die wirklichen Grenzen des Wachstums sozialer, politischer und psychologischer Natur. Den Vorwurf, dies nicht gesehen zu haben beziehungsweise nicht sehen zu wollen, müssen wir allerdings scharf zurückweisen. Selbstverständlich sahen wir die Aufgabe, ein Modell zu entwerfen, das besser als die MIT-Modelle in der Lage sein würde, die Entwicklung materieller Probleme mit dem politischen Prozess und der Dynamik sich ändernder Wertvorstellungen in Beziehung zu setzen. Ein solches Instrument stellen uns nun Mesarovic und Pestel vor.

Bei der Durchführung ihrer Arbeiten haben sie sich bemüht, gemäß der Tradition des Club of Rome im laufenden politischen Geschäft unserer Tage eine Partei zu ergreifen. Die wesentlichen Probleme der Gegenwart sind auch keine parteipolitischen; sie entziehen sich, in ihrer Bedeutung für das Überleben der Menschheit, auch den heutigen ideologischen Bewertungen. Natürlich ist vollkommene Objektivität unmöglich, wie ernst man es auch damit meinen möge. Vorurteile können sich unbewusst und subtil bei der Auswahl von Daten, Hypothesen und Annahmen in die Untersuchungen einschleichen. Im vorliegenden Fall zum Beispiel wird die allgemeine langfristige Lösung des globalen Energieproblems mit Hilfe der Kernspaltungsenergie, insbesondere durch Einsatz der »Schnellen Brüter«, abgelehnt. Die Verfasser, welche diese »Faustische Wette« verwerfen, setzen sich für die Nutzung der Sonnenenergie ein, obwohl vermutlich die Tür zur Kernfusionsenergie noch offen ist, wenn sie zeitig genug operational wird und schließlich nicht die gleichen Gefahren mit sich bringt wie die Kernspaltungsenergie. Wir stimmen dem zu; aber nichtsdestoweniger liegt hier ein persönliches Ermessen aufgrund von Wertvorstellungen vor.

Natürlich befindet sich das hier vorgelegte Modell mit seinen zahlreichen Untermodellen noch im Prototyp-Stadium. Mesarovic und Pestel haben in der Tat eine Herkulesarbeit auf sich genommen. Die vollständige Durchführung ihrer Untersuchungen ist eine Lebensarbeit. Trotz der riesigen verarbeiteten Datenmengen, der zahlreichen bereits erprobten Szenarien, der Fülle von Ergebnissen oder der schon vorhandenen Software für das Zusammenspiel der vielen Untermodelle zur Untersuchung konkreter Fragestellungen bleibt der Ausbau zu einer umfassenden kohärenten Datenbank auf regionaler und nationaler Basis in allen wesentlichen Bereichen noch offen. Notwendig ist auch deren kontinuierliche Überprüfung, die ständige Erforschung der Wirkungen, welche die Änderung der Wertsysteme in den unterschiedlichen Regionen und Nationen hervorrufen wird; und schließlich warten wir auch noch auf die Mitwirkung der verschiedenen Entscheidungsträger in aller Welt bei der Formulierung der Szenarien und der Gestaltung des Mensch-Computer-Dialogs.

Schon die jetzt vorliegenden Ergebnisse sind äußerst wichtig. Die Verfasser haben sich auf mehrere Problemfelder konzentriert, die – wenn man sie nicht meistert – allein ausreichen, unvorstellbare Katastrophen hervorzurufen. Aufgrund ihrer intensiven Forschungsarbeit konnten gewisse grundlegende Schlussfolgerungen gezogen werden. Sie bestätigen die ernsten und praktisch ultimativen Warnungen des Club of Rome. Zwei von ihnen mögen hier zitiert werden:

1. Eine fundamentale Besserung der Weltsituation und der Aussichten der Menschheit wird ohne weltweite, langfristig angelegte Kooperation nicht möglich sein.

2. Nicht nur die politisch und wirtschaftlich messbaren Kosten, sondern vor allem auch die, welche im menschlichen Leiden ihren Ausdruck finden, werden einfach monströse Ausmaße annehmen, wenn man weiter zögert, ausreichende Maßnahmen zur Bekämpfung der Weltkrisen zu ergreifen.

Der Leser hat sicherlich feststellen können, dass diese Schlussfolgerungen durch zahlreiche Argumente gestützt werden, deren Einzelheiten man kritisch gegenüberstehen mag, denen man sich in ihrer allgemeinen Bedeutung jedoch unseres Erachtens nicht entziehen kann. Die Frage ist daher, ob diese Warnungen Beachtung finden werden, da bisher keine Gruppe in der Lage war, irgendwelche langfristigen »policies« für die zukünftige Entwicklung zu formulieren, und da unverständliches Hinausschieben jegliche politische Arbeit beeinträchtigt, selbst wenn nur Interessen geringen Ausmaßes auf dem Spiele stehen.

Gerade deshalb erscheint das Buch *Menschheit am Wendepunkt* zur richtigen Zeit. Es wird uns helfen zu erkennen, dass wir uns auf einem fatalen Kurs befinden. Wie kann die heutige Welt immer ernster werdende soziale, politische, wirtschaftliche und ökologische Krisen überstehen, wenn sie weiter von Ungerechtigkeit erfüllt ist, durch immer mehr Menschen bedrängt, durch riesige Hungersnöte bedroht, durch Energie- und Rohstoffverknappung gefährdet und schließlich durch andauernde Inflation aufgezehrt wird? Welche Explosionen und Zusammenbrüche werden wo und wann eintreten, da die nukleare Waffenentwicklung ebenso wie neue Formen des Protestes und des Terrorismus politische Weisheit vermissen lassen?

Dennoch, ein Wandel scheint sich anzubahnen. Die Menschen werden sich immer stärker der Notwendigkeit fundamentaler Veränderung bewusst, und die Meinung gewinnt an Boden, dass vielleicht nur ein neuer Humanismus den Menschen einen Übergang aus ihrer gegenwärtigen Phase ohne bleibenden Schaden ermöglicht.

Ein Modell für Deutschland

Eduard Pestel u.a.– Auszüge* aus: Eduard Pestel u.a.: Das Deutschland-Modell. Herausforderungen auf dem Weg ins 21. Jahrhundert. Stuttgart 1978

Co-Autoren: Rolf Bauerschmidt, Michael Gottwald, Lothar Hübl, Klaus-Peter Möller, Wolfgang Oest, Wolfgang Oest, Wolfgang Ströbele – im Jahr der Erstveröffentlichung Mitarbeiter des von Professor Pestel gegründeten Instituts für angewandte Systemforschung und Prognose (heute: ISP Eduard Pestel Institut für Systemforschung e.V.) in Hannover

* Gesamttitel von der Redaktion. Der Text dieses Beitrags enthält ausgewählte Buchausschnitte, die zum Teil redaktionell bearbeitet wurden (s. Anhang, Editorische Hinweise).

Gedanken zur Prognose

»Die Zukunft des Menschen kommt nicht von selber wie Naturgeschehen. Was wir heute und jeden Augenblick tun, was wir denken und erwarten, wird zugleich ein Ursprung der Zukunft, der bei uns liegt. Nur durch die Verantwortung für das Gegenwärtige können wir verantwortlich für die Zukunft werden.«

Carl Jaspers: »Vom Ursprung und Ziel der Geschichte«

Die Menschen, die sich mit Zukunftsaussichten und Langfristperspektiven befassen, lassen sich zumeist grob zwei verschiedenen Gruppen zuteilen, den Optimisten und den Pessimisten.

Die Optimisten sind die Fortschrittsgläubigen, die zwar die Möglichkeit von Krisen und Katastrophen nicht ausschließen – wer könnte schon angesichts der Menschheitsgeschichte meinen, alles würde sich irgendwie »von selbst« wieder arrangieren –, zu gegebener Zeit werde jedoch die Unerschöpflichkeit des menschlichen Geistes die heute sichtbar werdenden Grenzen, wie stets in der Vergangenheit, rechtzeitig überwinden. Sie vertreten die Ansicht, die heutige Menschheit befinde sich

- trotz der unleugbaren weltweiten Bevölkerungslawine und ihrer Konsequenzen
- trotz des historisch einmaligen Vorgangs der Schaffung von über 100 neuen Nationalstaaten innerhalb weniger Nachkriegsjahre
- trotz der immer mehr ins Gigantische wachsenden »konventionellen« und atomaren Rüstung

in keiner geschichtlich außergewöhnlichen, ihre Existenz oder zumindest die der »westlichen« Zivilisation bedrohenden Lage. Daraus folge, dass man auch nichts Außergewöhnliches zu unternehmen brauche, insbesondere nichts, was den heute in Wohlstand und Frieden Lebenden ungewohnte Opfer abverlangen würde.

Unter den Pessimisten hingegen finden wir vorwiegend diejenigen, die meinen, dass man gegen die auf uns in rascher Folge einstürmenden Probleme eigentlich nichts unternehmen könne. In dieser Geisteshaltung suchen sie ihr Alibi für die Flucht aus der Verantwortung, die die jeweils lebende Generation stets für die kommende zu tragen hat.

Zu den Pessimisten sollte man auch die große Zahl derer rechnen, die bei zwingend erforderlichen Reformen ständig auf die dem entgegenstehenden »Notwendigkeiten« der Politik und Wirtschaft verweisen, die wesentliche Kurskorrekturen »aus der Sache« heraus nicht zulassen würden. Dabei empfinden sie sich selbst wohl als Realisten und Pragmatiker. Sie sind Pessimisten, weil sie die Freiheit der politischen und moralischen Entscheidung von vornherein kampflos »zwingenden Notwendigkeiten« unterwerfen, so als ob diese eherne Naturgesetze wären. Dadurch wird – häufig mit Erfolg – versucht, uns glauben zu machen, dass sich die Entfaltung unseres politischen, gesellschaftlichen und wirtschaftlichen Lebens, der damit verbundenen Krisen, Niederlagen und Siege, außerhalb der menschlichen Willenseinwirkung vollziehe. Man bemüht sich, der persönlichen Verantwortung auszuweichen, ja dem persönlichen Schuldgefühl zu entgehen, das notwendigerweise jede in Freiheit getroffene Entscheidung in wichtigen Lebensfragen begleitet, indem man sich schwächlich hinter einem als gegeben angenommenen Determinismus versteckt.

Für die Optimisten (»Man braucht nichts zu tun.«) und die Pessimisten (»Man kann eh' nichts machen.«) ist die Prognose kein nützliches Instrument zur politischen Entscheidungshilfe, sondern lediglich eine interessante Gedankenspielerei. Da viele Menschen dies als anregend empfinden, bleibt zumeist der Publizitätserfolg für so verstandene Prognosen nicht aus, besonders dann nicht, wenn dem Leser vorgegaukelt wird, die technologische Entwicklung werde unaufhaltsam allen auf dieser Erde eine großartige Zukunft bereiten. Pessimisten wie Optimisten in dem beschriebenen Sinn sind daher nur passive Mitfahrer auf unserer Reise in die Zukunft; beide verzichten im Wesentlichen auf deren Gestaltung.

Es ist aber gerade Aufgabe der Prognose, Notwendigkeiten zur Gestaltung der Zukunft aufzuzeigen, und sei es nur, um Sinnesänderungen und entsprechende Handlungen auszulösen, die dazu beitragen, dass die Prognosen nicht Wirklichkeit werden. Diese Absicht stand auch hinter der Veröffentlichung des 1. Berichts an den Club of Rome »Die Grenzen des Wachstums«.[1]

Jedenfalls ist es nicht Aufgabe der Prognose, den zeitlichen Ablauf der Zukunft vorauszusagen, als sei die Zukunft etwas, das wir bei unserer Lebenswanderung jeweils »hinter der nächsten Gebirgskette« vorgefertigt vorfinden. Das ist grundsätzlich nicht möglich. Wer sich ehrlich um Prognose bemüht, gehört zu den Menschen, die vor den Krisen der Gegenwart nicht die Augen verschließen und bereit sind, die sichtbaren oder erst erahnten Problemfelder zu erkennen, sie zu analysieren und ihre Verflechtungen aufzudecken. Sie wollen darüber hinaus – und dies ist das Wesentliche – alternative Wege erproben, die vom krisenbehafteten Pfad wegführen könnten. Die Urheber von Prognose-Instrumenten und auch diejenigen, die sich ihrer bei der Arbeit für die Gestaltung der Zukunft in Politik und Wirtschaft bedienen, haben zu begreifen, dass es die Träume, Wertvorstellungen und Wünsche der Menschen waren, die die Vergangenheit gestaltet haben und die auch die Zukunft – zumindest langfristig – bestimmen werden. Letztlich wird man also Wertvorstellungen, Denkgewohnheiten und Handlungsweisen ändern müssen, um den Kurs von heute zu korrigieren.

Aber will »man« diesen Kurs überhaupt ändern? Selbst die gläubigsten Idealisten bezweifeln nicht, dass die Welt immer unvollkommen bleiben wird. Besteht nicht vielmehr angesichts der Komplexität des Weltgefüges in allen seinen Aspekten die Gefahr, dass auch wohlgemeinte Veränderungen die Lage nur noch weiter verschlechtern? Vielleicht reichen die vielgepriesenen »Selbstheilungskräfte« im »freien« Spiel der Kräfte in Wirtschaft und Politik tatsächlich aus, den großen Krieg zu vermeiden und den allgemeinen Wohlstand in *aller* Welt zu erhöhen. Vielleicht werden wir von selbst, ohne schreckliche Katastrophen, auf dem Weg über den materiellen Wohlstand schließlich auch wieder zu metaphysischen Fragen gelangen, von denen wir zu neuen Antworten über den Sinn unseres Daseins weiterschreiten, zu Fragen, die uns herausführen aus der »spirituellen Anästhesie«[2] einer geistig verarmenden Wohlstandsgesellschaft.

Niemand kann derartige Vermutungen mit Sicherheit als falsch zurückweisen. Dennoch widerspricht alle geschichtliche Erfahrung einem solchen erschütterungsfreien, materielle wie geistige Veränderungen gleichermaßen umfassenden Automatismus, der keine Überraschungen zulässt. Man denke nur daran, dass durch das Genie des Archimedes schon im dritten Jahrhundert vor Christus die Weichen für die Entwicklung der modernen Naturwissenschaften und der Technik genauso gestellt waren, wie über 18 Jahrhunderte später durch Galileo Galilei. Mit dem fast symbolhaft zu begreifenden Tod des Archimedes von der Hand eines römischen Soldaten bei der Eroberung von Syrakus war jedoch entschieden, dass die Ansätze des Archimedes zunächst nicht weiter verfolgt wurden und somit der Wagen des naturwissenschaftlichen und technischen Fortschritts damals noch nicht in Fahrt kam. Stattdessen bekam der »praktische« pragmatische Geist der Römer die Oberhand, die nie begriffen haben, dass nichts praktischer ist als eine gute Theorie. Später hielt dann die Orthodoxie der christlichen Religion im Abendland den damals schon möglichen Fortschritt der Naturwissenschaften und damit die Entwicklung der modernen Technik für weitere 1700 Jahre auf. Auch der Triumph von Wissenschaft und Technik in den letzten drei Jahrhunderten ist nicht das Ergebnis einer zwangsläufigen geschichtlichen Entwicklung. Sie ist vielmehr Frucht der Anstrengungen von Forschern, Erfindern und Ingenieuren, die entschlossen zu erkennen suchten, »was die Welt im Innersten zusammenhält«, und ihre Kräfte und Ressourcen zu nutzen lernten, getragen von der Hoffnung einer ständig wachsenden Zahl von Menschen, mit Hilfe der Wissenschaft und Technik den bedrückend niedrigen Lebensstandard zu erhöhen und die Lebenserwartung der Menschen zu steigern.

Wer also in der Prognose eine Hilfe für die Gestaltung der Zukunft sucht, muss auch fragen, ob die Träume und Wünsche, die die Ausbreitung und das rasante Wachstum von Wirtschaft und Technologie beflügelt haben, weiter an Boden gewinnen oder vielleicht schon heute zunehmend durch andere verdrängt werden. Er muss, auf seine Intuition gestützt, zu erkennen trachten, ob und welche neuen Inspirationen bei den Menschen aufkeimen, die langfristig die Entwicklung der Welt in eine ganz andere als die gegenwärtige Richtung lenken würden. Denn neu aufkommende Wertvorstellungen und ihre unvermeidliche Kollision mit den bestehenden sind Ursache der Überraschungen der Zukunft. Mit einer mechanistischen Fortschreibung der Vergangenheit in die Zukunft wird man – wie zum Beispiel Hermann Kahn und A. John Wiener in ihrem Buch »Ihr werdet es erleben«[3] selbst zugeben – wesentliche Entwicklungen nicht vorausschauend erkennen, weil sie sich eben »überraschend und unerwartet« einstellen. Zum Beispiel hätten sich unter anderem folgende fünf Ereignisse und Entwicklungen mit dieser Methodik nicht voraussehen lassen:

- der Erste Weltkrieg
- der Aufstieg der Vereinigten Staaten zur ersten Weltmacht
- der Aufstieg des Kommunismus und der Sowjetunion

- der Ausbruch des Faschismus und die Etablierung der verschiedenen faschistischen Diktaturen
- die neuen umwälzenden wissenschaftlichen Entdeckungen und Erkenntnisse, wie zum Beispiel die von Einstein, Bohr und Freud.

Nun wird man sich fragen, wozu überhaupt eine solche Methode tauge, wenn man in der hier aufgezählten Liste von Nichtvorhersehbarem all das findet, was die erste Hälfte des 20. Jahrhunderts entscheidend gestaltet hat? Zumal da gerade die hier genannten Ereignisse von intuitiven Denkern und »Sehern«, wie Tocqueville, Burckhardt, Proudhon und anderen schon im 19. Jahrhundert vorausgesagt wurden. Diese stützten ihre Intuition allerdings auf politische, soziale und psychologische Faktoren, auf Kenntnisse, die uns die Geschichte über Verhaltensweisen von Individuen und Kollektiven, über die Folgen politischer, wirtschaftlicher und sozialer Maßnahmen und deren ursächliche Zusammenhänge vermittelt. Solche intuitiven, subjektiven Voraussagen geben den jeweiligen politischen und wirtschaftlichen Entscheidungsträgern zwar wenig unmittelbare Handlungshilfe, sollten jedoch von ihnen als Richtungsweiser in die Zukunft nicht übersehen werden. Sie machen unabweisbar deutlich, dass zukunftsgestaltende Politik weitgestreckter Ziele bedarf, an denen sich die kurzfristig wirksamen Entscheidungen der Gegenwart orientieren sollten. Langfristig ist die Zukunft das Ergebnis vieler aufeinander folgender kleiner Schritte.

Aber genügt eine auf Intuition allein gestützte Prognose als Dienerin der Politik? Wie kann sie bei der Bewältigung der gegenwärtigen Krise unserer Zivilisation uns hinreichend den Weg in einem ultrakomplexen System politischer und wirtschaftlicher Zusammenhänge weisen? Es ist doch nur zu offensichtlich, dass niemand ein Düsenflugzeug im Vertrauen auf seine Intuition führen kann und dass es zunächst einmal erforderlich ist, die kombinierten Wirkungen zu analysieren, die sich ergeben, wenn man die Vielzahl von Schalthebeln und Knöpfen im Cockpit bedient.

Für eine vom Standpunkt praktischer Politik sinnvolle und zugleich nützliche Prognose ist also die intuitive, subjektive Vorausschau zwar nicht entbehrlich, jedoch auf keinen Fall ausreichend. Sie bedarf unbedingt der Ergänzung durch die Berücksichtigung der objektiv fassbaren Gegebenheiten und damit der Tatsache, dass die Zukunft nicht »auf einer grünen Wiese« beginnt, auf der sich alle Wünsche erfüllen lassen. Andererseits hat die Prognose-Methodik der Einsicht Raum zu geben, dass die Zukunft durch die »Zwänge« der Vergangenheit (Fakten, Gesetzmäßigkeiten im Ablauf wirtschaftlicher und gesellschaftlicher Vorgänge, Machtstrukturen usw.) nicht unausweichlich vorbestimmt ist, dass vielmehr Optionen für Alternativen bestehen, in denen sich das Zusammen- und Gegeneinanderwirken unterschiedlicher Wunschvorstellungen und vorhandener Gegebenheiten vollzieht. Im Rahmen solcher prognostischen Vorgehensweise ist der politische und wirtschaftliche Entscheidungsträger bei der Gestaltung der Prognose selbst durch Einbringung seiner in Szenarien formulierten Zukunftssicht zu beteiligen, in der seine Wertvorstellungen und Ziele ihren Niederschlag finden. Dieses Vorgehen wird ihm dann auch einen Einblick in die Grenzen seiner Möglichkeiten vermitteln, ebenso wie er sich dabei der Herausforderung an seine politische und wirtschaftliche Gestaltungskraft bewusst wird. Natürlich lässt sich in mathematisch formulierten Modellen ebenso wie in den Szenarien, in denen der Benutzer seine Beurteilung der Gegebenheiten sowie seine Zukunftssicht für die »Erprobung« im Modell niederlegt, nicht die ganze Komplexität der politischen, wirtschaftlichen und sozialen Wirklichkeit einfangen. Stets wird man nur einen interessierenden Ausschnitt der Realität betrachten können, allerdings nicht ohne von den möglichen Einflüssen, die von den »Schnittstellen« ausgehen, gebührende Kenntnis zu nehmen.

So lässt sich zum Beispiel kein Prognose-Modell für die wirtschaftliche Entwicklung der Bundesrepublik Deutschland erstellen, ohne den Einfluss der Weltwirtschaft zu berücksichtigen. Auch kann man sich nicht auf die Wirtschaft allein beschränken, sondern hat zum Beispiel auch die Entwicklung der Bevölkerung und ihrer Struktur zu berücksichtigen. Aber selbst bei der Betrachtung begrenzter Ausschnitte der Wirklichkeit ist bei der Erstellung von Modellen eine erhebliche Vereinfachung der zu untersuchenden Phänomene erforderlich, wie sie jeder wissenschaftlichen – auch der naturwissenschaftlichen – Analyse der Wirklichkeit eigen ist. Dabei richtet sich der Grad der Vereinfachung nach der jeweiligen Fragestellung.

In jedem Fall – wie detailliert auch immer die Untersuchung angelegt sein mag –, bleibt es demjenigen, der mit den Modellen arbeitet, nicht erspart, seine politische und wirtschaftliche Erfahrung, seine Intuition, seine Phantasie einzusetzen, bei der Übersetzung seiner Wertvorstellungen, Wünsche und Ziele in quantitativ formulierte Szenarien ebenso wie bei der Interpretation der im Modellversuch gewonnenen Ergebnisse. Dies gilt auch für die Bewertung ihrer politischen Bedeutung, zum Beispiel bei der Erspürung des Gefahrengrades sozialer Spannungen, wenn Zahlenkolonnen zur prognostischen Entwicklung bestimmter wirtschaftlicher Indikatoren zeigen, dass bestimmte wirtschaftliche Erwartungen innerhalb einer bestimmten Zeit nicht erfüllbar sind. Trotz der großen Fortschritte bei der Entwicklung von Prognose-Modellen in den vergangenen Jahren bleibt gewiss noch vieles zu wünschen übrig; so vor allem, dass das bisher Erreichte in der aktiven Politik erprobt werde, besonders in der ressort-übergreifenden Politik, die darauf angewiesen ist, beispielsweise die verwickelten Zusammenhänge von Wirtschafts-, Energie- und Sozialpolitik hinreichend zu erkennen und zu beachten. Dabei werden sicherlich beide Seiten, Politiker wie Prognosemodellbauer, nützliche neue Einsichten gewinnen. ...

So entsteht ein Modell

1. **Phase: Problemerkennung und Systemabgrenzung**

   Zunächst werden die Problembereiche, die untersucht werden sollen, konkretisiert, so dass die jeweiligen relevanten Sphären des menschlichen und physikalischen Daseins erkannt werden. Dadurch wird dem Problembereich ein Systembereich zugeordnet, der von Elementen, die in diesem Zusammenhang unwichtig sind, abgegrenzt beziehungsweise »bereinigt« ist.

2. **Phase: Interdisziplinäre Analyse**

   Die wichtigsten Größen des Systems und die Beziehungen zwischen ihnen werden bestimmt. Ferner werden die Verbindungen zu Einflussfaktoren außerhalb des betrachteten Systembereichs aufgezeigt. Fachleute der betroffenen wissenschaftlichen Disziplinen und die Konstrukteure des Modells (Systemanalytiker, Mathematiker und Prognostiker) diskutieren und überprüfen gemeinsam – wenn möglich auch unter zeitweiliger Hinzuziehung betroffener Politiker –, ob alle wichtigen Größen und Beziehungen erfasst wurden, ob die dazu benötigten Daten verfügbar sind oder ob sie sich abschätzen lassen.

3. **Phase: Modellentwurf**

   Es wird ein Modell entworfen und in Form von Blockdiagrammen, in denen die Vernetzung der wesentlichen sich beeinflussenden Größen anschaulich dargestellt ist, von mathematischen Gleichungssystemen und von detaillierten Beschreibungen der einzelnen Modellteile dokumentiert. Die Überprüfung und Verbesserung dieses Modellentwurfs erfolgt in einer Reihe von iterativen Schritten und wird häufig noch in einem späteren Stadium, wenn Erfahrungen mit dem Modell gewonnen sind, fortgesetzt.

4. **Phase: Modellerstellung**

   Der Modellentwurf wird in ein Computerprogramm übertragen.

5. **Phase: Datenaufbereitung**

   Die für das Modell benötigten Daten werden Statistiken entnommen. Zumeist ist neben einer sorgfältigen Bewertung solcher häufig sehr unterschiedlichen Quellen entstammenden Daten auch deren Aufbereitung zur Einpassung ins Modell notwendig. Falls keine Daten verfügbar sind, müssen plausible Schätzungen vorgenommen werden, die später anhand der Modellergebnisse zu überprüfen sind.

6. **Phase: Testen des Modells**

   Das Modell wird getestet, indem alle vorgesehenen Funktionen überprüft werden. Soweit es möglich ist und sinnvoll erscheint, sollte es außerdem mit Hilfe von Daten aus der Vergangenheit die historische Entwicklung reproduzieren können (Validierung). Es wird untersucht, ob das Modell auf Änderungen von Variablen empfindlich reagiert. Sind derartige Sensitivitäten vorhanden, werden diese mit Fachwissenschaftlern diskutiert, was gegebenenfalls zu Änderungen der Modellstruktur führt.

Allgemeines zur Methodik

Der Mensch kann grundsätzlich nichts Sicheres über die Zukunft erfahren. Sie ist unbekannt. Will er jedoch gestaltend auf die Zukunft einwirken, muss er nicht nur eigene Zielvorstellungen entwickeln, sondern sich auch mit den Restriktionen auseinandersetzen, die sich einerseits quasigesetzlich aus physikalischen, chemischen, biologischen, wirtschaftlichen, sozialen und politischen Zusammenhängen ergeben und die andererseits auch in der Vergangenheit ihre Wurzel haben. Insbesondere in den hochindustrialisierten Staaten ist die Notwendigkeit einer vorausschauenden Zukunftsplanung immer deutlicher erkennbar:

- Zum Beispiel vergehen zwischen Planung und Inbetriebnahme von großen Industrieanlagen rund zehn Jahre;
- zwischen Planung und endgültiger Verschrottung eines Kernkraftwerks kann ein Jahrhundert verstreichen (zehn Jahre Planungs- und Bauzeit und 25 Jahre Betriebszeit und fünf Jahre Abbauzeit und vielleicht 60 Jahre »Abkühlzeit«);

- zwischen der Nutzung bestimmter Technologien und deren möglicher langfristiger Auswirkung auf die Biosphäre können Jahrhunderte vergehen.

Angesichts dieser Kombination aus gestaltbaren Möglichkeiten und naturgesetzlichen oder durch Trägheiten des einmal installierten Systems bewirkten quasi-gesetzlichen Restriktionen muss eine Aussage über die Zukunft beide Elemente in geschickter Weise zu verbinden suchen. Eine Aussage über die Zukunft darf also nicht nur im Trendverlängern einer bestimmten Vergangenheit bestehen. Damit würden sämtliche Möglichkeiten zur bewussten Veränderung der Zukunft ausgeschlossen. Umgekehrt darf eine Aussage über die Zukunft auch nicht in abstrakt-utopischen Räumen fern jeder heutigen Gesellschaft mit ihren gegebenen Beschränkungen angesiedelt sein. Sie würde sofort mit Recht als »Spinnerei« abgetan. Aus diesem Dilemma zwischen nur konservativer Trendverlängerung und unrealistischen Utopien ist ein Mittelweg zu suchen, auf dem die »stabilen Strukturen« und die »gewachsenen Trägheiten« eines Systems als gegeben gelten und innerhalb des betrachteten Zeitraums gestaltbaren Möglichkeiten als exogene Eingabegrößen verarbeitet werden können.

Die dafür geeignete Methode ist die Kombination eines Computer-Simulationsmodells, in dem die »stabilen« Strukturen fest programmiert sind, mit Szenarien. In diesem können Parameter des Simulationsprogramms, wie zum Beispiel Zahlenwerte vermuteter Rohstoffreserven oder die unterschiedlichen Fertilitätsmuster der Bevölkerung und Reaktionsmechanismen, zum Beispiel Verbraucherreaktionen auf Preiserhöhungen, durch den Benutzer des Simulationsmodells verändert werden, um alternative Möglichkeiten zu untersuchen. Dabei lassen sich auch objektivierbare und quasigesetzliche Beziehungen klar von nicht genau bekannten oder umstrittenen unterscheiden. Da ein Computermodell Hunderte oder auch Tausende unsicherer Parameter enthalten kann, gäbe es ohne deren Strukturierung ein nicht überschaubares Chaos möglicher Aussagen. Zur Bündelung solcher Parameter bieten sich Szenarien an, die für die Zukunft eine ganz bestimmte gewünschte oder erwartete Entwicklung auf den verschiedenen Teilgebieten beschreiben, die von den Modellen erfasst werden.

Ein Szenario zur Bevölkerungsentwicklung in der Bundesrepublik Deutschland muss zum Beispiel Aussagen über die erwartete (oder gewünschte) Wanderungsbewegung von ausländischen Arbeitskräften und deren Familien enthalten, ebenso Angaben über eine Veränderung der Fertilitäts- und Mortalitätsmuster bei einem bestimmten Altersaufbau der Bevölkerung. Erwartet oder wünscht man keine Änderung gegenüber dem Status quo, lässt man die aktuellen Parameter unverändert. Ein energiepolitisches Szenario muss zum Beispiel alternative Annahmen über die Verfügbarkeit von Erdöl, den Einsatz von Kernenergie, den Grad der Elektrifizierung umfassen und die Anstrengungen zur traditionellen Energieverwendung in spezifische Energieverbrauchsparameter für Industrie, Handel und Verkehr widerspiegeln.

Arbeitsweise mit dem Modell

1. **Phase:** Unterrichtung der Modellbenutzer über das Modell
   Die Modellbenutzer, wie etwa Wissenschaftler, Politiker, Unternehmen, Verbände und andere interessierte Personen und Gruppierungen, werden zunächst über die wichtigsten Größen und Zusammenhänge des Modells unterrichtet. Anhand instruktiver Modelläufe werden die Möglichkeiten des Modelleinsatzes demonstriert.

2. **Phase:** Formulierung eines Szenarios
   Die in dem Modellauf unterstellten Annahmen werden erläutert und mit den Modellbenutzern diskutiert. Im Allgemeinen werden diese mit einigen der getroffenen Annahmen nicht übereinstimmen, so dass ihre abweichenden Ansichten gewöhnlich zur Formulierung eines Alternativszenarios führen.

3. **Phase:** Modellrechnung
   Das in Form eines Computerprogramms gespeicherte Modell verarbeitet das Szenario. Die Ergebnisse der Rechnung werden in Form von Tabellen und Abbildungen ausgegeben.

4. **Phase:** Diskussion der Ergebnisse
   Die Ergebnisse der Modellrechnungen werden zwischen Modellbenutzern und -konstrukteuren diskutiert und die Gründe für das Modellverhalten analysiert. Dazu können auch weitere Experten herangezogen werden.

5. **Phase:** Abänderung der Szenarien oder der Modellstruktur
   Diese Diskussion kann zu einer weiteren Abänderung eingegebener Szenarios, in Ausnahmefällen auch zu einer Änderung der Modellstruktur führen. Sind gegebenenfalls die entsprechenden Programmänderungen vorgenommen und ist ein neues Szenario formuliert, wird die dritte Phase wiederholt. Auf diese Weise entwickelt sich ein rationaler, iterativer Lernprozess, der für die Beteiligten wichtiger als die Ergebnisse selbst sein kann.

Das Arbeiten mit Modellen kann also als eine besondere Form eines Lernprozesses angesehen werden, bei dem das auf dem Computer gespeicherte Modell die Funktion des Lehrmediums ausfüllt.

Ein solches Szenario umfasst sehr viele Parameter. Berücksichtigt man jedoch die Möglichkeit der Bündelung von Parametern in bestimmte Teilszenarien, so lassen sich sehr viele Möglichkeiten zukünftiger Politik überschaubar in den Modellen durchspielen.

Abbildung 1: Szenario-Analyse mit dem Computermodell

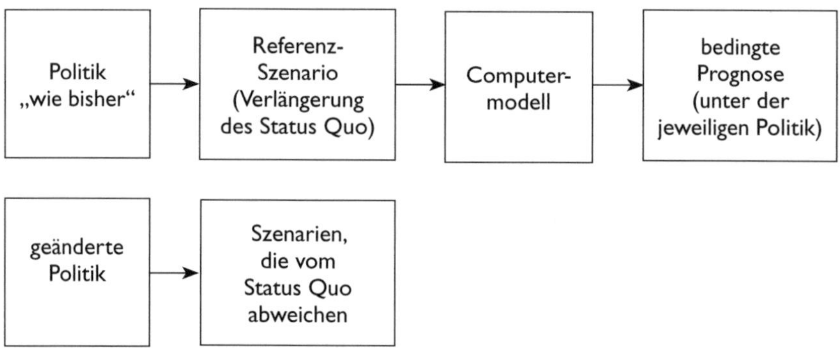

Um bei den vielen alternativen Entwicklungsmöglichkeiten der Zukunft über eine Vergleichsbasis für alle politischen, wirtschaftlichen und technologischen Varianten zu verfügen, muss zunächst ein *Referenz-Szenario* erstellt werden. Dieses spiegelt den gegenwärtigen Stand

- von politischen und gesellschaftlichen Machtverhältnissen und Zielvorstellungen,
- der wirtschaftlichen Rahmenbedingungen, insbesondere der Infrastruktur und des Altersaufbaus des Kapitalstocks und
- die technischen Entwicklungsmöglichkeiten aus heutiger Sicht.

Das Referenz-Szenario ist folglich mehr als eine willkürlich gegriffene Vergleichsbasis, denn sein Ergebnis gibt Aufschluss über mögliche langfristige Fehlentwicklungen, die bereits in der gegenwärtigen Situation und den vorhandenen Strukturen ihre Wurzel haben. Dazu muss natürlich unterstellt werden, dass die künftige Entwicklung nicht durch Katastrophen beeinträchtigt wird.

Während das Referenz-Szenario der Prognose einer Zukunft dient, die anschaulich als »Handabdruck der Vergangenheit« bezeichnet werden könnte, eröffnen sich mit der Analyse von Alternativszenarien neue Wege. Diese Szenario-Analyse ermöglicht, Determinanten der Entwicklung zu berücksichtigen, die andere als die der Vergangenheit sind:

- Sie kann bewusste politische Entscheidungen, wie plötzliche grundsätzliche Kursänderungen oder sukzessive Veränderungen über mehrere Jahrzehnte hinweg, berücksichtigen und darstellen und deren Konsequenzen untersuchen.
- Sie kann veränderten Verfügbarkeiten von Ressourcen, veränderten technischen Möglichkeiten und nur spekulativ abschätzbaren Entwicklungen Rechnung tragen, die »von außen« Einfluss gewinnen.

Ein weiteres Argument für die Leistungsfähigkeit unserer Modelle ist die Zusammenfassung wirtschaftlicher und technologischer Interdependenzen. Dies wirkt sich zum Beispiel besonders deutlich bei differenzierten Energieuntersuchungen aus, denn die wichtigsten Einflussfaktoren für den zukünftigen Energiebedarf liegen außerhalb des Energiebereichs. Energiebedarf ist eine abgeleitete Größe, die sich aus wirtschaftlichen und technischen Einflüssen sowie durch den Lebensstil (Komfortbedürfnis, materielle Ansprüche) ergibt.

Zur Geschichte des Deutschland-Modells

Die Forschungsarbeiten, auf die sich das Deutschland-Modell stützt, sind eine Fortsetzung der Untersuchungen, die zur Entwicklung des Mesarovic-Pestel-Weltmodells und zum 2. Bericht an den Club of Rome »Menschheit am Wendepunkt« führten. Das Modell besteht aus einer Reihe miteinander verkoppelter Teilmodelle, mit denen die Entwicklung auf den Gebieten der Bevölkerung,

Ausbildung, Wirtschaft, Energie- und Arbeitsmarkt der Bundesrepublik Deutschland untersucht wurde. Darüber hinaus wurden die internationale Verflechtung der Bundesrepublik und ihr Beitrag zum Nord-Süd-Dialog berücksichtigt. Ausgangspunkt der Arbeit war ein vom Bundesministerium für Forschung und Technologie (BMFT) gefördertes Forschungsprojekt.

Schon in den früheren Jahrhunderten hat es zahlreiche pessimistische wie optimistische Zukunftsvorhersagen über politische, wirtschaftliche und technische Entwicklungen gegeben. Doch erst nach dem Zweiten Weltkrieg wurde in zunehmendem Maß versucht, Modelle auf wissenschaftlicher Basis zu erstellen und dafür entsprechende Methoden zu erarbeiten. Infolge der rasanten wirtschaftlichen Entwicklung in Europa, Japan und Nordamerika waren zunächst die optimistischen Prognosen vorherrschend. Mit der bewussten Registrierung der negativen Umwelteinflüsse und der absehbaren Erschöpfung natürlicher, nicht-erneuerbarer Ressourcen durch das jahrzehntelange hohe Wirtschaftswachstum setzte allerdings Ende der 60er Jahre des 20. Jahrhunderts eine rasche Ernüchterung ein:

Globale Probleme, wie das sich ständig vergrößernde Wohlstandsgefälle zwischen »Nord« und »Süd«, die langfristig absehbaren Nahrungsmittelprobleme einer Menschheit, die sich rasant vermehrte, sowie die ungeheure Verschwendung im militärischen Wettlauf zwischen »Ost« und »West« traten immer stärker in das Bewusstsein der Menschen in aller Welt. Schließlich setzte die aufsehenerregende Veröffentlichung des 1. Berichts an den Club of Rome »Die Grenzen des Wachstums« 1972 eine weltweite Diskussion über diese Entwicklung in Gang.

Das hier vorgestellte Deutschland-Modell baut auf dieser Studie sowie auf der Methodik des anschließend im 2. Bericht beschriebenen Mesarovic-Pestel-Weltmodells[4] auf und ist im außenwirtschaftlichen Teil an das zwischenzeitlich weiterentwickelte Weltmodell angekoppelt.

Mit der Fertigstellung der letztgenannten Arbeit lagen schon Modellergebnisse vor, die als Grundlage für konkrete politische Schlussfolgerungen dienen konnten. Für die Konzeption allgemeiner politischer und wirtschaftlicher Entwicklungslinien war diese Studie ausreichend, so zum Beispiel für eine quantitative Abschätzung der langfristigen Bevölkerungsentwicklung in den verschiedenen Weltregionen bei unterschiedlichem Fertilitätsverhalten, der damit verbundenen Nahrungsmittelprobleme, besonders in Süd-Asien, der Energieprobleme und der industriellen Entwicklungsaufgaben.

Dennoch waren diese Ergebnisse wegen der verhältnismäßig groben Einteilung der Welt in zehn Regionen für die meisten politischen und wirtschaftlichen Entscheidungen durch nationale Regierungen noch zu hoch aggregiert und daher schwerlich unmittelbar auf konkrete Entscheidungssituationen übertragbar. Es lag also nahe, in einem dritten Schritt zu versuchen, unter Verwendung des Mesarovic-Pestel-Weltmodells mit Hilfe zusätzlicher Differenzierungen ein Planungsinstrument für die Bundesrepublik Deutschland als Einzehregion mit relativ feiner Analyse ihrer unterschiedlichen Wirtschaftssektoren und der in der Wirtschaft stattfindenden Material- und Energieflüsse zu schaffen.

Das ursprüngliche Ziel der Arbeit bestand darin, ein Hilfsmittel für die Untersuchung langfristiger technologierelevanter Fragestellungen zu erstellen (im Lauf der Untersuchung stellte sich jedoch schon bald heraus, dass dazu ein viele Teilbereiche umfassendes Modellsystem notwendig war, dessen Anwendungsbereich weit über die ursprünglich gestellte Aufgabe hinausgeht).

Die Anpassung des Mesarovic-Pestel-Weltmodells an die Aufgabenstellung erfolgte durch

– Erweiterung des Weltmodells, insbesondere durch zusätzliche Aufgliederung der Region Westeuropa
– Erstellung zusätzlicher Modellteile zur Analyse von – aus deutscher Sicht wichtigen – Teilgebieten, zum Beispiel durch Analyse der Welthandelsentwicklung im Bereich der Investitionsgüter

- Erstellung eines sehr fein gegliederten Deutschland-Modells, bestehend aus Submodellen für die Bevölkerung und deren Ausbildungsniveau, für die Wirtschaftsentwicklung und für die Analyse der technologischen Ersatzfaktoren (Energie, Material, Arbeit).

Die in dem Forschungsprojekt aufgegriffenen Problemstellungen haben sich schrittweise aus der übergeordneten Frage »Welche schwerwiegenden Probleme werden in den kommenden Jahren auf die Bundesrepublik Deutschland zukommen« entwickelt. Diese Frage löste zunächst eine intensive Diskussion aus, bei der die gesamte Palette möglicher Problemfelder auf ihre Gewichtung und ihre gegenseitige Verkettung sowie auf Lösungsmöglichkeiten untersucht wurde. Dabei zeigte sich – nicht unerwartet –, dass viele Einzelprobleme in einige wenige größere Problemfelder fallen.

Als Darstellung der konkreten Situation in diesen großen Problembereichen wurde das Deutschland-Modell konzipiert, um zu überprüfen, ob die intuitiv getroffene Gewichtung der Problembereiche zu relevanten Ergebnissen führt.

Als Resultat dieser vorläufigen Betrachtungen schälten sich folgende zentrale Problemfelder der deutschen Politik für die nächsten Jahrzehnte heraus:

- das Arbeitslosenproblem, das besonders in der Mitte der 80er Jahre (*des 20. Jahrhunderts – d. Red.*) einen Höhepunkt erreichen kann, der die bisherige Arbeitslosigkeit von rund einer Million deutlich übertrifft;
- die langfristige Sicherung der Energieversorgung, die eine baldige Neuorientierung in der Energiepolitik erfordert;
- die Qualität und das Ausmaß des wirtschaftlichen Wachstums;
- das Nord-Süd-Verhältnis, das die Industriestaaten vor schwerwiegende Entscheidungen zwischen außenpolitischen und wirtschaftlichen Konflikten einerseits und innenpolitischen Auseinandersetzungen über Art und Ausmaß der öffentlichen Entwicklungshilfe andererseits stellt.

Die Lösung bestimmter Probleme muss immer die Summe der Folgen von Entscheidungen in der Vergangenheit berücksichtigen. (Ist zum Beispiel erst einmal eine bestimmte Infrastruktur in städtebaulicher Hinsicht, bei den Kraftwerksstandorten und Verkehrssystemen, entstanden, so sind alternative Konzepte, die zum Beispiel umweltfreundlicher sind, die Rohstoffe und Energie sparen könnten, nur über einen langen Zeitraum schrittweise durchzusetzen.) Die Trägheiten des realen Systems rühren somit nicht nur von den »trägen« Verhaltensweisen der Menschen und ihrer gesellschaftlichen Institutionen her, sondern beruhen zum großen Teil auf Gegebenheiten, die in der Vergangenheit geschaffen wurden und ihre Ursache in zu kurzatmigem pragmatischen Denken und Handeln haben. Diese Tatsache erleichtert natürlich andererseits die Modellanalyse, die bei entsprechendem Aggregationsniveau nicht mit abrupten Änderungen innerhalb der behandelten Problemfelder zu rechnen braucht.

Die Fragestellungen waren demnach so zu formulieren:

- Wie kann eine wirtschaftliche und technologische Entwicklung in den nächsten Jahren aussehen, die für die Bundesrepublik Deutschland die wichtigsten Problemfelder zumindest befriedigend zu lösen vermag?
- Gibt es unter Berücksichtigung der vorhandenen Infrastruktur und des Altersaufbaus von Menschen, Maschinen, Geräten, Anlagen usw. kombinierte Maßnahmen, die gleichzeitig mehrere der angesprochenen Probleme meistern helfen?

Das Modellsystem »Deutschland-Modell«

Die erkannten Problemfelder stellten bestimmte Anforderungen an das zu entwickelnde Modellsystem. Um zunächst einen Überblick über das gesamte Deutschland-Modell zu geben, werden daher im Folgenden die einzelnen Teilmodelle kurz beschrieben:

Die Abbildung 2 zeigt die Gesamtstruktur des Deutschland-Modells und des angekoppelten Mesarovic-Pestel-Weltmodells. Die im vereinfachten Blockdiagramm dargestellten Teilmodelle wurden für 13 Weltregionen erarbeitet und miteinander über ein differenziertes Welthandelsmodell gekoppelt. Das Deutschland-Modell besteht aus

- Bevölkerungsmodell
- Ausbildungsmodell
- Wirtschaftsmodell
- Technologiemodell (Arbeit, Energie) sowie
- Prozessmodellen.

Bevölkerungsmodell

Das Bevölkerungsmodell hat die Aufgabe, die zu erwartende Bevölkerungsentwicklung zu berechnen, um daraus Auswirkungen auf die Konsumnachfrage abzuleiten und in Verbindung mit dem Ausbildungsmodell die Zahl der Erwerbspersonen zu ermitteln. Dazu ist es notwendig, die Bevölkerung nach Alter, Geschlecht und Staatsangehörigkeit aufzugliedern.

Ausbildungsmodell

Das Ausbildungsmodell dient in Verbindung mit dem Bevölkerungsmodell zur Berechnung der Ausbildungsstufe der aus dem Bildungssystem Entlassenen. Daraus wird die Ausbildungsqualifikation abgeleitet und der Zeitpunkt des Ausscheidens aus dem Bildungssystem bestimmt, um die Zahl der Erwerbspersonen zu ermitteln.

Dazu ist es notwendig, dass die Bildungsstufen von der Grundschule bis zum Hochschulstudium in dem Modell enthalten sind und über die Abgangs- beziehungsweise Übergangsquoten Aussagen getroffen werden.

Wirtschaftsmodell

Das Wirtschaftsmodell hat die Aufgabe, die wirtschaftlichen Entwicklungsmöglichkeiten der Bundesrepublik Deutschland unter

Abbildung 2: Übersicht über das Deutschland-Modell und das Mesarovic-Pestel-Weltmodell

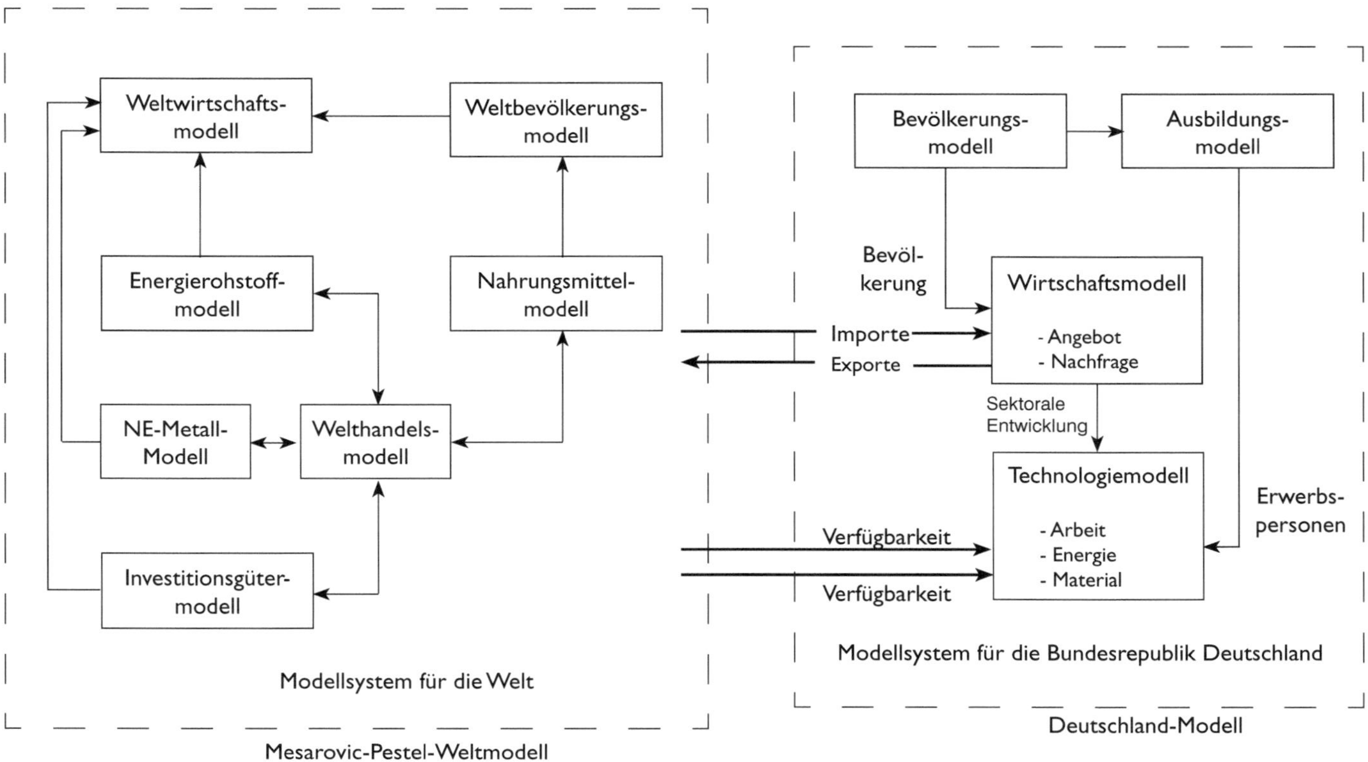

verschiedenen Aspekten zu schätzen. Bestimmt werden muss hierzu auf der Angebotsseite

- die Entwicklung des Produktionspotentials
- die dazu erforderlichen Investitionen
  und auf der Nachfrageseite
- die Nachfragewirkung der Investitionen
- Tendenzen der privaten Konsumnachfrage
- der Einfluss des Staatsverbrauchs
- die weltwirtschaftliche Verknüpfung über Importe und Exporte.

Für diese differenzierte Aufgabe wird die Wirtschaft sektoral, das heißt branchenmäßig, gegliedert, die Verflechtung zwischen diesen Sektoren berücksichtigt und die sowohl auf der Nachfrage- als auch auf der Angebotsseite wirkenden Investitionen werden im Modell selbst bestimmt.

Technologiemodell

Das Technologiemodell ergibt den mit einer bestimmten wirtschaftlichen Entwicklung verbundenen Bedarf an

- Arbeit
- Energie und
- Materialien.

Da die wirtschaftliche Entwicklung nur ein Faktor bei der Abschätzung des Bedarfs an diesen Einsatzfaktoren ist, müssen zusätzliche Annahmen über organisatorisch und technologisch bedingte Veränderungen des spezifischen Einsatzes an Arbeit, Energie und Material in das Modell eingeführt werden.

Das Weltmodell hat die Aufgabe, die globale Entwicklung abzuschätzen, wobei neben der Entwicklung der Weltwirtschaft die Problembereiche

- Bevölkerungslawine in den Entwicklungsländern in Verbindung mit dem Nahrungsmittelbedarf
- weltweite Energieversorgung
- weltweite Materialversorgung

- internationale Arbeitsteilung

angesprochen werden. Außerdem lassen sich die Probleme des Nord-Süd-Gefälles analysieren sowie Wirkungen und Rückwirkungen unterschiedlicher Entwicklungsmaßnahmen untersuchen. Die Bundesrepublik Deutschland ist über die Export-Importwerte mit dem Weltmodell verkoppelt. Damit ergeben sich aus dem Weltmodell für die Bundesrepublik her Aussagen über

- unterschiedliche Absatzchancen für die wichtigsten deutschen Exportindustrien auf dem Weltmarkt
- Optionen für die Energie- und Rohstoffverfügbarkeit
- Auswirkungen bei der Bewältigung des Nord-Süd-Konfliktes.

Kopplung der Teilmodelle zu einem Modellsystem

Die einzelnen Teilmodelle weisen mehrere Kopplungsstellen auf, die zumeist nur in einer Richtung wirken. Dies hat den Vorteil, dass das Modellsystem überschaubar bleibt und eine Vielzahl von Einzeluntersuchungen möglich ist.

Ein Beispiel mag dies verdeutlichen: Wenn man etwa verschiedene Energiestrategien bei gleicher wirtschaftlicher Entwicklung durchspielen will, kann man sich auf den Energieteil beschränken, wobei man die vorher berechneten Ergebnisse der anderen Modellteile verwendet. Es müssen nicht jeweils alle Teilmodelle erneut durchlaufen werden. Dieses Verfahren ist bei einem Modell vom Umfang des Deutschland-Modells vorteilhafter als die durchaus mögliche Integration des gesamten Modellsystems. ....

Für eine weitergehende Beschäftigung mit dem Modell verweisen die Autoren auf die Lektüre des Buchs »Das Deutschland-Modell«.

Konsequenzen der Modellergebnisse für die Bundesrepublik

Wir fassen die mit Hilfe des Deutschland-Modells und des Mesarovic-Pestel-Weltmodells durchgeführten Modellrechnungen zur Situation der Bundesrepublik im globalen Kontext wie folgt zusammen:

- Die Bedeutung des Außenhandels der Bundesrepublik mit seinen europäischen Nachbarn bleibt bestehen. Da die Einkommensentwicklung in den Ländern der Dritten Welt (Mittel-Afrika, Lateinamerika, Südostasien) auch weiterhin erheblich hinter derjenigen der Industrieregionen zurückbleibt, sind für den Referenzfall keine spektakulären Ausweitungen des Handels mit diesen Weltregionen zu erwarten.
- Die Steigerung des Außenhandels der Bundesrepublik mit den Industrieregionen wird gegenüber der Vergangenheit abgebremst werden.
- Eine starke Erhöhung der Entwicklungshilfeleistungen der Bundesrepublik wäre möglich, wenn diese zu Lasten anderer Endnachfragekomponenten erfolgen könnte (zum Beispiel privater Konsum). Ob dies politisch durchsetzbar ist, erscheint zweifelhaft, zumal hiermit keine wesentliche Belebung der Gesamtnachfrage bewirkt würde. Andererseits würde eine Finanzierung der durchgeführten Transfers über Steuern die Steuerquote oder die Staatsverschuldung weiter aufblähen und daher ebenfalls politisch wohl kaum durchsetzbar sein.
- Selbst wenn eine der beiden angedeuteten Möglichkeiten durchführbar wäre, würden sich Sekundäreffekte, wie die durch das verstärkte Wachstum in den Entwicklungsregionen hervorgerufene zusätzliche Auslandsnachfrage, erst mit einer Zeitverzögerung von etwa 15 bis 20 Jahren bemerkbar machen.
- Wenn man eine Preisverdopplung für die 18 Rohstoffe der sogenannten Nairobi-Liste unterstellt, ergeben sich hiervon keine Belebungseffekte für die Volkswirtschaft der Bundesrepublik. Im

Gegenteil müssten mittelfristig – allerdings verhältnismäßig geringe – wachstumshemmende Effekte in Kauf genommen werden, bevor sich die positive Wirkung verstärkter Exporte in die Entwicklungsregionen bemerkbar machen. Dies könnte erst dann eintreten, wenn die durch die Preiserhöhung noch vergrößerte Negativbilanz des bundesdeutschen Außenhandels mit diesen Ländern vermindert würde.

Die Modellrechnungen zeigen, dass auch bei erheblicher Intensivierung der Entwicklungshilfe mittelfristig von Seiten der Dritten Welt keine spektakulären zusätzlichen Nachfrageanstöße zu erwarten sind.

Dies darf jedoch kein Grund zur Vernachlässigung dieses Problemfeldes sein. Selbst wenn man die moralischen Gesichtspunkte nicht anerkennt und die friedenserhaltende Wirkung der Entwicklungshilfe nicht sehen will, wenn man von »Weltsozialpolitik« meint, nichts mehr hören zu können, bleibt doch die harte Tatsache, dass die noch nicht entwickelte Kaufkraft der Massen in der Dritten Welt langfristig ein Absatzmarkt der hochindustrialisierten rohstoffarmen Nationen ist. Denn wie sich gegenwärtig der Welthandel vorwiegend zwischen den industriell entwickelten Partnern vollzieht, so wird die notwendige Einbeziehung der Entwicklungsländer in diese internationale Arbeitsteilung langfristig nur über deren wirtschaftliche Entwicklung stattfinden können.

Dies bedeutet aber, dass baldmöglichst eine Abkehr von der komplementären Arbeitsteilung stattfindet, die darin besteht, dass die Entwicklungsländer Rohstoffe liefern und die Industrieländer Investitionsgüter und hochentwickelte Verbrauchsgüter und dass die Hinwendung zu einer substitutiven weltwirtschaftlichen Arbeitsteilung eingeleitet wird, mit einer Lieferfähigkeit der Entwicklungsländer letztlich im ganzen Produktionsbereich.

Schlussbemerkung

Wohl mancher Leser wird jetzt vielleicht der Enttäuschung darüber Ausdruck geben, dass unter den »Herausforderungen auf dem Weg ins 21. Jahrhundert« viele Probleme nicht angesprochen wurden, deren Bewältigung seines Erachtens bedeutsamer wäre als die der hier erörterten. Dazu gehört sicherlich an erster Stelle das Problem der Friedenssicherung, und zweifellos werden auch viele eine quantitative Untersuchung der Umweltproblematik mittels unserer Modelle vermissen und dies bedauern, zumal mit Hilfe der Wirtschafts- und Technologiemodelle zumindest die wesentlichen Emissionen unschwer zu ermitteln sind und bei uns das notwendige rechnerische Instrumentarium seit einiger Zeit vorliegt. Man könnte leicht eine ganze Reihe weiterer wichtiger Problemfelder aufzählen, die nur kurz erwähnt wurden oder gänzlich unbeachtet blieben.

Wir wollen hier darauf verzichten, diese Unterlassungen zu rechtfertigen, und uns mit der Bemerkung begnügen, dass wir uns auf die Erörterung solcher Fragen beschränkt haben, die einer gründlichen quantitativen Untersuchung mit Hilfe unserer Modelle zugänglich waren.

Ein wesentlicher Grund für die zeitliche Begrenzung des Szenarios ist darin zu suchen, dass mit Rücksicht auf die mit wachsendem Zeithorizont zunehmenden Unsicherheiten bei so detaillierten Szenarien, wie sie hier verwendet wurden, wohl kaum ein Konsens über die Aufstellung eines Referenz-Szenarios hätte erzielt werden können. Dennoch wurden auf der Basis des Mesarovic-Pestel-Weltmodells eine Reihe »großzügiger« Szenarien, insbesondere zur weltweiten regionalen Bevölkerungs-, Wirtschafts-, Energie-, Rohstoff-, Nahrungsmittel-Entwicklung usw., untersucht. Die Mitteilung und Analyse dieser Ergebnisse hätten allerdings den Rahmen dieser Abhandlung gesprengt.

Wir wollen hier dennoch einige der Fakten mitteilen, die deutlich machen, dass in naher Zukunft fundamentale Veränderungen auf einigen der hier behandelten Gebiete zu erwarten sind, die die politischen Entscheidungsträger schon jetzt im Auge haben sollten. Da wir unter diesen Problemgebieten dem Energieproblem eine hohe Priorität zuordnen, sollen im Folgenden einige Ausführungen zu den Konsequenzen gemacht werden, die sich aus der in einigen Jahrzehnten zu erwartenden Erschöpfung des Erdöls und des Erdgases ergeben.

Die besonders im 20. Jahrhundert stattgefundene – und immer noch schnell expandierende – Industrialisierung wurde möglich, weil die Technik sich jederzeit auf ausreichende Rohstoffvorkommen und fossile Energievorräte stützen konnte. Nun neigen sich diese in der materiellen und biologischen Evolution unserer Welt entstandenen Ressourcen dem Ende zu, wobei es grundsätzlich belanglos ist, ob dieser oder jener Rohstoff auch bei weiter wachsendem Verbrauch noch 20 oder 50 oder gar 100 Jahre in ausreichendem Maß und zu wirtschaftlich tragbaren Kosten zur Verfügung stehen würde.

Unweigerlich sehen wir also die Aufgabe vor uns, einen großen Teil der gegenwärtig für praktisch unverzichtbar erachteten natürlichen Ressourcen durch andere, vielfach durch »künstliche«, vom Menschen erdachte und erschaffene zu ersetzen, und dies in – für geschichtliche Maßstäbe — sehr kurzer Zeit. Die Basisinnovationen der nächsten Jahre werden also auf den Gebieten der Substitution natürlicher Energie- und Rohstoffquellen liegen. Dieser von gewaltigem Strukturwandel, auch in der internationalen Arbeitsteilung, begleitete Prozess wird riesige Investitionen verlangen, die zusätzlich zu den Ersatz-, Modernisierungs- und Erweiterungsinvestitionen zu leisten sein werden.

Natürlich lässt sich darüber streiten, welches Ausmaß an Investitionen – zum Beispiel zum Aufbau einer neuen Energiestruktur – zukünftig erforderlich ist. Auf jeden Fall werden hier riesige Anstrengungen gemacht werden müssen (die auch weiterhin ein erhebliches Wachstum des Weltbruttosozialproduktes herbeiführen würden, allerdings ohne dabei einen wesentlichen Beitrag zur Erhöhung des Teiles am Bruttosozialprodukt zu erbringen, der für den privaten Konsum und damit zur Erhöhung des materiellen Wohlstands zur Verfügung steht).

Aber vielleicht ist es noch nicht einmal die Höhe des aufzubringenden Kapitals, die der weltweiten Realisierung einer solchen neuen Energiestruktur im Weg stehen könnte. Nicht geringere Anstrengungen wird die demokratische Überwindung der gesellschaftlichen Widerstände erfordern. Auch die vielen notwendigen internationalen Abkommen und Verträge, ferner Umweltprobleme der verschiedensten Art, weiterhin unumgängliche Änderungen komplexer organisatorischer Strukturen und politischer Institutionen und vieles mehr an zum Teil unvorhersehbaren Umständen werden sich als schwer zu überwindende Hindernisse erweisen. Vor allem wird eine große Schwierigkeit auch darin bestehen, strategische Pläne für die Erstellung der neuen Energiestruktur zeitgerecht umzusetzen, bevor wirkliche Knappheiten auftreten, die zu folgenschweren wirtschaftlichen Erschütterungen führen könnten. Denn wohl kaum dürfte Einigkeit und Gewissheit darüber hergestellt werden können, wann dieser Zeitpunkt wirklich gekommen sein wird. Man muss sich auch darüber im klaren sein, dass gewaltige Kapitalanforderungen auch von anderer Seite an die öffentliche Hand herangetragen werden, zum Beispiel für die unweigerlich notwendige Steigerung der Nahrungsmittelerzeugung für die schnell wachsende Menschheit und für die unabweisbare Industrialisierung der Entwicklungsländer.

Dennoch müssen schon heute Vorbereitungen für den in einigen Jahrzehnten weltweit notwendig werdenden Aufbau einer neuen Energiestruktur getroffen werden, jedoch so, dass man sich nicht zu früh auf einen schnellen Ausbau einer bestimmten Energietechnologie festlegt. Damit würde man nicht nur unnötig früh Kapital binden, sondern auch dem späteren Einsatz weiter fortgeschrittener Energietechnologien vorgreifen. Außerdem besteht bei einem forcierten Ausbau immer die Gefahr, der Versuchung zu starker Zentralisierung zu erliegen, obwohl unbestritten ist, dass eine möglichst dezentralisierte Energieversorgung die geringsten Risiken in sich birgt und daher den Vorzug verdient, auch wenn kleine wirtschaftliche Nachteile in Kauf genommen werden müssten.

In diese Vorbereitungen einzubeziehen sind auch Überlegungen, die der Ausgestaltung der neuen Energiestrukturen in Ländern von verschiedenem Entwicklungszustand gelten. Es wird ja nicht so sein, dass für alle Länder dieser Erde die großtechnischen Lösungen, die z.T. nur im internationalen Rahmen betrieben werden können, in Frage kommen. Sicherlich werden auch nicht zu unterschätzende Anstrengungen notwendig sein, um »Kleinlösungen«, zum Teil auf biologischer Basis, zu realisieren. Diese dürften auch teilweise für Industrieländer interessant sein, in denen es nicht ausgeschlossen ist, dass sich ein Wandel in den Lebensgewohnheiten vieler Bürger vollziehen wird.

Man erkennt leicht, dass, ganz abgesehen von den großen Schwierigkeiten, die mit der Beschaffung ausreichenden Kapitals verbunden sind, schon heute ein riesiges Feld von Aufgaben für die Vorbereitung einer neuen – mit Sicherheit sehr vielfältigen – Energiestruktur vorhanden ist. Ohne solche Vorbereitung dürften chaotische Zustände des »catch as catch can« eintreten, wenn die Erdölförderung nicht mehr den weltweiten Bedarf befriedigen kann.

Mit der Bewältigung der materiellen Schwierigkeiten, die uns mit der zu erwartenden Verknappung des Erdöls und anderer natürlicher Rohstoffquellen in der nahen Zukunft ins Haus stehen, ist es jedoch nicht getan. So soll denn eine kurze grundsätzliche Erörterung des technischen Fortschritts und damit zusammenhängende Fragen den Abschluss dieser Abhandlung bilden.

Den klassischen Fortschrittsglauben kann man etwa wie folgt kennzeichnen: Erstens, der durch den Fortschritt von Wissenschaft und Technik erzeugte Wohlstand wird nicht auf einzelne Volksschichten und Völker beschränkt bleiben, sondern sich schließlich – mehr oder weniger automatisch – wie aus einem unerschöpflichen Füllhorn über alle Menschen ergießen. Und zweitens, mit dem stetigen Fortschritt von Wissenschaft und Technik wird – praktisch gesetzmäßig – weltweit eine fortschreitende Verwirklichung der humanen Werke des Abendlandes – von Freiheit,

Gleichheit und Brüderlichkeit – Hand in Hand gehen. Diese im klassischen Fortschrittsglauben enthaltene Idee der Gesetzmäßigkeit einer schließlich positiven Menschheitsentwicklung hat jedoch in den vergangenen Jahrzehnten immer mehr an Glaubwürdigkeit verloren, ja die Zahl der Menschen nimmt immer schneller zu, die meinen, die Menschheit steuere unter dem Drang der Eigendynamik der technischwissenschaftlichen Entwicklung Zielen zu, die den im Fortschrittsglauben implizierten diametral entgegenstünden, und es sei zum Überleben geradezu notwendig, unter Bezug auf die wahren humanistischen Werte dem gegenwärtigen Lauf des Fortschritts entgegenzuwirken, um seine zunehmende Tendenz zur Welt- und Selbstzerstörung abzuwenden. Und somit ist die Infragestellung des Fortschritts, die Frage nach seinem Sinn für die Gestaltung der Zukunft zu einer der wesentlichen Fragen unserer Zeit geworden.

Besonders in den industrialisierten Ländern ist es notwendig, ein ganzes Bündel klarer Zielvorstellungen zu entwickeln. Denn hier glaubt schon seit längerer Zeit kaum noch jemand an die einfache Gleichung, dass zunehmender materieller Wohlstand auch gleichzeitig zunehmenden Glückszustand für die Mehrheit der Menschen bedeutet.

In dem Maß, wie sich die Notwendigkeiten und Bedürfnisse und die zur Verfügung stehenden Ressourcen ändern, werden sich auch die Zielvorstellungen ändern müssen, denn die Zielvorstellungen, die eine Gemeinschaft entwickelt, sind zeitlich begrenzt, sie sind – wie auch jeder lebende Organismus – von endlicher Lebensdauer. Wir haben hier keinen statischen Prozess vor uns, sondern einen dynamischen derart, dass jede Generation wieder erneut der Aufgabe gegenüber steht, ihre Zielvorstellungen für die Gestaltung des Lebens zu formulieren, und zwar definiert durch ein konsistentes Bündel – die angestrebte Lebensqualität beschreibender – Indikatoren.

Unseres Erachtens ist es daher höchste Zeit, dass im Zeitalter der Computer ein so simplistischer Indikator wie das prozentuale Wachstum des Bruttosozialproduktes als praktisch einziger Indikator für den jährlich erzielten Fortschritt abgelöst wird.

Es wird jedoch nicht genügen, eine andere einzelne Bezugsgröße an die Stelle des BSP zu setzen, wie zum Beispiel das von Samuelson (MIT) vorgeschlagene NEW (Net Economic Welfare), wo die Sozialkosten (einschließlich Kosten für Umweltschutz und -verbesserung) vom BSP abgezogen und private Dienstleistungen (zum Beispiel Hausfrauenarbeitsvergütungsäquivalent) und die Bewertung immaterieller Vorteile (zum Beispiel Freizeit) hinzugeschlagen werden. Notwendig ist vielmehr ein neu zu erfindendes multidimensionales Indikatorensystem, mit dessen Hilfe materielle wie immaterielle Ziele für eine erstrebenswerte Lebensqualität – die sicherlich mit mehr geistigen Werten ausgestattet sein müsste, als das bisher der Fall ist – auch quantitativ formuliert werden können.

Statt unzusammenhängender Einzelziele müssen systemar vernetzte, miteinander verträgliche Ziele entwickelt werden. Nur solche sind es wert, verfolgt zu werden, weil nur sie in der Zukunft Bestand haben können beziehungsweise eine gute Ausgangsbasis für weitere Entwicklungen darstellen. Mit der Verkuppelung in die Zukunft, das heißt mit einer Orientierung unseres Handelns an einem System zukunftsbezogener Zielvorstellungen, können wir dann die Einzelschritte wieder logisch-kausal vornehmen, also uns in unserem weiteren Planen und Handeln auch auf die in der Vergangenheit gewonnene Erfahrung abstützen.

Dabei wird es nicht ohne die Entwicklung neuer Spielregeln der Kooperation gehen, die nicht nur im nationalen, sondern auch im internationalen Wettbewerb anerkannt werden müssen, um eine zukunftsgerichtete Planung für eine solche systemar vernetzte und langfristig angelegte Entwicklung, die wir als organisch bezeichnen möchten, zu ermöglichen.

Damit sollten jedoch die hier ausgeführten Vorstellungen über organische Entwicklung nicht so interpretiert werden, dass hier der Einführung einer Form der Planwirtschaft das Wort geredet wird. Auf der anderen Seite muss man sich darüber im Klaren sein, dass Regierungen und Parlamente – schon wegen der hier zusammengefassten politischen Möglichkeiten und aufgrund ihres öffentlichen Mandats – eine ganz besondere Verantwortung für die Gestaltung der Zukunft haben. Diese sollten daher den Mut haben, kräftige Anreize ebenso wie deutliche Schranken zu setzen, wozu ihnen das gesetzgeberische Instrumentarium reichlich zur Verfügung steht, um einen politischen und wirtschaftlichen Rahmen bereitzustellen, in dem sich nur solche Verhaltensweisen erfolgreich bewähren, die einer organischen Entwicklung im nationalen, regionalen und internationalen Bereich förderlich sind, um damit Veränderungen zu bewirken, die nicht durch kurzatmigen Pragmatismus geprägt sind, sondern zu einer langfristigen positiven Entwicklung führen können.

Mut allein wird jedoch nicht genügen, eine segensreiche Politik für eine langfristige organische Entwicklung zu gestalten. Hier lag der Anstoß für unser Bemühen, mittels gekoppelter Computermodelle einen Prototyp für ein Instrument zu schaffen, das als Entscheidungs- und Planungshilfe in Politik und Wirtschaft nützlich sein sollte.

Wir sind überzeugt, bei der Entwicklung unserer Modelle einen Grad erreicht zu haben, der es möglich macht, auch im politischen Raum mit diesem Instrument erfolgreich zu arbeiten.

1 D. Meadows u. a.: Die Grenzen des Wachstums. Bericht des Club of Rome zur Lage der Menschheit, Stuttgart 1972

2 Denis de Rougemont: L'avenir est notre affaire, Paris 1977 (dtsch.: Die Zukunft ist unsere Sache, Stuttgart 1988)

3 Herman Kahn, Anthony J. Wiener: Ihr werdet es erleben. Voraussagen der Wissenschaft bis zum Jahre 2000, Wien 1968

4 Eduard Pestel, Milhailo Mesarovic: Menschheit am Wendepunkt 2. Bericht an den Club of Rome zur Weltlage. Deutsche Verlags-Anstalt, Stuttgart 1974

3.

Ressourcen und Engpässe

Energie im Blick der Gesellschaft. Erwartungen und Möglichkeiten

Vortrag, gehalten am 30. 5. 1979 in der Meistersingerhalle zu Nürnberg anlässlich der Jahrestagung des Vereins Deutscher Ingenieure. Erstabdruck in: Eduard Pestel, Unsere Chance heißt Vernunft. Lernen für die Welt von morgen. Braunschweig 1980

Der Text dieses Beitrags wurde um die Abschnitte gekürzt, in denen der Autor die möglichen Erdöl-Versorgungsengpässe in den 70er Jahren des 20. Jahrhunderts behandelt. Die Kürzungen sind jeweils an den entsprechenden Textstellen gekennzeichnet.

Wenn man die Energiedebatte unserer Tage betrachtet und dabei erlebt, dass in allen Menschen unseres Landes und wohl auch weit darüber hinaus in vielen Teilen der Welt, besonders in den westlichen Industrieländern, Emotionen und Irrationalität stärker wirksam sind als kühle abwägende Vernunft, so ist es fast unbegreiflich, dass die breite Öffentlichkeit noch bis zum zweiten Drittel des 20. Jahrhunderts den Energiefragen kaum Aufmerksamkeit schenkte. Gut, jeder halbwegs Gebildete bzw. Interessierte wusste damals schon, dass wir in der Bundesrepublik Deutschland selbst nur über wenig Erdöl verfügen. Manche waren sich auch der Tatsache bewusst, dass Erdöl wie andere Rohstoffe eines Tages erschöpft sein würde.

Aber bisher waren ja jedes Jahr ständig neue, wirtschaftlich ausbeutbare Erdöllager mit weit größeren Erdölmengen entdeckt worden, als verbraucht wurden, so dass die Reserven ständig wuchsen und die Förderländer bereit waren, gegen harte Devisen ihr Öl entsprechend dem Bedarf zu fördern und zu exportieren. Und außerdem war der Glaube fest verankert, dass, wie in der Vergangenheit so auch in der

Zukunft, aus dem unerschöpflichen Füllhorn der Technik rechtzeitig die Lösungen auch für einmal eintretende Energieprobleme quasi spontan hervorquellen würden. Konnte es einen besseren Beweis für die Richtigkeit solcher Überzeugungen geben als die schnell voranschreitende Entwicklung der Kernenergietechnik? So ist es nicht verwunderlich, dass bis in die 70er Jahre des 20. Jahrhunderts hinein in der allgemeinen Einstellung zu Energiefragen noch eine Haltung fortwirkte, wie sie in Habers »Mein Freund, das Atom« in den 50er Jahren zu finden war.

Auch auf der großen Weltbühne spielte die Energiefrage, zumindest für die breite Öffentlichkeit, keine Rolle. Als zum Beispiel U Thant 1969 in seiner Eigenschaft als neuer Generalsekretär der Vereinten Nationen seine erste ernste Warnung an die Welt richtete, stand das Wort »Energie« nicht in seinem Problemkatalog. Und selbst in dem aufrüttelnden ersten Bericht an den Club of Rome, »Die Grenzen des Wachstums«, werden dem Energieproblem lediglich wenige Sätze gewidmet, im Wesentlichen nur in bezug auf die damit verbundene Umweltbelastung.

Doch bahnten sich damals schon politische Entwicklungen an, die innerhalb weniger Jahre das Energieproblem zu einem der am heißesten diskutierten machen sollten. Unter diesen war es vor allem die Bildung der OPEC, welche in den westlichen Industrieländern Wirtschaftspolitiker mit einiger Sorge erfüllte – zunächst allerdings nur um die aus dieser Kartellbildung möglicherweise erwachsende Preissteigerung. Das daraus auch in der Bundesrepublik Deutschland resultierende Nachdenken über die künftige Entwicklung auf dem Energiesektor führte dann 1973 zur erstmaligen Aufstellung eines nationalen Energieprogramms. Bei ihrer Prognose des Primärenergiebedarfs war die Bundesregierung allerdings noch im gleichen Wachstumsdenken befangen wie in den 60er Jahren. Die breite Öffentlichkeit, sofern die Meldung darüber in den Tageszeitungen überhaupt wahrgenommen wurde, war uninteressiert.

Dieses Desinteresse der Allgemeinheit verschwand schlagartig Ende 1973 im Gefolge des nur wenige Tage dauernden Krieges im

Mittleren Osten. Vielfache Ölpreiserhöhungen, Ölembargo, Fahrverbot an Sonntagen, Geschwindigkeitsbegrenzung usw. verdeutlichten allen Menschen innerhalb weniger Wochen, dass es ohne ungestörte Energieversorgung mit ihrem so selbstverständlich hingenommenen hohen materiellen Lebensstandard schnell aus sein würde. Gleichzeitig verbreitete sich das Gefühl ohnmächtiger Abhängigkeit, Unsicherheit und Angst. Wenige Monate danach setzte die Bundesregierung ihre erste Energiebedarfsprognose für 1985 um rund 10 % auf 555 Millionen Tonnen SKE drastisch herab.

Es überrascht nicht, dass nunmehr angesichts der ins allgemeine Bewusstsein gedrungenen Gefahr für die Sicherheit der Versorgung mit Erdöl die Verantwortlichen in Staat und Wirtschaft auf den Ausbau der Kernenergie setzten. Die Kernenergie wurde zu einer Kernfrage. Sie wurde – obwohl nur für die Stromerzeugung konzipiert, welche in toto nur wenig mehr als 10% des gesamten Endenergiebedarfs darstellt – hochstilisiert zum Schlüssel für weiteres wirtschaftliches Wachstum, weiteren Anstieg des materiellen Lebensstandards und für die durch solchen Fortschritt abzusichernde Stabilisierung der sozialen Verhältnisse in unserem Lande. Es war deshalb auch nicht überraschend, dass die Gewerkschaften, in dem Maße, wie sich immer zahlreichere Bürgerinitiativen gegen den Ausbau der Kernenergie bildeten, den Verantwortlichen in Staat und Wirtschaft in der Verteidigung der Kernenergie zur Seite traten.

Dennoch, innerhalb weniger Jahre eskalierte die Auseinandersetzung um die Kernkraft in einem bis vor kurzem kaum erahnten und erwarteten Ausmaße. Wyhl, Brokdorf, Grohnde und Kaikar sind die wesentlichen Stationen der Eskalation, wo es zunehmend zu stärkeren und schließlich auch gewalttätigen Auseinandersetzungen zwischen Kernkraftgegnern und dem Staat kam. Die Entscheidung über das integrierte Entsorgungszentrum in Gorleben konnte als (vorläufiger) politischer Höhepunkt der Auseinandersetzung betrachtet werden.

Wenn man tiefer schaut, glaube ich hinter dem Protest gegen die Kernenergie eine Grundhaltung zu sehen, die sich gegen jegliche Großtechnologie richtet, aber nicht nur gegen diese, sondern gegen jegliche zu groß erachtete Konzentration in staatlichen und privatwirtschaftlichen Organisationen, die in ihren Funktionen und Zielen, in ihrem Funktionieren nicht mehr über- und durchschaubar sind. Auch die Forderung nach immer mehr Information dürfte bei ihrer Befriedigung keine Eindämmung des Protestes gegen komplexe Großtechnologie bringen. Solche Information müsste wegen der notwendigen Vereinfachung komplizierter Sachverhalte stets so unvollständig sein, dass es dem böswilligen Kritiker leicht fallen dürfte, die Glaubwürdigkeit solcher Information zu erschüttern. Und dann stünden die Dinge schlechter als zuvor. Was notwendig ist, sind klare Entscheidungen, die von den politischen Kräften gemeinsam getragen werden. Die Parteien dürfen nicht länger versuchen, aus Gegensätzlichkeiten in nationalen Kernfragen parteipolitisches Kapital zu schlagen. Nur so kann die Akzeptanzkrise, die im Grunde genommen eine, besonders viele junge Menschen erfassende, Vertrauenskrise ist, überwunden werden.

Auf allen Seiten, auf Seiten der Befürworter wie auf Seiten der Kritiker, sind die Gemüter heute so mit Emotionalität aufgeheizt, dass die Stimme derjenigen, die nach vernünftigen mittleren Wegen suchen, kaum Gehör findet, ja, dass diese Gefahr laufen, von beiden Seiten so gründlich missverstanden zu werden, dass sie kaum Chancen haben, sich durchzusetzen. Denn, wer sich heute anschickt, laut über die Frage nachzudenken »Können wir überhaupt auf Kernenergie verzichten?« wird immer häufiger entweder als verantwortungslos oder als wirklichkeitsfremd abqualifiziert: Als verantwortungslos von denen, die – teils aus tief verwurzelten ethischen Gründen, teils aus Angst vor etwas, was man nicht durchschauen kann, davon überzeugt sind, auf diese Art der Energie auf jeden Fall verzichten zu müssen; wirklichkeitsfremd von denen, die immer wieder verkünden, dass die Bundesrepublik Deutschland auf den massiven Einsatz der Kernenergie überhaupt nicht verzichten könne.

Ich möchte mich mit deren Argumenten nicht weiter auseinandersetzen. Ich richte vielmehr meine folgenden Ausführungen an diejenigen, seien sie Befürworter, Kritiker oder Unentschiedene, die einer rationalen Auseinandersetzung zugänglich sind, auch wenn ich mich des Anscheins nicht erwehren kann, dass viele unter diesen noch geneigt sind, Leute wie mich als wirklichkeitsfremd hinzustellen, und dies, obwohl meine Mitarbeiter und ich mit unseren Prognosen, wie sie zuletzt in unserem Buch »Das Deutschlandmodell« veröffentlicht wurden, und von denen wir trotz aller Anfeindungen in den vergangenen Jahren nicht abließen, Recht behalten haben. Diese Feststellung gilt insbesondere für unsere mit größter Sorgfalt erarbeiteten Energiebedarfsprognosen, die wir im Gegensatz zu allen anderen, die mit solchen an die Öffentlichkeit getreten sind, nicht zu revidieren brauchten.

Lassen Sie mich nunmehr ein wenig weiter ausholen. In vieler Hinsicht kann die Periode, durch die die westlichen Gesellschaften heute schreiten, mit dem Ende des 19. Jahrhunderts verglichen werden. Auch zu jener Zeit blickte man düster in die wirtschaftliche Zukunft. Die Schwierigkeiten, die dem damals einsetzenden relativen Abstieg in England entsprangen, haben heute (*1979 – d. Red.*) ihr Gegenstück in der Schwächung Amerikas als Führungsmacht. Doch es war damals nur eine kurze Übergangsperiode zwischen dem Ende der Ära der ersten industriellen Revolution und dem Beginn der zweiten, die besonders in den westlichen Industrieländern zu einem in der Menschheitsgeschichte einmaligen wirtschaftlichen Aufschwung führte. Sollte nun die gegenwärtige Zeit auch als Übergangsstufe zu einer neuen Ära wirtschaftlicher Weiterentwicklung betrachtet werden? Sind wir auf der Schwelle der dritten industriellen Revolution, die ebenso radikal in ihren Wirkungen und in gleichem Maße auf die Maximierung wirtschaftlicher Macht und den Reichtum der Nationen ausgerichtet ist? Nur wenige würden es wagen, völlig auszuschließen, dass die Ausschöpfung aller Möglichkeiten der Informatik und der Mikroelektronik auf der einen und der Kernenergie auf der anderen Seite sowie neue Durchbrüche in der Erschließung natürlicher Ressourcen zu neuem Wachstum führen würden, zu einer neuen Stufe auf dem Wege zu einer Welt des Oberflusses und zu neuem Wandel in der Gesellschaft. Die gegenwärtigen Spannungen würden dann lediglich ein Symptom der Schwierigkeiten sein, die immer auftreten, wenn irgendein System eine Übergangsphase durchläuft. Man muss allerdings darauf hinweisen, dass dieses streng genommen keine dritte industrielle Revolution sein würde, sondern eher ein »zweiter Wind« für die vorangegangene. Der Synergismus zwischen Wissenschaft und Technik würde einfach eine neue Stärkung erfahren.

Gegen diese Meinung, dass die gegenwärtigen wirtschaftlichen Schwierigkeiten vorübergehend sind und nur eine kleine Unterbrechung in der allgemeinen Wachstumslinie darstellen, sprechen viele Anzeichen. Hier nur wenige Sätze zu dem meines Erachtens wesentlichsten Faktor für eine andersartige Entwicklung unserer wirtschaftlichen und sozialen Verhältnisse: Das Zusammenwirken von Wissenschaft und Technik in den 70er Jahren (*des 20. Jahrhunderts – d. Red.*) lässt erkennen, dass sich diese nicht mehr in der gleichen Weise gegenseitig befruchten wie in den ersten 20 Jahren nach dem Zweiten Weltkrieg. Wir befinden uns wahrscheinlich – trotz der umwälzenden Entwicklung der Mikroelektronik – in der abnehmenden Phase eines langen, mehrere Jahrzehnte überspannenden Zyklus, der gekennzeichnet ist durch eine Verlangsamung im technischen Fortschritt. Wir können in der nahen Zukunft keine Durchbrüche durch Basisinnovationen erwarten, die mit denen vergleichbar wären, die wir zum Beispiel im Flugwesen, in der Kunststoffindustrie, in der Computertechnik, ja auch im Militärbereich in der jüngsten Vergangenheit erlebt haben. Und so möchte ich den Schluss wagen, dass das Gesetz vom abnehmenden Ertrag auch für die Technologie gilt. Ja, es erhebt sich die Frage, ob der Wachstums-, Reifungs- und schließlich Alterungsprozess, den industrielle Innovationen durchmachen, nicht auch für den gesamten technischen Fortschritt gilt; oder anders ausgedrückt: Unterliegt einer der wesentlichen Faktoren für Wachstum in der Vergangenheit, nämlich der durch Forschung und Entwicklung beflügelte technische Fortschritt nicht auch dem gleichen Gesetz vom abnehmenden Ertrag wie andere Produktionsfaktoren? Wie man diese Frage beantwortet, ist sicher Ansichtssache. Als einer, der auf ein langes Leben als Ingenieur und Wissenschaftler auf den verschiedensten Gebieten zurückblicken kann, neige ich dazu, sie zu bejahen. Die innige gegenseitige Befruchtung von Wissenschaft und Technik im 19. Jahrhundert und über die Mitte dieses Jahrhunderts hinaus hat zwar zusammen mit Wirtschaftswachstum zu einer gleichrangigen Zunahme von Lebensqualität geführt. Ich meine jedoch, dass wir in der unmittelbaren Vergangenheit eine wachsende Diskrepanz zwischen Wirtschaftswachstum und Steigerung der Lebensqualität zu Lasten der letzteren feststellen müssen, und zwar aus dem Zusammentreffen von Phänomenen, die die Annahme vom abnehmenden Nutzenzuwachs der Technologie stützen.

Es ist für mich nicht erstaunlich, dass dieser Alterungsprozess der Technologie begleitet wird von der Tendenz, alle technischen Möglichkeiten voll auszuschöpfen, insbesondere die »economy of scale«, bis dieser Prozess selbst mehr Schwierigkeiten als Vorteile mit sich bringt, oder bis die Kollision mit Gegnern dieser Entwicklung, die gerade durch die Entwicklung selbst immer mehr Zulauf bekommen, den Abbruch derselben erzwingt. Das Schicksal der Dinosaurier kommt einem in den Sinn.

Ich möchte behaupten, dass die 60er Jahre (*des 20. Jahrhunderts – d. Red.*) die letzten eines großen, ungehemmten technologischen Booms waren. Seither sind zum Beispiel die Weltraumraketen, die Großraumflugzeuge, die Turbogeneratorsätze der Kraftwerke, die Ausmaße chemischer Anlagen usw. nicht größer geworden. Es scheint, dass schließlich der Punkt erreicht worden war, wo die mit der »economy of scale« verbundenen Kosten und Risiken sowohl am Eingang wie am Ausgang der von ihr betroffenen Operationen und Produktionsprozesse sich unverhältnismäßig gesteigert haben.

Als weiteres mit diesem Altersphänomen der Technik zusammenhängendes Symptom, welches von grundsätzlicher allgemeiner Bedeutung, aber auch von Bedeutung für die Entwicklung des Energiebedarfs ist, kann die Tatsache gesehen werden, dass in der industriellen Phase, in der wir uns gegenwärtig befinden, der tertiäre Sektor, das heißt also der Sektor, in dem die kommerziellen und persönlichen Dienstleistungen stattfinden, in stetigem Wachstum begriffen ist. Es ist jedoch besonders bemerkenswert, dass dem tertiären Sektor eigentümliche Tätigkeiten und Verfahren immer stärker auch innerhalb der primären und sekundären Wirtschaftssektoren Platz greifen, also im Landwirtschafts- und Rohstoffbereich sowie in der industriellen Wirtschaft. Es findet also eine Tertiärisierung der Wirtschaft statt, und zwar nicht nur durch die Expansion des tertiären Sektors selbst, sondern auch durch die Tendenz der anderen beiden Bereiche der Volkswirtschaft, zu Sektoren mit tertiären Eigenschaften zu werden. Eine Folge davon ist, dass die Produktion materieller Güter gegenüber den mit dieser zusammenhängenden Verkaufs-, Verteilungs- und anderen Dienstleistungen in wachsendem Maße an Bedeutung verliert. Diese Tertiärisierung der industriellen Produktionssektoren ist ein Zeichen dafür, dass gegenwärtig die Wirtschaftsstruktur, die ihren Ursprung in den Anfängen der Industriellen Revolution hatte, von Grund auf verwandelt wird, dass wir also vor dem Aufbau eines neuen Wirtschaftssystems stehen, in dem unter anderem der Energieverbrauch weit weniger wachsen wird als das Bruttosozialprodukt.

Noch in den 70ger Jahren war es eine populäre Idee, dass man ständig mehr zu Produktionsmethoden schreiten sollte, die immer größeren Energieverbrauch erfordern würden. Man ging davon aus, dass elektrische Energie mit der Entwicklung der Kernreaktoren immer billiger sein würde, ja, dass man den Preis für die Kilowattstunde auf das Niveau der norwegischen Wasserkraft herunterdrücken könnte, sofern man nur immer größere Energieerzeugungseinheiten erstellen würde. Nun, sehr schnell zeigte sich, dass dieses nicht stimmte; ich erinnere mich in diesem Zusammenhange an eine Diskussion mit dem mit mir befreundeten Alvin Weinberg, der während seiner Mitwirkung an dem Buch »Das Ende der Verschwendung«, einem 1976 erschienenen Tatsachenbericht für den Club of Rome, berichtete, wie innerhalb weniger Jahre die Kostenschätzungen für elektrische Energie, gewonnen mit Hilfe von Brütern, auf das Zehnfache anstiegen. Die politischen, gesellschaftlichen sowie andere Kosten und Risiken, die gegenwärtig im Mittelpunkt der Diskussion stehen, sind jedoch noch schwerwiegender geworden als die monetären. Es dürfte heute allen deutlich geworden sein, dass die Errichtung kerntechnischer Anlagen vom Ausmaß des Gorleben-Projekts, obwohl die politischen Entscheidungsträger von deren technischer Machbarkeit und Wirtschaftlichkeit auch bei Einhaltung strengster Sicherheitsvorschriften überzeugt sind, in der Bundesrepublik Deutschland gegenwärtig politisch nicht durchsetzbar ist.

Wollen wir also energiepolitisch nicht weiter in die Sackgasse geraten, ist es notwendig, dieses Problem fundamental neu aufzurollen und dabei bereit zu sein, gegenwärtig eingeschlagene Pfade auch unter gewissen Opfern und Kosten zu verlassen und neue Wege zu beschreiten. ....

Der Autor geht im Folgenden näher auf die Versorgung mit Erdöl und die Verbrauchzahlen im Jahr 1977 ein.

Ich will mich im Folgenden nicht mit den Einzelheiten alternativer Substitutionsmöglichkeiten für Erdöl auseinandersetzen. Ich will mich auch nicht mit der Frage auseinandersetzen, ob es wirtschaftlich und ökologisch sinnvoll ist, auf diesem Energiesektor Ölsubstitution bzw. Öleinsparung durch mit Hilfe von Kernenergie erzeugtem Strom zu erzielen. Lassen Sie mich dazu nur feststellen, dass der Versuch, einen größeren Anteil an Kernenergie durchzusetzen, indem eine auf Wachstum bedachte Elektrizitätswirtschaft sich bemüht, zusätzliche Marktanteile dadurch zu gewinnen, dass sie massiv in den Wärmemarkt einbricht, auf ganz erheblichen gesellschaftlichen und politischen Widerstand stößt. Denn hier gibt es eine ganze Reihe von anderen Lösungen, die nach Ansicht vieler dieses Problem effektiver lösen. ....

Im Folgenden behandelt der Autor einen möglichen Ausbau der Kernenergie zur Kompensation einer Verknappung des Rohöl-Anbots.

Wir sollten aber lange vorher schon begriffen haben, dass es wichtiger ist, durch bessere Energienutzung die Energiedienstleistungen zu erhöhen und damit gleichzeitig das ständige Wachstum des Energieverbrauchs einzudämmen, ohne Verzicht auf Lebensstandard üben zu müssen, als unsere Bemühungen ständig nur auf eine weitere Steigerung des Energieangebots zu richten. Denn Sinn des Energieversorgungssystems ist die Bereitstellung von Energiedienstleistungen: als warme Räume, als Transport von Gütern und Personen, zur Herstellung von Gütern. In einem schlecht wärmegedämmten Haus kann auch ein starker Brenner bei hohem Heizölverbrauch unter Umständen nicht die Energiedienstleistung, nämlich eine angenehme Temperatur schaffen, die sich in einem gut isolierten Haus unter Umständen allein durch die winterliche Sonneneinstrahlung durch die Südfenster ergeben würde. Die Menge der Energiedienstleistung, die aus einer gegebenen Energiemenge gezogen werden kann, ist durch die Struktur und Technik des Energieversorgungssystems bestimmt. Dieses System lässt sich nicht über Nacht umstellen und effizienter machen. Mehr noch: Die Umstellung wird noch nicht einmal rechtzeitig in Gang kommen, wenn nicht ein politischer Wille die notwendigen Rahmenbedingungen schafft.

Zur Frage der Welternährung. Symptome eines globalen Problemsyndroms

Vortrag, gehalten am 9.11.1978 in Bonn anlässlich der 25-Jahr-Feier des Forschungskreises der Ernährungsindustrie. Erstabdruck in: Eduard Pestel, Unsere Chance heißt Vernunft. Lernen für die Welt von morgen, Braunschweig 1980

Der Text dieses Beitrags wurde um die Teile gekürzt, in denen der Autor Vorschläge macht, die sich ausschließlich auf den Zeitpunkt des Vortrags beziehen bzw. sich mit möglichen wissenschaftlichen und technischen Entwicklungen in Bezug auf die Welternährungssituation in dieser Zeit beschäftigt.

Der schwere Winter von 1971 auf 1972 brachte für ganz Osteuropa lang andauernde Kältewochen mit scharfen, eisigen Winden. Etwa ein Drittel des russischen Winterweizens wurde vernichtet. Erstaunlicherweise reagierte die Regierungsbürokratie nicht; die Pläne für den Anbau des Frühjahrsweizens blieben unverändert. Da jedoch der Pro-Kopf-Verbrauch von Weizen für die direkte menschliche Ernährung in dieser Region besonders hoch ist – etwa doppelt so hoch wie in Nordamerika –, musste das entstehende Defizit dringend behoben werden. Im Juli 1972 stellte die US-Regierung der Sowjetunion für den Ankauf von Weizen einen Kredit über 750 Millionen Dollar zur Verfügung. Tatsächlich verdoppelte sich der Handelswert der Kaufaktion schon vor Beginn der Lieferungen, da die Preise für Nahrungsmittel weltweit in rasche Aufwärtsbewegung gerieten. In Nordamerika stieg der Weizenpreis auf das Doppelte – und dies in einem Land, das bisher als eine Bastion für billige Nahrungsmittelversorgung galt. Öffentliche Verstimmung entstand, weil die Bürger im Endeffekt für Transaktionen zahlen mussten, mit denen sie selber tatsächlich nichts zu tun hatten.

Sehr viel bedeutender und weitaus tragischer aber war, dass im gleichen Jahr der späte Monsun auf dem indischen Subkontinent der Landwirtschaft schwere Schäden zufügte, zu einem Zeitpunkt, in dem als Nachwirkung eines Krieges die Lebensmittelversorgung ohnehin knapp geworden war. Auf der ganzen Erde gab es fast keine Weizenüberschüsse mehr. Die Situation erreichte ihren Höhepunkt, als sich dann auch noch in China und Afrika Dürren einstellten. Während China alle Restbestände von Weizen auf dem Weltmarkt aufkaufte, starben im armen Afrika Hunderttausende den Hungertod. Einige Jahre zuvor waren in einer ähnlichen Situation Millionen Tonnen von Weizen aus Nordamerika herbeigeschafft worden, um eine Katastrophe zu verhindern. Jetzt aber konnten nur noch 200 000 Tonnen zur Verfügung gestellt werden.

Die wichtigste Erkenntnis, die uns diese Ereignisse beschert haben, bestand wohl darin, wie stark die Kopplung zwischen den Ländern dieser Erde geworden ist. Eine bürokratische Nachlässigkeit in einer Region, möglicherweise nur der Fehler eines einzelnen – in diesem Falle die Unterlassung, die Anbaufläche für Frühjahrsweizen zu erhöhen –, führte in anderen Teilen der Welt zu Auswirkungen, die von Hausfrauenstreiks in den USA bis zum Tode von Hunderttausenden in Afrika reichten. Niemand von den Betroffenen dürfte sich der unglückseligen Verknüpfung der Zusammenhänge dabei bewusst gewesen sein. Wenn auf unserer Erde eine derartige gegenseitige Abhängigkeit herrscht und diese in Zukunft sicherlich noch weiter zunehmen wird, ist es dann gerechtfertigt, dass regionale oder nationale Entscheidungen zumeist immer noch isoliert voneinander getroffen werden, und dies in vollständiger Unkenntnis ihrer Auswirkungen auf andere Teile der Welt?

Heute und in Zukunft können wir also die Welt nicht mehr als eine Ansammlung von mehr als 150 Nationen und eine Reihe von politischen und wirtschaftlichen Blöcken sehen. Sie ist ein aus untereinander abhängigen und sich gegenseitig beeinflussenden Nationen und Regionen bestehendes System geworden, in dem keiner von den Auswirkungen eines größeren Ereignisses oder einer weitreichenden Aktion an irgendeinem anderen Punkt der Erde verschont bleibt.

Das hier angesprochene Problem der Verkettung und gegenseitigen Abhängigkeit, zu dessen Bewältigung allein gemeinsames Handeln fähig ist, wird nun verschärft durch den Umstand, dass das Problemsyndrom, dem die Welt gegenübersteht – und das bedeutet weit mehr als nur die Frage der Ernährung –, mit größter zeitlicher Dringlichkeit in Angriff genommen werden muss. Bei dieser Problematik können wir nicht nach Churchills Maxime verfahren, der auf dem Höhepunkt der Schlacht um England gesagt haben soll: »Ein Problem, das man vor sich herschieben kann, ist bereits halb gelöst.« Er sah damals die Gefahr einer unmittelbaren Niederlage vor sich. Und solange die Niederlage hinausgeschoben werden konnte, gab es auch noch die Chance des Sieges oder wenigstens die des Überlebens.

Wenn ich in diesem Kontext einige Bemerkungen zum Bevölkerungsproblem mache, dann einmal, weil dieses eine der wesentlichen Ursachen für das Ernährungsproblem ist. Zum anderen treten bei kaum einer Krise die katastrophalen Folgen einer Politik des Abwartens so deutlich zutage wie bei der Vermehrung der Bevölkerung. Dazu trägt nicht nur das quantitative Ausmaß des Problems bei, sondern vor allem auch die Tatsache, dass bei der zeitlichen Entfaltung der Bevölkerungszunahme Verzögerungen von mehreren Jahrzehnten auftreten, die unabdingbar eine weit vorausschauende Bevölkerungspolitik erforderlich machen. Hier muss gehandelt werden, lange bevor man unausweichlich den Tatsachen gegenübersteht, die man heute so gern verdrängen möchte. Das unglaublich rasche Anwachsen der Weltbevölkerung in unseren Tagen wird, in historischer Sicht gemessen, besonders anschaulich, wenn wir uns vergegenwärtigen, dass in der Mitte des 21. Jahrhunderts die Bevölkerung im Laufe eines Jahres um mehr Menschen zunehmen wird als in den ganzen fünfzehn Jahrhunderten nach Christi Geburt, sofern das heutige Wachstum weiter anhält.

In früheren Zeiten wuchs die Bevölkerung verhältnismäßig langsam. Die Erdbevölkerung benötigte mehr als eineinhalb Jahrtausende, um sich von den 200 bis 300 Millionen Menschen zur Zeit Christi auf etwa 500 Millionen Menschen zu vermehren, das heißt die Verdoppelungszeit lag zwischen tausend und zweitausend Jahren. In den dann folgenden 200 Jahren kamen weitere 500 Millionen dazu und danach eine weitere Milliarde in nur 100 Jahren. Die Zahl von zwei Milliarden Menschen wurde etwa 1930 erreicht. In weniger als einem halben Jahrhundert hat sich dann die Bevölkerung um weitere zwei Milliarden vermehrt. Die Verdopplungszeit betrug hier nur 45 Jahre. Und es wird praktisch dann nur noch 25 Jahre dauern, bis um die Jahrtausendwende die Weltbevölkerung die 6-Milliarden-Grenze erreicht hat. Auch wenn das Wachstumstempo nachlässt, können wir davon ausgehen, dass in den kommenden Jahrzehnten die Zahl der auf dieser Erde lebenden Menschen in jeder Stunde um ungefähr zehntausend zunehmen wird.

Für die Beurteilung der Auswirkungen des Bevölkerungswachstums scheint mir allerdings die Entwicklung der Bevölkerungsdichte noch wesentlicher zu sein als die der absoluten Bevölkerungszahlen. ....

Der Autor unterstützt im Folgenden seine Aussage mit diversen Hochrechnungen.

Mir scheint, dass der Frage der Bevölkerungsdichte wegen der Faszination, welche die Entwicklung der absoluten Zahlen für das Bevölkerungswachstum ausübt, bisher nicht die Beachtung geschenkt wurde, die ihr zukommt; denn von der Bevölkerungsdichte wird wohl wesentlich die jeweilige Gesellschafts- und Lebensform geprägt und der Umgang der Menschen miteinander beeinflusst.

Gehen wir zurück in der Menschheitsgeschichte zu den Jägerkulturen, die einen Zeitraum von mindestens einer halben Million Jahren bis etwa 6000 Jahre vor Christi Geburt umspannen. Hier lebten die Menschen von der Jagdbeute, der Wurzellese und dem Sammeln von wilden Früchten, Schnecken und Muscheln. Diese Menschen lebten sozusagen in den Tag hinein. Der nächste Tag war – so möchte ich annehmen – für sie genauso weit entfernt wie für uns das nächste Jahr. Unter den durch diese Lebensweise geprägten Umständen brauchte jedes Individuum einen beträchtlichen Lebensraum: etwa 8 bis 10 Quadratkilometer pro Kopf. Im ganzen Ruhrgebiet hätten weniger als 1000 solcher Jäger, Frauen und Kinder eingeschlossen, einigermaßen gut versorgt leben können. Eine größere Zahl wäre als unerträgliche Überbevölkerung empfunden worden. Kriegszustand wäre dann wohl ein Dauerzustand gewesen, ein notwendiger Regulationsmechanismus zur Begrenzung der Menschenzahl, der noch vor wenigen Jahrhunderten bei den Jägervölkern der Indianer in Nordamerika wirksam war, wo unablässige Stammeskriege stattfanden, sobald die Bevölkerungsdichte von etwa 0,1 Bewohner je Quadratkilometer überschritten war.

Als dann einigen Menschengruppen die Zähmung von Tierarten gelang, entstand eine neue Lebensweise, die der Hirtenvölker, die mit einer zahmen Herde die natürlichen Weideflächen besser ausnutzen konnten als ihre jagenden Vorfahren. Unter den Bedingungen dieser Lebensform ließ sich die Bevölkerungsdichte verzehnfachen; doch sobald auch hier eine bestimmte Einwohnerzahl pro Quadratkilometer überschritten wurde, kamen wieder die Regulierungsmechanismen ins Spiel wie Krieg, Auswanderung usw. Noch heute erleben wir dies bei den brutalen Stammeskriegen in Afrika.

Schließlich fanden Menschen neben Krieg und Auswanderung noch einen anderen Ausweg aus dem Dilemma, das für eine stetig – wenn auch sehr langsam – wachsende Menschheit unausweichlich schien; man erfand den Ackerbau, der – wenn Sie so wollen – eine technologische Lösung für das Ernährungsproblem infolge der steigenden Bevölkerungsdichte darstellt. Der Übergang in eine neue Lebensform, die des Bauern, war eröffnet worden. Wieder konnte sich die Bevölkerungsdichte um etwa das zehnfache erhöhen, bevor erneut eine Grenze erreicht wurde. Auf den guten, elastischen Böden Westeuropas liegt diese obere Grenze für eine bäuerliche Besiedlung allerdings noch weit höher, je nach der Güte des Bodens, bei etwa 50 bis 70 Einwohner je Quadratkilometer.

Sobald der Bevölkerungszuwachs diese Grenze der Bevölkerungsdichte überschritt, löste er aufs Neue die konventionellen Regulierungsmechanismen aus: Krieg, Epidemien, Auswanderung. Europa hat dafür noch im 19. Jahrhundert manches Beispiel gegeben. Die andere Lösung aber stellte wiederum die Erfindung einer neuen Lebensform dar: diesmal die der industriellen Zivilisation. Damit wurde schlagartig eine Bevölkerungsdichte von weit über 100 Einwohnern pro Quadratkilometer möglich, ja von über 300 Einwohnern pro Quadratkilometer, wie sie im Nordwesten Mitteleuropas bereits erreicht und überschritten ist. Zwischen Bevölkerungsdichte und Lebensform besteht also eine enge wechselseitige Beziehung: Jedes Mal wenn die Bevölkerungsdichte, die bei einer bestimmten Lebensform gerade noch zulässig ist, überschritten wird, gibt es zwei Möglichkeiten: Entweder kommen die schmerzlichen, leidvollen Regulierungsmechanismen mit schicksalhafter Unausweichlichkeit ins Spiel, oder der Übergang zu einer neuen Lebensform verleiht der Bevölkerungszunahme neuen Raum. ....

Wenn man nun bedenkt, dass die heutige Bevölkerungsdichte in den meisten großen Entwicklungsländern unverträglich mit ihrer vorwiegend noch durch primitiven Ackerbau bestimmten Lebensform ist, kommt man ohne weiteres zu dem Schluss, dass innerhalb der nächsten Jahrzehnte eine Ausweitung der industriellen Lebensform auf etwa zwei Drittel der heutigen Menschheit stattfinden muss; eine wahrhaft herkulische, aber wohl unabweisbare Forderung; denn in 50 Jahren wird über die Hälfte aller Menschen in den gegenwärtig noch unterentwickelten Ländern (China ausgenommen) wohnen. dass diese es aus eigener Kraft in der notwendig kurzen Zeit nicht werden schaffen können, ist aus unseren Untersuchungen zweifelsfrei hervorgegangen.

Schließlich ist für den Übergang zu einer neuen Lebens- und Gesellschaftsform jeweils eine einschneidende und praktisch unwiderrufliche Veränderung der Sitten, der Wertvorstellungen, des Denkens, Glaubens und Verhaltens, sozusagen eine soziale Mutation vonnöten, die wohl kaum in einer Generation stattfinden dürfte.

Somit kann festgehalten werden, dass in den Entwicklungsländern mit großer Bevölkerungsdichte die Ausweitung und Intensivierung der Landwirtschaft zur Meisterung ihrer Ernährungsprobleme und die Entwicklung neuer, angepasster Industrien zur Überwindung der Armut gleichzeitig innerhalb weniger Jahrzehnte zu bewältigen sind. Viele der industriell unterentwickelten Länder, wie zum Beispiel Indien, sahen nach dem 2. Weltkrieg in der Industrialisierung einen effektiveren Entwicklungspfad, als ihn die Modernisierung der Landwirtschaft geboten hätte. Für diese Nationen schien die Vorsorge für die Ernährung ihrer wachsenden Menschenmassen gegenüber der Überwindung der Armut eine weniger schwierige und weniger dringliche Aufgabe zu sein. Sie glaubten, dass mit Hilfe des Exports ihrer industriell erzeugten Güter der Teufelskreis der Armut schneller zu durchbrechen sei als durch Forcierung ihrer landwirtschaftlichen Produktion. Und weil somit die ohnehin knappen Ressourcen vorwiegend der Industrialisierung zugeführt wurden, blieb die heimische landwirtschaftliche Entwicklung zurück. Dies gilt für die agrarische Produktionstechnik, die Einlagerung und Verteilung der landwirtschaftlichen Erzeugnisse, für die Bewässerungssysteme usw. gleichermaßen.

Wenn Sie so wollen, wurde hier ein fundamentaler Fehler in dem Management des Ausgleichs zwischen Ernährung und Bevölkerung gemacht, in einem Management also, das ständig mit einem breiten Spektrum technischer, sozialer, politischer und wirtschaftlicher Fragen konfrontiert ist. Ob und in welchem Maße in der »armen« Welt eine bessere Zukunft geschaffen werden kann, wird wesentlich abhängen von der Art und Weise, wie dieses Managementproblem bewältigt wird.

In der Gesamtproblematik, der sich die Welt, und insbesondere der ärmere Teil, gegenübersieht, spielt das Ernährungsproblem eine ganz wesentliche Rolle. ....

Der Autor gibt im Folgenden einen Überblick über die Welternährungssituation der kommenden Jahrzehnte – die Entwicklung der Nahrungsmittelproduktion und -reserven, des Nahrungsmittelverbrauchs, des Handels und der Ertragssteigerung bei der Erzeugung von Nahrungsmitteln –, wobei er besonders die Grenzen der Ertragssteigerung hervorhebt.

Angesichts dieser Situation sollte man erwarten, dass gerade die armen Nationen der Erhöhung der einheimischen Nahrungsmittelproduktion die Priorität Nr. 1 zuordnen würden. Unglücklicherweise scheint dies nicht der Fall zu sein. Ja, es sieht so aus, als sei die Umsetzung der sich anbietenden Möglichkeiten der Ertragssteigerung für die armen Nationen außerordentlich schwierig.

Die Gründe hierfür sind vielgestaltig. Einmal ist aufgrund des Bevölkerungswachstums in diesen Regionen fast alles Land, welches zur Erzeugung von Nahrungsmitteln geeignet ist, bereits unter dem Pflug. Die Anbaufläche nun auf für den Ackerbau weniger geeignetes Land auszudehnen, würde einmal erheblichen Kapitaleinsatz erfordern, ferner würden die Hektarerträge auf solch marginalem Land hinter den üblichen zurückbleiben, so dass auch der wirtschaftliche Anreiz nicht gegeben ist. Somit muss die Erhöhung der Hektarerträge ein vorrangiges Ziel auch für die armen Länder werden. Jedoch ist festzustellen, dass trotz der Tatsache, dass hier ein Kilo zusätzlicher Düngemittel mehr als 10 Kilo zusätzlicher Nahrungsmittel erbringen kann, also etwa doppelt so viel wie in den schon erhebliche Düngemittel einsetzenden Industrieländern, der Düngemitteleinsatz in den Entwicklungsländern noch sehr gering ist. Der Grund ist einfach der, dass die Einkommen der Massen so niedrig sind, dass die Nachfrage in normalen Erntejahren in den ländlichen Erzeugungsgebieten mit geringem Einsatz von Betriebs- und Düngemitteln befriedigt werden kann. Mit einer Überproduktion könnte hier mangels Lagerungsmöglichkeit, Verteilernetz, Vermarktungs- und Verarbeitungssystem nichts angefangen werden. Wenn man die natürlichen Voraussetzungen betrachtet, sollten diese Regionen zu den produktivsten in der Welt gehören, und es ist nicht einzusehen, warum nicht eine sinnvolle Anwendung einiger der bereits vorhandenen Technologien und Landbaupraktiken der reicheren Regionen die Ertragsfähigkeit der Böden in den armen Ländern erheblich erhöhen könnte. ....

Unglücklicherweise sind die Probleme, die neben den wirtschaftlichen Schwierigkeiten einer Erhöhung der Nahrungsmittelerzeugung durch erhöhten technologischen Einsatz entgegenstehen, höchst komplexer Natur (Eigentum, Altersversorgung, Tradition, Ausbildung). Die technischen Einzelheiten für die gegebenen Lösungsmöglichkeiten sind überall bekannt, aber wie werden die Menschen und die von ihnen gewählten Entscheidungsträger in den Entwicklungsländern davon überzeugt, dass Nahrungsmittel wichtiger sind als Waffen oder Ferienhotels? Es ist eine Sache, höchst ergiebige Getreidearten zu entwickeln, die auch unter harten Umweltbedingungen überleben können, aber es ist eine ganz andere Sache, den politischen, wirtschaftlichen und gesellschaftlichen Willen zu mobilisieren, der dazu nötig ist, derartige Möglichkeiten technisch und wirtschaftlich umzusetzen.

Die Unvermeidbarkeit von Wandel

Die historischen Daten, von denen ich Ihnen hier nur einige wenige genannt habe, zeigen ein höchst verwirrendes und gleichzeitig beunruhigendes Bild. Das Gespenst des Verhungerns großer Menschenmassen kann nicht weggeredet werden, obwohl weltweit die durchschnittliche Pro-Kopf-Produktion und der durchschnittliche Pro-Kopf-Konsum von Nahrungsmitteln höher sind als je zuvor. Aber sie zeigen auch, dass diese Zunahmen sich im Wesentlichen auf die reichen Nationen beschränken. Die armen dagegen finden sich infolge einer Reihe von Faktoren, einschließlich ihres eigenen Missmanagements, in wachsendem Maße abhängig von sporadischen Hilfslieferungen, im wesentlichen aber vom Funktionieren des internationalen Markts, allerdings bei Preisen, die sie sich eigentlich nicht leisten können, wenn sie gleichzeitig auch Industrien aufbauen, Arbeitsbeschaffungsprogramme durchführen, Primärenergie einführen, ihre Landwirtschaft, ihre verkehrstechnische und soziale Infrastruktur u.v.a.m. verbessern müssen, von den Wohnungs- und Schulbauprogrammen für die schnell wachsende Bevölkerung gar nicht zu reden. Ihr Verbrauchsniveau an Nahrungsmitteln ist so niedrig, dass eine weitere Abnahme unmöglich ist, ohne massive

Hungersnöte und politische Unruhen auszulösen. Eine Reihe von Faktoren, wie Bevölkerungswachstum, Knappheit an gutem Ackerbauland, die hohen Kosten der Produktionsmittel und die Versäumnisse der Vergangenheit, erhebliche Mittel in landwirtschaftliche Forschung, Entwicklung und Infrastruktur zu investieren, haben eine Situation hervorgerufen, die auf die Dauer unhaltbar ist. ....

Der Autor skizziert im Folgenden die Möglichkeiten, die Sicherung der Ernährung angesichts einer rasch wachsenden Weltbevölkerung zu bewältigen, und geht auf die wissenschaftlichen und technischen Entwicklungen ein, die in den nächsten Jahren die Welternährungssituation beeinflussen könnten.

Die angestellten Überlegungen leiten unmittelbar in die Erörterung von Fragen des Energieeinsatzes auf dem Ernährungssektor über. Im Zusammenhang mit dem in der Landwirtschaft betriebenen Energieaufwand ist es interessant, das Verhältnis von eingesetzter Energie (menschliche und mechanische Arbeit, Düngemittel, Pumparbeit bei der Bewässerung, Futtermittel bei der Tierhaltung etc.) und der in den Nahrungsmitteln enthaltenen Energie (Kalorien) zu betrachten.

Bei einer bis in die graue Vorzeit des Menschen zurückreichenden Untersuchung (C. Marchetti vom IIASA in Laxenburg, Österreich) wurde herausgefunden, dass bis zum Zeitpunkt, an dem die Mechanisierung der Landwirtschaft und der Einsatz chemischer Düngemittel begannen, dieses Verhältnis etwa gleichbleibend 1:50 betrug. Natürlich wurden in diesem über Jahrtausende sich erstreckenden Zeitraum gewaltige Fortschritte in der Landnutzung erzielt. Brauchte der Jäger, wie schon erwähnt, einige Quadratkilometer zur Ernährung eines Menschen, so gelang es bis zum Ende des 19. Jahrhunderts den Chinesen, durch Fleiß und Intelligenz ohne moderne technische Mittel diese Fläche auf 100 Quadratmeter zu reduzieren: eine um mehr als das 10 000fache gesteigerte Effizienz der Landnutzung! Solange der Energie-Quotient 1:50 betrug, mussten etwa 80 Prozent der Bevölkerung in der Landwirtschaft tätig sein, um die restlichen 20 Prozent mit zu ernähren.

Der in der Landwirtschaft bis zum Ersten Weltkrieg geringe Energieeinsatz nahm gewaltig zu mit der immer stärkeren Anwendung chemischer Düngemittel und mit der schnell fortschreitenden landwirtschaftlichen Mechanisierung. Innerhalb weniger Jahrzehnte im 20. Jahrhundert stieg in der modernen, durch und durch technisierten Landwirtschaft der Energie-Quotient von 1:50 auf durchschnittlich etwa 1:2; es gibt Lebensmittel, wie zum Beispiel Salat aus dem Treibhaus, wo dieser Quotient rund 100 beträgt, das heißt, 100 Kalorien müssen an Energie eingesetzt werden, um eine im grünen Salat enthaltene Kalorie zu erzeugen. Bei tierischen Erzeugnissen ist der Energie-Quotient übrigens sehr viel höher als bei pflanzlichen. So erhält man bei »moderner« Rindfleischproduktion einen Quotienten von etwa 10; also für 10 Kalorien eingesetzter (hauptsächlich verfütterter) Energie nur eine Kalorie im Rindfleisch. Die moderne Landwirtschaft ist folglich weit abhängiger von – zumeist fossiler – Energie als die vorindustrielle und wird immer abhängiger, je höher der Hektarertrag getrieben wird, was bei den heutigen Energiepreisen schon dazu geführt hat, dass die Ausfuhr landwirtschaftlicher Produkte von Ländern mit großen, landwirtschaftlich nutzbaren Flächen und damit der Möglichkeit, extensive Landwirtschaft mit einem geringeren Energie-Quotienten zu betreiben, in Länder wie Japan stattfindet, wo der Energieaufwand zum Betreiben einer intensiven Landwirtschaft so groß ist, dass dagegen auch die bei den langen Transportwegen von den USA nach Japan verbrauchte Energie keine Rolle spielt.

Steigende Preise werden die globale Energieszene auch in den nächsten Dekaden kennzeichnen. Dieses wird unterschiedliche Folgen für die Nahrungsmittelproduktion haben, je nachdem, ob es sich um die reichen oder die armen Nationen handelt. Trotz des relativ kleinen Betrages im nationalen Energiebudget, der direkt für die Landwirtschaft aufgewendet wird, werden Preiserhöhungen auf dem Energiesektor eine Reihe von Wirkungen auch auf die landwirtschaftliche Produktion haben. Ganz allgemein kann allerdings festgestellt werden, dass sich die Erhöhung der Energiepreise im Wesentlichen nur in begrenzten Verbraucher-Kostensteigerungen für Nahrungsmittel niederschlagen wird, aber in den reichen Ländern kaum die Höhe des Verbrauchs von Nahrungsmitteln verringern dürfte.

Ganz anders werden die Auswirkungen erhöhter Energiepreise in den armen Regionen sein. Erstens wird man hier nach wie vor Devisen bzw. ausländische Kredite vorrangig für die Aufrechterhaltung der Energieversorgung im städtischen und industriellen Bereich einsetzen. Dadurch werden die für technologische Betriebsmittel auf dem landwirtschaftlichen Sektor zur Verfügung stehenden Mittel reduziert werden, wodurch Ertragsminderungen unausweichlich würden. Zweitens kann die Erhöhung der Kosten für die Energieversorgung großer städtischer Bevölkerungen dazu führen, dass die Regierungen darauf hinwirken werden, die Landflucht einzudämmen. Damit würde auch dem Anwachsen der durch die Verstädterung bewirkten Kapital- und Betriebskosten Einhalt geboten. Dies könnte dazu führen, dass endlich ernsthafte Versuche gemacht würden, die Armut und Rückständigkeit in den ländlichen Bezirken effektiv zu bekämpfen. Drittens können erhöhte Energiepreise dazu führen, dass dann arbeitsintensive Produktionsmethoden gegenüber kapitalintensiven auch wirtschaftlich vorteilhafter sind.

Höhere Preise für das Erdöl werden auch die Bemühungen verstärken, die Nutzung der Sonnenenergie weiter auszubauen und in den armen Ländern die Produktion von Methan aufgrund organischer Abfallstoffe weiter zu entwickeln und einzuführen. Auf die Möglichkeit des Einsatzes von Sonnenenergie für kleine Trocken- und Aufbereitungsanlagen in den tropischen Gebieten wurde bereits hingewiesen. Darüber hinaus sei vermerkt, dass das Energieerzeugungspotential, das bei vollständiger Wandlung von Ernteabfällen sowie von menschlichen und tierischen Exkrementen in Methan zur Verfügung stehen würde, größer ist als der in der Landwirtschaft unmittelbar vorhandene Energiebedarf. ....

Wenn man die dargestellten technologischen Entwicklungen in ihrer Gesamtheit überschaut, kann man davon ausgehen, dass in den nächsten Jahren revolutionäre technologische Durchbrüche nicht zu erwarten sind, die grundsätzlich die Natur des Ernährungs-Bevölkerungs-Problems ändern würden. In der »wohlhabenden« Welt werden die voraussehbaren technologischen Entwicklungen im Wesentlichen darauf hinwirken, die Produktionskosten in Grenzen zu halten. In den armen Entwicklungsländern dagegen wird in den nächsten Dekaden mit Sicherheit das Hauptgewicht darauf gelegt werden, vorhandene Technologien möglichst schnell den dortigen Gegebenheiten anzupassen und anzuwenden. Die technologischen Maßnahmen, die die größte Wirkung auf die Ernährungssituation in diesen Ländern in den kommenden Jahrzehnten haben können, werden also nicht von der Art sein, an die wir in den hochtechnisierten Gesellschaften in Bezug auf den technischen und wissenschaftlichen Fortschritt denken. Sie werden sich vielmehr durch Einfachheit, geringen Kapitaleinsatz und große Arbeitsintensivität auszeichnen.

Umweltentwicklungen

Lassen Sie mich nun noch einige wenige Ausführungen zum Problem der Umweltbedingungen machen. Wie wir alle wissen, unterscheidet sich landwirtschaftliche Produktion von Natur aus wesentlich von der industriellen. Wenn Arbeiter in einer Automobilfabrik, sagen wir, einen Monat streiken, dann können die Fließbänder wieder anlaufen, sobald die Arbeiter an ihren Arbeitsplatz zurückgekehrt sind. Auf der anderen Seite würde das Wegbleiben von Regen oder das Abschalten von Bewässerungsanlagen in ariden Gebieten während eines Monats der landwirtschaftlichen Ernte irreparablen Schaden zufügen. Die Abhängigkeit von der Menge und dem zeitigen Eintreten von Regen ist nur ein Beispiel für die große Verwundbarkeit der landwirtschaftlichen Produktion durch Änderungen im lokalen und globalen Klima.

Hier gibt es Probleme, die durch die gegenüber früher größeren Wetterschwankungen der letzten Jahre entstehen. Ich erinnere an das lange Ausbleiben des Regens im Sahel, auf die größeren zeitlichen

Schwankungen beim Eintreten des indischen Monsuns und die tieferen mittleren Temperaturen im russischen Getreidegürtel während der letzten Jahre. Natürlich können diese kürzlichen Anomalien auch nur zufällige Vorkommnisse sein, die mit einer langfristigen Klimaänderung nichts zu tun haben. Aber schon das Auftreten größerer Schwankungen in den traditionellen Wettermustern müsste dazu führen, auf die Vorratshaltung von Nahrungsmitteln größeren Wert zu legen. Denn wenn die Wetterzyklen häufiger und ausgeprägter werden, besteht die Gefahr, dass große Landstriche, die gegenwärtig gerade noch ausreichende Hektarertrage erlauben, um deren Nutzung zu rechtfertigen, aus dem Anbauzyklus herausgenommen werden. Außerdem dürften solche Wetterschwankungen dazu führen, dass die armen Landwirte den Einsatz von modernen ertragreichen Getreidesorten zurücknehmen, da diese unter solchen Wetterbedingungen stärker leiden als die traditionellen Sorten, und sich somit die Anwendung solch teuren Saatguts nicht mehr lohnt.

Überhaupt ist festzustellen, dass die weite Verbreitung des Einsatzes hochgezüchteter Getreidesorten zu großen Verlusten aufgrund von Pflanzenkrankheiten und Ungeziefer führen kann. Dieses rührt daher, dass der weiter zunehmende Einsatz solcher Getreidesorten eine größere genetische Einförmigkeit zur Folge hat, wodurch die pflanzliche Seuchengefahr verstärkt wird. Wenn auch die amerikanische Landwirtschaft seinerzeit mit den Folgen einer Maisseuche fertig werden konnte, so dürften ähnliche Vorkommnisse in den Entwicklungsländern sehr viel schwerwiegendere Konsequenzen haben, und somit ist der erkennbare internationale Trend zur Ausweitung von Monokulturen ein ernstzunehmender Grund zur Beunruhigung. Auf jeden Fall ist das Phänomen eines schnell schrumpfenden genetischen Pools alarmierend. Wir dürfen nicht vergessen, dass die Natur Millionen von Jahren darauf verwendet hat, genetische Strukturen zu entwickeln, die dann ein für allemal verloren sein würden, wenn das von der Natur geschaffene vielgestaltige Spektrum von Nutzpflanzen nicht mehr angewendet und die einheimische Umwelt dieser Pflanzen durch den Menschen allmählich zerstört wird. Die primitiven

Sorten sind eben das grundlegende Rohmaterial, auf dessen Basis allein die hochwertigen hybriden Getreidesorten gezüchtet werden können.

Nach dieser Abschweifung erlauben Sie mir einige Bemerkungen zum wohl ernstesten Umweltproblem in den Entwicklungsländern, der Bodenerosion. Hier ist es wesentlich der Mensch selber, der die Bedingungen für das Eintreten der Bodenerosion vorbereitet: Überweidung, ausbeuterische Bewirtschaftung marginaler Böden, Entwaldung, ungeeignete Bewässerung und die immer größere Ausbreitung von Städten und Verkehrsflächen reduzieren immer schneller die Flächen, die den Menschen für die Nahrungsmittelerzeugung zur Verfügung stehen.

Das Schlimme dabei ist, dass der hier stattfindende Prozess sich laufend selbst weiter verstärkt: Wenn zum Beispiel vorhandene Anbauflächen weniger produktiv werden und gleichzeitig mehr Menschen zu ernähren haben, dann wird dem Land weniger Zeit der Brache zugestanden, um seine Nährstoffe und seinen Feuchtigkeitsgehalt zu regenerieren. Damit sinkt die Bodenqualität, und mehr Land muss zur landwirtschaftlichen Nutzung herangezogen werden. Wenn dann in kargem hügeligen Gelände immer mehr Flächen unter den Pflug gebracht werden und mageres Weideland stärker genutzt wird, dann nimmt die Wasser- und Winderosion zu, und die Erträge nehmen ab. Und wenn man dann noch hügeligeres Land bewirtschaftet und die verbleibenden Grasflächen noch stärker überweidet werden, dann führt das zu immer stärkerer Erosion und damit zu weiter verminderten Erträgen, die dann wiederum die Notwendigkeit zur weiteren Expansion der bewirtschafteten landwirtschaftlichen Flächen erhöhen. Dieser in der Vergangenheit und Gegenwart in den Entwicklungsländern häufig beschrittene Weg zur Ernährung ihrer wachsenden Menschenmassen führt also in eine Sackgasse.

Die nachhaltige Bewirtschaftung von landwirtschaftlichen Ökosystemen in stark bevölkerten Regionen erfordert eben nicht nur eine breite Basis wissenschaftlicher und technischer Kenntnisse, sondern auch effektive Instrumente zur politischen und gesellschaftlichen Durchsetzung wissenschaftlicher Einsichten und technischer Möglichkeiten. Die Industrieländer haben die Fähigkeit dazu, sobald sie den Ernst des Problems einer sich verschlechternden landwirtschaftlichen Produktionsgrundlage einmal erkannt haben. In den armen Regionen fehlen jedoch noch weitgehend die hierfür notwendigen Voraussetzungen. Die Folge davon ist die andauernde Verschlechterung der vorhandenen landwirtschaftlichen Basis. Ohne die Überwindung dieses Trends einer zunehmenden Umweltverschlechterung werden alle Bemühungen um die Erhöhung der Ertragsraten vergebens sein.

Angesichts dieser Situation dürfte der Behauptung, dass Änderungen im sozioökonomischen Klima in den Entwicklungsländern von noch größerer Bedeutung sind als Fortschritte auf wissenschaftlichem und technischem Gebiete, wohl kaum widersprochen werden können. Die Ernährungsprobleme können eben nicht von den Herausforderungen abgenabelt werden, die in der Begrenzung des Bevölkerungswachstums und der effizienten Organisation aller wirtschaftlichen Produktionssysteme liegen. Diese sind aber sozioökonomische Probleme. In der Vergangenheit haben Nationen, die sich vor größeren sozioökonomischen Problemen sahen, zumeist Druck auf ihre Nachbarn ausgeübt, und zwar bis zu Kriegen um die Erweiterung der nationalen Grenzen. In der heutigen zusammenschrumpfenden Welt sind alle Nationen enge Nachbarn geworden, und so sind sie alle gemeinsam von der Lösung solcher globalen, universalen Probleme betroffen. So entscheidend wichtig für deren Bewältigung politische, soziale und wirtschaftliche Einsichten und der weltweite Wille zur Kooperation bei der Umsetzung dieser Einsichten sind, so bedarf es genauso des Weiteren wissenschaftlichen und technischen Fortschritts. Diejenigen, die meinen, es ginge ohne diesen allein mit Hilfe geeigneter politischer und gesellschaftlicher Maßnahmen, begehen meiner Ansicht nach einen fundamentalen Fehler.

Schon das bloße Anhalten des wissenschaftlichen und technischen Fortschritts würde sich nicht viel weniger verheerend auswirken als der utopische Versuch, die Technologie wieder abzubauen. Denn selbst das gegenwärtige Produktionsniveau, das für die wachsende Weltbevölkerung und im Hinblick auf die Entwicklungserwartung der in tiefer Armut lebenden Menschen in den wirtschaftlich zurückgebliebenen Ländern völlig unzureichend wäre, selbst ein konstantes Produktionsniveau könnte ohne einen ständigen Zustrom neuer Erkenntnisse, Entdeckungen, Erfindungen und Innovationen nicht aufrechterhalten werden. Hier werden auch Sie als Repräsentanten der wissenschaftlichen Forschung auf dem Ernährungssektor in der Zukunft Arbeiten zu leisten haben, die für das langfristige Wohlergehen und auch für das langfristige Überleben der Menschen auf dieser schönen Erde unabdingbar sind.

4.

Wie können wir überleben?

Kultur und Zukunft

Festansprache anlässlich der Gründungsversammlung der Emsländischen Landschaft am 18.7.1979 in Schloss Clemenswerth in Sögel. Erstabdruck in: Eduard Pestel, Unsere Chance heißt Vernunft. Lernen für die Welt von morgen. Braunschweig 1980

Der Text dieses Beitrags wurde redaktionell geringfügig bearbeitet und gekürzt.

Das Thema »Kultur und Zukunft« verlangt notwendigerweise nach Eingrenzung. Wenn ich als derzeitiger Niedersächsischer Minister für Wissenschaft und Kunst Gedanken dazu vortrage, so können diese nicht auf kulturphilosophischen Forschungen beruhen, ebenso wenig sind sie das Ergebnis von Auseinandersetzungen mit den komplizierten Modellen moderner Kulturanthropologie, -soziologie und -psychologie. Vielmehr resultieren diese Gedanken aus der praktischen politischen Arbeit, wobei Beobachtungen und eigene wissenschaftliche Forschungsergebnisse den Rahmen bestimmen.

Lassen Sie mich eingangs definieren, was ich unter dem Begriff »Kultur« verstehe; denn dieses Verständnis kann ja je nach geistiger Herkunft oder auch Interessenlage unterschiedlich sein. Für den Zweck der folgenden Ausführungen möge »Kultur« als die Gesamtheit der typischen Lebensformen einer Bevölkerung begriffen werden, einschließlich der sie tragenden Wertvorstellungen. Ich sehe in ihrem Wesen das Ganze der Bestrebungen, die natürlichen Fähigkeiten des Menschen zu entwickeln, sowie die hierzu beschrittenen Wege, die dabei eingesetzten gesellschaftlichen Instrumente und schließlich den »Ertrag« solcher Bemühungen.

Entsprechend dieser Definition reichen die Anfänge der Kultur und ihre frühesten überlieferten Erscheinungsformen bis in die Zeit zurück, für die der Mensch überhaupt als geistiges Wesen nachweisbar ist. Die Benutzung von Feuer und Kleidung, die Bestattungssitten, die mehr als 20 000 Jahre alten Höhlenmalereien und die über 4000 Jahre alten Steingräber sind Kulturgüter, ebenso wie es die Kunstäußerungen unserer Tage sind.

Kultur ist prinzipiell nicht an wirtschaftliche Bedingungen geknüpft in dem Sinne, dass ein gewisser Wohlstand sie überhaupt erst möglich machte, wie oft behauptet wird, und wie ich es noch in meiner Gymnasialzeit gelernt habe, dass nämlich zum Kulturschaffen wie zu jeder schöpferischen geistigen Tätigkeit die Muße gehöre, welche ohne wirtschaftlichen Wohlstand nicht gegeben sei. Die Geschichte der Kultur und besonders der abendländischen belegt, dass ihre Äußerungen unabhängig von Wohlstand zu allen Zeiten möglich waren, und sie zeigt auch, dass ihre Qualität nicht notwendigerweise an wirtschaftliche Blüte gebunden war, sondern an eine Fülle von zumeist geistigen Voraussetzungen.

Auf die Kultur einer Nation, einer Region, einer Stadt, wie sie sich über längere Zeiträume entwickelt, entfaltet und manifestiert hat, wird mit Stolz gerade immer dann verwiesen, wenn die Gegenwart Anlas zur Klage gibt. Und so wird auch in unserem Lande heute in vielen Reden das »kulturelle Erbe« immer wieder beschworen, das es zu erhalten gilt. In Wahrheit droht dieses Erbe dem Bewusstsein der dem Materiellen verfallenen Menschen zunehmend zu entschwinden. In seiner ganzen Vielfalt stand es wohl auch immer nur ganz wenigen zu Gebote, aber selbst der »Bildungsbürger« verfügt heute in der Regel nicht mehr über den Wissensstand wie noch vor einer Generation. Auch das einst vorhandene Grundwissen ist nur noch rudimentär vorhanden. Es sind Lücken entstanden, die schwerlich wieder zu schließen sein werden. Die Ursachen dazu sind bekannt: Veränderungen in Wirtschaft und Gesellschaft, strukturelle Umschichtungen in nahezu allen Lebensbereichen haben zur Zersplitterung des kulturellen Gefüges geführt.

An einigen willkürlich gewählten Beispielen sei das erläutert:

Ein Grundwissen in Geschichte und hier besonders heimatgebundener Geschichte kann nicht mehr in gleicher Weise vorausgesetzt werden, wie das früher möglich war.

Das Verhältnis auch der ländlichen Bevölkerung zum traditionellen Wohn- und Baustil ist nicht mehr ungebrochen.

Die Kenntnisse in Literatur, Musik oder bildender Kunst sind nicht mehr an eine bestimmte Gesellschaftsschicht gebunden. Sie sind generell verkümmert und im Übrigen vertikal viel stärker verteilt als früher.

Die Ursachen sind natürlich so kompliziert wie unsere moderne Welt. Eine scheint mir darin zu liegen, dass traditionelles Wissen in ständiger Konkurrenz mit aktuellem Wissen liegt, dass der größte Teil der Bevölkerung zum Beispiel eher bereit ist, sich mit politischen Tagesfragen zu beschäftigen als mit zumeist unpolitischen kulturellen Themen. So könnte man zu der Feststellung gelangen, dass Kultur im Alltagsleben nur noch einen engen Raum einnehme.

Nun, das wäre ein voreiliger Schluss. Es gibt eine Fülle von Hinweisen, die das Gegenteil – zumindest in heute sichtbar werdenden kulturellen Tendenzen – belegen, aber eines ist deutlich: in der gegenwärtigen Situation Kulturpolitik auf dem Boden »abendländischer Kultur« betreiben zu wollen, hieße wohl, die Situation falsch deuten. Die Bemühungen müssen heute nicht restaurativ an der Wiederbelebung des »kulturellen Erbes« ansetzen, sondern sich zuallererst am Wollen und an den Möglichkeiten der heute lebenden Menschen orientieren. Nur so, meine ich, wird wieder eine Geisteshaltung Allgemeingut werden können, die für die dauerhafte Bewahrung unseres kulturellen Erbes unerlässlich ist.

Wenn Kultur im oben definierten Sinn die Gesamtheit der typischen Lebensformen einer Bevölkerung ist, dann gilt es, auf der Grundlage der sie tragenden Werte die geistigen Kräfte zu wecken, die an der Gestaltung dieser Lebensform mitwirken können. Das muss nicht notwendigerweise einen Verzicht auf erlerntes Wissen schlechthin bedeuten. Dennoch, Kulturpolitik ist in erster Linie Förderung der Kreativität. Die Problematik unseres Kulturlebens scheint mir ja darin zu liegen, dass in vielen Bereichen Kultur beliebig reproduzierbar geworden ist, somit beliebig verbreitet und empfangen werden kann. Eigenes kulturelles Schaffen, insbesondere originäre Kreativität, wird so allzu oft gelähmt durch das, was modisch mit »Reizüberflutung« bezeichnet wird. Teilhabe am »kulturellen Leben« dient dann nur noch zur Ablenkung von dem, was »eigentlich wichtig« ist, um sich zu entspannen.

Gestatten Sie mir dazu beispielhaft einige konkrete Erläuterungen: Aus einer Befragung von Kindern in Kalifornien ging hervor, dass amerikanische Kinder im Vorschulalter mehr als ein Drittel ihrer wachen Stunden vor dem Fernseher verbringen. Dann wundert es nicht, dass bei dieser Befragung auch herauskam, dass auf die Frage »Wer ist dir lieber – Papa oder Fernsehen?« fast die Hälfte dieser Kinder sich für das Fernsehen entschied. Sind wir sicher, ob deutsche Kinder sich viel anders beschäftigen oder denken? Werden nicht überhaupt Bildschirm und akustische Dauerberieselung im eigenen Heim immer mehr zum Ersatz von Mitmenschlichkeit, nach der im Grunde genommen wir alle, jung und alt, hungern? Ertappen wir uns nicht selbst des öfteren dabei, wenn wir abgespannt von einem langen Tag voller Hetze und Arbeit heimkommen, dass wir dann sogleich auf den Knopf des Radios oder Fernsehers drücken, um zu »entspannen«, zur tiefen Enttäuschung unseres Lebensgefährten und unserer Kinder, die sich den ganzen Tag auf ein mitmenschliches Zusammensein am Feierabend gefreut haben. Wird so kulturelle Kreativität gefördert? Kann so »Kultur« gedeihen?

Wer in den Morgenstunden Radio hört, um sich zu informieren und unterhalten zu lassen, hört die gleichen Schnulzen, die an den Plattenständen millionenfach an Jugendliche verkauft werden. Andererseits wird ja keine Ware produziert, die nicht auch Abnehmer findet. Schüler und Jugendliche hören täglich zwei bis fünf Stunden Musik und befriedigen auf diese Weise ein Bedürfnis, das als solches in den allgemeinbildenden Schulen kaum erkannt wird und somit auch bislang zu keiner ausreichenden musikalischen Grundbildung geführt hat. Folglich trifft der so unzureichend musikalisch Ausgebildete hilflos auf die ihn Tag und Nacht begleitende Trivialmusik. Bleiben wir auch in der Zukunft bei solcher Vernachlässigung der Bildung unserer emotionalen Fähigkeiten, dann haben wir es in absehbarer Zeit mit Generationen von kulturellen Analphabeten zu tun.

Und dennoch, die Zahl derer ist im Wachsen, die aus eigenem Antrieb einen anderen Weg suchen. Wir beobachten heute zum Beispiel einen zunehmenden Ansturm von Schülern auf die Musikschulen, die häufig genug aus Mangel an finanziellen Mitteln und qualifizierten Kräften völlig überfordert sind. Hier artikuliert sich ein vitales Bedürfnis nach einer das Dasein entscheidend mitprägenden Ausbildung, welche die Schule nur unzureichend vermittelt.

Wir alle spüren, dass auch in anderen Bereichen ein neuer Ursprung der Zukunft sichtbar wird, der unsere Aufmerksamkeit verdient. In immer mehr Menschen wächst die Einsicht, dass wir uns wohl schon zu lange dem Glauben an ständigen Fortschritt unserer Industriegesellschaft verschrieben haben.

Wir mögen, ja wir sollten uns dieser Tendenz des Fortschritts, die uns nicht menschlicher, sondern weniger menschlich macht, entgegenstemmen und uns durch Hinwendung, meinetwegen auch Hinführung, zu mehr immateriellen Zielen von dieser Fortschrittsrichtung abwenden. Allein, der Versuch, den wissenschaftlich-technischen Fortschritt aufzuhalten, würde sich nicht viel weniger verheerend auswirken als der vollends utopische Versuch, die Technologie wieder abzubauen. Nein, wir sind in der zukünftigen Gesellschaft auf den ständigen Zustrom neuer Erkenntnisse, Entdeckungen und Erfindungen angewiesen, und somit gehören Erweiterungen unseres Wissens und technischer Fortschritt notwendigerweise zu den erstrebenswerten Zielen.

Dies reicht aber nicht aus; andere Ziele müssen hinzutreten. Immer weniger Menschen in unseren Wohlstandsgesellschaften glauben noch an die einfache Gleichung, dass zunehmender materieller Wohlstand auch gleich zunehmender Glückszustand für den Menschen bedeutet. Damit gewinnt die Kulturpolitik, deren Aufgabe es sein müsste, den materiellen Zielen mindestens gleichgewichtige immaterielle Zielvorstellungen gegenüberzustellen, in der Zukunft einen politischen Rang, der weit über den Rahmen hinausgeht, der ihr heute in der politischen Gestaltung unseres Lebens zugebilligt wird. Ja, ich meine, dass schließlich unser Wohl und Wehe wesentlich davon abhängen wird, welche Gestalt unsere Kultur in den kommenden Jahrzehnten annehmen wird.

Wir haben in den vergangenen Jahrzehnten der Bedeutung von Wissenschaft und Technik als den Trägern unserer modernen Zivilisation einen hohen Rang eingeräumt – nichts sei daran ausgesetzt. Aber viele haben darüber leider vergessen, dass der wahre und wohl unzerstörbare Reichtum unseres Lebens – und zwar des über seine rein physische Erhaltung hinausgehenden Lebens – in den zeitüberdauernden Kulturgütern, geschaffen von Meistern vergangener Tage, und in dem Fortleben der immer wiederkehrenden Erscheinung kreativer Menschen besteht, die zur steten Belebung, Erneuerung und Bereicherung unserer Kultur mit bleibenden Werken beitragen. Mir wurde dies vor kurzem wieder besonders deutlich, als meine Frau mich beim Aufhängen eines kleinen Bildnisses von Leonard Euler, dem wohl größten Mathematiker des 18. Jahrhunderts, befragte, ob ohne Euler die Welt heute anders sein würde. Ich konnte dies ohne Zögern verneinen; denn auch ohne Euler wäre die Entwicklung der Mathematik und der Mechanik so weitergegangen, wie es wirklich dann auch der Fall war, vielleicht hier und da mit einer kleinen Verzögerung. Aber die Bernoullis, Lagrange und andere Zeitgenossen Eulers, sicherlich noch viele, deren wissenschaftliche Bedeutung gegenüber der Eulers so zurücktritt, dass wir heute ihre Namen vergessen haben, sie alle haben am Gebäude der Mathematik so viel mitgebaut, dass die ihnen folgenden großen Mathematiker nicht weniger und nicht wesentlich andere Beiträge geleistet hätten, als sie es in Wirklichkeit getan haben. Selbst wenn viele der großen Mathematiker, Naturwissenschaftler und Ingenieure wie Galilei, Newton, Gauss, Faraday, Planck, Einstein, Watt, Siemens, Diesel u. a. mehr, nie gelebt hätten, das Leben unserer heutigen Welt würde kaum anders aussehen. Wir wären – was den Stand dieser Wissenschaften, ebenso wie das Ausmaß der uns zur Verfügung stehenden technischen Mittel angeht – heute kaum ärmer. Aber ohne Bach, Mozart, Beethoven, Brahms, Wagner, Reger, Bartok, Shakespeare, Goethe, Schiller, Hauptmann, Brecht – um nur wenige zu nennen, die mir gerade in den Sinn kommen – wären wir viel ärmer und zwar unwiederbringlich ärmer. Ich sage dies als Wissenschaftler und Ingenieur: Die Entwicklung der modernen Naturwissenschaften und Technik vollzog sich eben in dem Kontext einer Verstandes- und Willenswelt, in der neben und hinter den naturwissenschaftlichen und technischen Giganten viele andere am Wirken waren, deren Summe wohl zu dem gleichen Ergebnis in der Gestaltung unserer materiellen Welt geführt hätte. Die Naturwissenschaften ebenso wie die Technik entwickeln sich nämlich nicht nur gleichzeitig auf vielen parallelen Wegen, sondern auch kumulativ, solange der geistige gesellschaftliche Kontext solcher Entwicklung günstig ist. Hochbegabte Naturwissenschaftler zum Beispiel haben bis in die jüngste Vergangenheit stets schon in jungen Jahren das gesamte von ihren Vorvätern erarbeitete Wissen und Können beherrscht, auf dem sie dann selbst wieder Neues erschufen. Wer ein modernes Werk der Physik besitzt, braucht zum Erwerb physikalischen Wissens nicht zu den Werken der alten Meister zu greifen, es sei denn, er wolle sein historisches Interesse befriedigen. Aber die Summe der Werke der vielen Komponisten, die als Zeitgenossen der wirklich großen Musikschöpfer ihre Werke schufen, kann deren Werke nicht ersetzen. Das geistige Leben der Gegenwart wäre unvorstellbar ärmer, nicht nur in unserem Lande. Heute und in Zukunft werden – wie in der Vergangenheit – Millionen von Menschen von ihren unvergänglichen Werken seelisch bewegt, jeder auf seine Art. Je mehr sich der materielle Wohlstand in unserer Zivilisation ausbreitet, desto weniger wird der wahre Lebensstandard durch die Unterschiede im Besitz und in der Nutzung materieller Güter geprägt sein, aber um so mehr durch den Lebensstil, der durch die Fähigkeit des persönlichen Erlebens unseres musisch-kulturellen Erbes gestaltet wird.

Kulturpolitik sollte daher ihr wesentliches Ziel darin sehen, alle Bestrebungen und Maßnahmen ideell wie finanziell zu fördern, die geeignet sind, den Menschen, vor allem den Jugendlichen und den Kindern – von ihrem ersten Atemzuge an – bei ihrer Suche nach Möglichkeiten zu einer sinnvollen Entwicklung ihrer emotionalen Kräfte und zu deren beherrschtem Einsatz zu helfen. So »einfach« ist das, bzw. lässt sich dies formulieren. Ohne die Bedeutung der kognitiven Inhalte und Ziele der Ausbildung des Intellekts in Schule und Elternhaus zu unterschätzen, meine ich, dass im Fortfahren emotionaler Verweigerung durch Elternhaus, Schule und Gesellschaft, der Grund für irrationale Extremhaltungen gelegt wird, die schließlich zur Zerstörung unseres menschlichen Miteinanders führen müssen. Viele scheinen es noch nicht begriffen zu haben oder begreifen zu wollen, dass die Vertrauenskrise, von der besonders die jungen Menschen in den Wohlstandsgesellschaften erfasst sind, ihren Ursprung in der Nichterfüllung des naturbedingten Sehnens der Neugeborenen und Kleinstkinder nach Nestwärme durch ihre berufstätigen Mütter hat. Hier erfährt das Vertrauen in die natürliche Bezugsperson ihre erste und wohl tiefste Erschütterung, und es bedarf später nur noch leiser Anstöße durch die – meines Erachtens so törichte – Konfliktpädagogik, um Vertrauensunsicherheit in manisches Misstrauen umschlagen zu lassen. Dagegen kann dann auch die sorgfältigst abgewogene Kulturpolitik nichts mehr ausrichten.

Kulturpolitik sollte sich folglich nicht aus abstrakten Ideologien ableiten, sondern mit dem Ziel konzipiert werden, zu helfen, dass die Menschen in all ihrer Verschiedenheit Bezüge zu ihrer Umwelt aufbauen können, auf dass sie sich in ihr wohlfühlen.

In einem vom 80jährigen Goethe geschriebenen Brief an Carl Friedrich Zelter steht der Satz: »Bezüge sind das Leben.« Er meinte damit die Bezüge[1], die der Mensch im Laufe seines Lebens zunächst zu seiner Mutter, dann zum Vater, zu Geschwistern, Onkeln und Tanten, Freunden, Lehrern und Mitschülern bildet, aber auch zu Sachen, wie der elterlichen Wohnung, seinem Schulhaus, zu Büchern und Musikinstrumenten, und schließlich auch zu den geistigen Begriffen wie der

Freiheit, der Solidarität, der Gerechtigkeit. Je weiter gefächert und je intensiver solch vielgestaltige Bezüge sind, desto reicher gestaltet sich die Persönlichkeit. Nebenbei bemerkt, in diesem Lichte erkennt man auch, wie eine Persönlichkeit verarmt, wenn sie ihre wesentlichen Bezüge nur aus einer zentralen Ideologie ableitet, wie wir es besonders bei politischen und religiösen Fanatikern immer wieder erleben, die von dem vielfältigen Reichtum der wirklichen Welt geradezu abgeschnitten zu sein scheinen. Bezüge werden nicht allein vom Verstand hergestellt, an ihrem Aufbau sind alle Fähigkeiten des Menschen beteiligt, nicht zuletzt – ja ich meine zuvorderst – die emotionalen Kräfte. Möglichkeiten zu ihrer sinnvollen Entwicklung zu eröffnen, den rechten Umgang mit ihnen zu fördern, darin sehe ich ein ganz wesentliches Ziel künftiger Kulturpolitik.

Wir sollten Kulturpolitik an solchen »einfachen« Maximen orientieren. Leider geschieht dies nicht in dem erforderlichen Maße, sonst hätte man nicht den Klassenlehrer abgeschafft, Klassenverbände in Schulen aufgelöst und durch übermäßige Förderung intellektueller Fähigkeiten – und seien sie noch so mittelmäßig – gegenüber praktischen und emotionalen viele Jugendliche auf einen falschen Bildungsweg gelenkt. Man hätte nicht die musischen Unterrichtsanteile gekürzt, man hätte sie vielmehr in Grundschule, wo sie entwicklungspsychologisch am wichtigsten wären, intensiviert, anstatt sie hier fast ganz verschwinden zu lassen.

Gegen diese »amtliche Kulturpolitik« hat nun schon seit einigen Jahren eine spontane, schnell stärker werdende Gegenströmung eingesetzt. So beobachten wir – Motive und Ursachen sind noch unerforscht – einen ständig zunehmenden Wandel der Bürgerinteressen gegenüber dem traditionellen Kulturangebot ebenso wie auch gegenüber Experimenten und Modellversuchen, in denen neue Formen und Inhalte erprobt werden. Ist es die Angst vor der Zukunft, ist es die Erkenntnis von der qualitativen Verbesserung des Daseins durch aktive Teilhabe am kulturellen Leben, ist es vielleicht nur das einfache Wissen, dass der Mensch nicht vom Brot allein lebt? Wir erleben spektakuläre Besucherströme in Ausstellungen; Theater und

Konzertsäle sind wieder häufig ausverkauft; Literaturangebot und -nachfrage steigen trotz wachsender Medienangebote – die Beispiele könnten vermehrt werden.

Was wir aber auch beobachten, ist die Wiederentdeckung der Heimat, der Provinz oder der Region, des Dialekts, der Heimatliteratur, der regionalen Geschichte. Die niederdeutsche Sprache ist auf einmal wieder Zentrum vieler kultureller Aktivitäten geworden. Noch vor wenigen Jahren hatte ein deutscher Schriftsteller noch notiert, Heimat sei »der schönste Name für Zurückgebliebenheit«.

Was hat sich demnach in der vergangenen Dekade verändert, und wo vollzieht sich unter unseren Augen eine Änderung des kulturell-sozialen Verhaltens? Wir können dies hier und heute nur relativ vordergründig untersuchen. Da ist ein neues Verhalten gegenüber Baudenkmälern unübersehbar: Städter erwerben zum Beispiel alte, teilweise stark renovierungsbedürftige Bauernhäuser, um sie mit viel Aufwand zum Wohnen und Leben auf dem Lande herzurichten. Die Konzertprogramme enthalten wieder mehr denn je alte Meister. In der bildenden Kunst ist seit Jahren ein entsprechender Stilwandel erkennbar; die Jugend hat längst den verpönt gewesenen Jugendstil wiederentdeckt. Das Vereinsleben in den Gemeinden erfährt eine überraschende Belebung, und in der Erwachsenenbildung sind die Bildungsangebote, welche Geschichte, Kunst und Kulturpflege und vieles andere mehr beinhalten, oft überbelegt. Ausstellungen erhalten Besucherziffern, von deren Ausmaß sich die Verantwortlichen bei der Planung kaum etwas hätten träumen lassen.

Welches sind nun diese veränderten Bedingungen? In einer grundlegenden Auseinandersetzung mit heutigen politischen Verhaltensweisen schrieb Hartmut von Hentig 1973:[2]

»Weder die Wissenschaften als solche, noch eine perfektionierte Erziehung, noch die Ausschüttung von mehr Freizeit, noch die Stärkung der als Staat verfaßten Regierungsmacht, noch komplizierte Mitbestimmungsregelungen ... werden uns die Möglichkeit der individuellen und gemeinsamen Selbstbestimmung wiedergeben, sondern allein die Wiederherstellung eines überschaubaren, erlebbaren, veränderbaren Lebensverbandes. Wir werden

unseren ganzen zivilisatorischen Scharfsinn auf die Frage verwenden müssen, wie wir unsere politischsozialen Verhältnisse vereinfachen, die Selbstbestimmungseinheiten verkleinern, die Entscheidungen verantwortbarer machen – also Politik ermöglichen, deren Verlust, fürchte ich, wir noch nicht einmal bemerkt haben.«

Angewendet auf projektorientierte staatliche Kulturpolitik heißt dies unter anderem, kulturelle Vorhaben unter aktiver Mitwirkung und Mitbestimmung der betroffenen regionalen Gruppen zu fördern, deren Größe überschaubar ist, und die hier aufgrund ihrer Tradition von gemeinsamen kulturellen Bedürfnissen ausgehen können. Was dies konkret bedeutet, sei am Beispiel von Modellversuchen erläutert, die ich unter dem Stichwort »Verbesserung der kulturellen Infrastruktur« eingeführt habe. Aus der, wie wir heute wissen, richtigen Erkenntnis, dass die regionalen kulturellen Kräfte nur darauf warten, zu neuen Aktivitäten ermutigt zu werden – natürlich auch mit Hilfe einer zumeist bescheidenen finanziellen Förderung – wurden nach gründlichen Diskussionen und, was mir wichtig ist, unter dem Aspekt fachübergreifender Zusammenarbeit Projekte erarbeitet, die zu wichtigen neuen Formen und Einrichtungen des regionalen kulturellen Lebens geführt haben, und von denen vielleicht bald gesagt werden kann, dass sie für das Leben auf dem Lande unentbehrlich geworden sind.

Waren in den vergangenen zwei Jahrzehnten die Schwerpunkte staatlicher Kulturpolitik vor allem Substanzerhaltung und die punktuelle Förderung mehr zufällig erkennbarer Bedürfnisse, so wird hier der systematisch angelegte Versuch gemacht, das kulturelle Stadt-Land-Gefälle entscheidend abzubauen. Es wird auch, und, soweit ich sehe, erstmals in der Bundesrepublik Deutschland, eine zielbewusste regionale Kulturförderung über mehrere Jahre und mit dem Einsatz erheblicher finanzieller Mittel betrieben.

Aber staatliche Kulturförderung, soll sie effektiv sein und zu dauerhaften Ergebnissen führen, sollte ihren Ausgangspunkt stets in den Impulsen suchen, die aus der Region selbst kommen, damit sie dort eine breite Trägerschaft findet. …

Solche Impulse werden wir zur Bewältigung der vielfältigen Aufgaben der Gegenwart und Zukunft bitter nötig haben, auf dass kommende Generationen das von uns Geschaffene mit Stolz in ihre Tradition einreihen und aufnehmen. Die regionalen Aktivitäten können auch dazu beitragen, dass Kultur in den öffentlichen Haushalten ein wirklich angemessener Anteil eingeräumt wird. Das kulturelle Angebot sollte, ja muss künftig so vielgestaltig sein, dass ständig größere Bevölkerungsgruppen erreicht werden. Dabei ist es notwendig, den Hang zur Konfektion, zur Konsumhaltung im kulturellen Bereich abzubauen. Wer meint, es genüge, dass wenige Menschen Sorge dafür tragen können, der Bevölkerung – ähnlich wie in einem Supermarkt – ein großes Kulturangebot zu bieten, das diese konsumieren kann, hat von Kulturarbeit nicht viel begriffen. Es gilt im wesentlichen nicht, durch mehr Geld mehr Menschen passiv »teilhaben« zu lassen am von anderen bewirkten Kulturgeschehen, sondern es sind vielmehr die Voraussetzungen dafür zu treffen, dass den verschiedenartigsten Bedürfnissen nach eigener kultureller Tätigkeit eine Verwirklichungschance gegeben wird.

Kulturarbeit darf also nicht den Managern vorbehalten bleiben. Nur durch wirkliche Mitbeteiligung wird man erreichen, dass der Bürger sich mit den von ihm getragenen Einrichtungen identifiziert. In dem Zusammenhang wird auch ein stärkeres Engagement derjenigen verlangt werden können, die durch Bildung, öffentliche Ämter oder in anderer Weise begünstigt sind. Die Wahrnehmung ehrenamtlicher Tätigkeit wird manchen Ruf nach staatlicher Hilfe überflüssig machen.

Die Kultur wird einen umso größeren Wert im menschlichen Leben erhalten, je deutlicher die Bevölkerung sich des Zuwachses an verfügbarer Freizeit bewusst wird. Der augenblickliche Trend deutet allerdings auf eine nahezu vollständige Vermarktung der Freizeit. Hier liegt eine ganz entscheidende Aufgabe der Kulturpolitik: den Menschen Orientierungshilfen zur sinnvollen eigenen, nicht von anderen programmierten Gestaltung ihres Lebens zu geben. Angesichts immens gesteigerter, wirtschaftlicher Möglichkeiten haben ja auch die Gefährdungen und Versuchungen erheblich zugenommen, immer sinnloser die zunehmende Freizeit zu vergeuden und der kulturellen Entwurzelung durch Nachahmung eines falsch verstandenen »American way of life« immer mehr Vorschub zu leisten. Es ist daher mein Wunsch und meine Hoffnung, dass die neu gegründete »Emsländische Landschaft« auch ihren Beitrag dazu leisten wird, der drohenden Verödung des kulturellen Lebens in unserem Lande kräftig entgegenzuwirken.

Sei jeder in seiner persönlichen Entwicklung stets eingedenk des mahnenden Wortes von Konrad Lorenz: *»Das lang gesuchte Zwischenglied zwischen dem Tier und dem wahrhaft humanen Menschen sind wir.«*

1 vgl. auch die Rede des Bundespräsidenten Dr. Walter Scheel anlässlich der 500-Jahr-Feier der Universität Tübingen.

2 Hartmut von Hentig: Die Wiederherstellung der Politik. Cuernavaca revisited, Stuttgart und München 1973

Kultur und Technik

Vortrag anlässlich der Jubiläumsfeier zum 75jährigen Bestehen der Zeitschrift „Kunststoffe" in Mannheim am 16.10.1985. Erstabdruck als Jahresgabe des Carl Hanser Verlags für die Freunde des Hauses zum Jahreswechsel 1985/86, München 1985

Der Text dieses Beitrags wurde redaktionell geringfügig bearbeitet (s. Anhang, Editorische Hinweise).

Bis zur Neuzeit, deren Beginn wir in das 17. Jahrhundert, in die Zeit *Galileo Galileis* und *Francis Bacons* legen können, lebten die Menschen des Abendlandes in einer technischen Welt, die arm an Neuheiten war, in der sich die ihnen zur Verfügung stehenden technischen Mittel nur unmerklich entwickelten. Was im Wandel war, das waren die Künste: Musik, Malerei, Bildhauerei, Architektur und natürlich auch Philosophie und Literatur. Alles Schöpferische im Menschen fand hier seinen immer neuen Ausdruck, so dass man allein in diesen musisch-kulturellen Bereichen das Wirken menschlicher Kultur zu erblicken glaubte und das technische Tun lediglich als außerkulturelle Dienstleistung in Anspruch nahm, der jegliche Geistigkeit fehlte. Und auch wenn im 18. Jahrhundert mit der Erfindung der Dampfmaschine durch *James Watt* die erste industrielle Revolution ihren Anfang nahm und Mathematiker, Naturwissenschaftler und Erfinder wie *Euler, Lagrange, Newton* und *Lavoisier, Watt, Cort, Cartwright* und viele andere eine außerordentliche Kreativität entfalteten, so wurde all dies damals so sehr von den gewaltigen Schöpfungen der Musik, der bildenden Künste, der Literatur und Philosophie überstrahlt, das weit bis ins 19. Jahrhundert hinein – insbesondere – der deutsche Bildungsbürger den kulturellen Wandel nur auf diesen Gebieten wahrnahm und den wachsenden Anteil der Technik am Wandel der Kultur völlig ignorierte, weil er sich daran gewöhnt hatte, den Kulturbegriff auf die Künste und die Philosophie zu verengen und alles andere menschlicher Schöpferkraft entspringende Schaffen geringschätzig in den Bereich der „Zivilisation“ zu verweisen, ja so weit zu gehen, in der technischen Entwicklung den Beginn des kulturellen Niedergangs zu erblicken.

Goethe als Prophet

Und noch heute rufen Kulturkritiker hier *Goethe* als Zeugen an, indem sie aus „Wilhelm Meisters Wanderjahren“ folgende Passage zitieren:

„Das überhandnehmende Maschinenwesen quält und ängstigt mich: Es wälzt sich heran wie ein Gewitter, langsam, langsam; aber es hat seine Richtung genommen, es wird kommen und treffen.“

Das klingt so, als spräche hier *Goethe* selber als Prophet, der schon damals in düsterer Vorahnung das Unheil sieht, das die Technik in ihrer weiteren Entwicklung bis hin zur Atombombe über die Menschheit bringen wird. Dem ist jedoch nicht so. Es sind Sätze, ganz am Schluss von *Goethes* gewaltigem Romanfragment, da wo es märchenhaft mystische Züge, etwa wie im zweiten Teil des Faust, annimmt; und zwar stammen sie aus dem Tagebuch des Leonardo, der hier in aller Ausführlichkeit über das Spinnen und Weben in Heimarbeit in abgelegenen Gebirgstälern berichtet. Die genannten Sätze spricht eine etwas geheimnisvolle Frau, die als Unternehmerin das Ende dieser handwerklichen Textiltechnik kommen sieht und der zitierten Passage den folgenden Satz vorausschickt: *„Was mich aber drückt, ist doch eine Handelssorge, leider nicht für den Augenblick, nein! Für alle Zukunft.“*

Wenige Zeilen danach sagt die gleiche Frau zu Leonardo: *„Denken Sie, dass viele Täler sich durchs Gebirg schlingen, wie das, wodurch Sie herabkommen; noch schwebt Ihnen das hübsche frohe Leben vor, das Sie* *die Tage her dort gesehen, wovon Ihnen die geputzte Menge allerseits eindringend gestern das erfreulichste Zeugnis gab; denken Sie, wie das nach und nach zusammensinken, absterben, die Öde, durch Jahrhunderte belebt und bevölkert, wieder in ihre uralte Einsamkeit zurückfallen werde."*

Da bleibt von einer apokalyptischen Sicht der Technik, die man *Goethe* mit dem ersten aus dem Text gerissenen Zitat unterstellen könnte und wohl auch wollte, nicht viel übrig. Vielmehr lässt sich daraus ablesen, wie hellsichtig der alternde *Goethe* den enormen Wandel im Lebensstil erkannte, der mit der Einführung der Technik über uns kommen würde, wie dann Bräuche und Sitten, Arbeitsbedingungen und soziale Umwelt sich fundamental ändern würden. Dass die dort sprechende Frau von Sorge, Pessimismus, ja Schwermut bedrückt ist, wen wundert es, da doch jeder in Zufriedenheit, Glück und Wohlstand Lebende in einem unaufhaltsam heraufkommenden Wandel, dessen Verlauf unsicher und unkontrollierbar erscheint, zunächst eine Bedrohung sieht und den Aufbruch in eine neue Zeit fürchtet.

Zum Kulturbegriff

Wer in Technik und Kultur zwei verschiedene, gar einander feindliche Phänomene menschlichen Schaffens glaubt sehen zu müssen, wird in unserer modernen Welt nicht glücklich leben können. Deshalb – meine ich – bedarf es in unserer Zeit einer umfassenden Sicht dessen, was wir unter Kultur verstehen. Und somit lassen Sie mich nunmehr definieren, was ich unter einem umfassenden Kulturbegriff verstehe.

Für den Zweck der folgenden Ausführungen möge „Kultur" als die Gesamtheit der typischen Lebensformen einer Bevölkerung begriffen werden, einschließlich der sie tragenden Wertvorstellungen. Ich sehe in ihrem Wesen das Ganze der Bestrebungen, die natürlichen Fähigkeiten des Menschen, des homo sapiens, des homo ludens, aber auch des homo faber und des homo investigator zu entwickeln und sich jenseits seines Naturzustandes zu entfalten.

Und da sich in jeglicher menschlicher Gesellschaft Kultur als Geschehen und als Zustand findet, gehören zum Inhalt von Kultur die bei ihrer Schöpfung beschrittenen Wege, die aufgewendeten geistigen und künstlerischen Leistungen ebenso wie auch der Ertrag solcher Bemühungen. Und ich möchte die Kraft der Ausstrahlung von Kultur daran erkennen, in welchem Umfang und mit welcher Intensität die in ihrem Kreis lebenden Menschen durch ihren Lebensstil und Lebenssitte an der Schaffung wie am Genuss ihrer Kulturgüter teilhaben.

Die Entfaltung des Menschen jenseits seines Naturzustandes hat Folgen für den Menschen persönlich wie für seine sachliche Umwelt. *„Die persönliche Kultur“* – so sagt *Friedrich Dessauer,* Biophysiker, Ehrendoktor der Theologie und Abgeordneter des deutschen Reichstages gegen Ende der Weimarer Zeit, danach im Exil, in seinem bedeutendsten Werk „Streit um die Technik“ – *„besteht in der Erweiterung des Wissens, Könnens, in der Pflege des Interesses für Geschichte, Gesellschaft, Natur, Kunst, Ethik, Religion. Sie ist ein Streben zum Geist, nach Menschwerdung, zur Emanzipation aus animalischer Gebundenheit, zur Hebung des Milieus der Mitmenschen, zur civilitas und humanitas, wie die Alten sagen. ... Aber all dies Veredeln und Entfalten der Persönlichkeit ist an die Gewinnung und Nutzung von objektiven Mitteln gebunden. Als Künstler etwa – und hier sieht man es leicht – kann der Mensch sich nur entfalten, wenn er, was er schaut, nach außen herausstellt, realisiert, schafft. Aber es ist überall so: Wissenschaftsentfaltung bedarf der Objektivierung durch die Schrift, den Druck, die Bücher, die Bibliotheken. ... Die objektiven Güter sind zugleich die Zeugen eines Kulturstandes, die bleiben, wenn die kulturtragenden Personen scheiden. ... Es gibt kein objektives Kulturgut, und sei es von höchstem Rang, das nicht von der Technik gebildet und getragen wird. Alle Kulturgüter sind zugleich technische Güter. Das gilt von jeder Violine, jeder Zeitung, jeder Plastik, vom Taufbecken und Grabkreuz, von Arznei und Kathedrale. Es gibt auch keinen Pflug, kein Boot, kein Rad, keine Straße, kein Kleid, kein Haus, keinen Bleistift, keinen Malerpinsel, kurzum nur wenig Lebensgüter und kaum ein Kulturgut, das nicht zugleich ein Gut der Technik, das heißt: dessen Kulturwelt nicht* *von der Technik mitgeprägt wäre. Das gilt nicht nur für die Raumformen der Gegenstände, sondern auch für die Zeitformen der Verfahren.“*

Wer Kultur in so umfassendem Sinne erkennt, verwirft sogleich die im deutschen Sprachgebrauch übliche und von manchem Geisteswissenschaftler sorgsam gepflegte Unterscheidung von Kultur und Zivilisation, die z. B. alles Literarische automatisch der Kultur und alles Technische ohne weiteres der – geistig unterwertigen – Zivilisation zuordnet. So wenig, wie jedes Erzeugnis der Technik ein Kulturgut darstellt, so wenig kann dies von jedem Buch behauptet werden.

Dass Kultur im ständigen Wandel begriffen ist, kann als Binsenweisheit gelten. Was den Wandel in unserer Zeit so bemerkenswert macht, ist das stetig beschleunigte Tempo, in dem dieser Wandel stattfindet. Befremdet, ja zuweilen erschreckt, nehmen viele den Wandel z.B. in der bildenden Kunst dieses Jahrhunderts wahr.

Zum Unbehagen an der Technik

Den größten Wandel, in dem wir heute noch mitten drin stehen, erfuhr jedoch unser Lebensstil durch die Entwicklung von Wissenschaft und Technik. Dass dieser Wandel immer wieder auch unerfreuliche Folgen zeigt, wissen wir alle. Besonders der in der Industrie Tätige kennt aus leidvoller Erfahrung die Übertreibungen und Entstellungen, mit denen viele „Grüne“ und in ihrem Fahrwasser schwimmende Chaoten nicht nur der Industrie und Wirtschaft, sondern wegen ihrer Maßlosigkeit und Unaufrichtigkeit auch dem wichtigen Anliegen, in nationaler Geschlossenheit die Umwelt gesund zu halten bzw. wieder gesund zu machen, Schaden zufügen. Erlauben Sie mir dennoch, ein Schlaglicht darauf zu werfen, wie durch Technik die aktive Teilhabe am „kulturellen Leben“ beeinträchtigt wird:

Vor wenigen Jahren wurden die Ergebnisse einer Befragung von in Kalifornien lebenden Kindern bekannt, aus denen hervorging, dass hier Kinder im Vorschulalter mehr als ein Drittel ihrer wachen Stunden vor dem Fernseher verbringen. Dann wundert es nicht, dass bei dieser Befragung auch folgendes herauskam: Auf die Frage, „Wer ist dir lieber – Papa oder Fernsehen?", entschied sich fast die Hälfte dieser Kinder für das Fernsehen. Sind wir sicher, ob gleichaltrige deutsche Kinder sich viel anders beschäftigen bzw. beschäftigt werden und entsprechend denken? Werden nicht überhaupt Bildschirm und akustische Dauerberieselung im eigenen Heim immer mehr zum Ersatz von Mitmenschlichkeit, nach der im Grunde genommen wir alle, jung und alt, hungern? Ertappen wir uns nicht selbst des öfteren dabei, wenn wir abgespannt und von einem langen Tag voller Arbeit und Hetze heimkommen, dass wir dann sogleich auf den Knopf des Fernsehers oder Radios drücken, um zu entspannen, zur tiefen Enttäuschung unseres Lebensgefährten und unserer Kinder, die sich den ganzen Tag auf ein mitmenschliches Zusammensein am Feierabend – wie schön dieses altmodische Wort doch ist – gefreut haben. Wird so kulturelles Leben, Kreativität gefördert? Kann so Kultur gedeihen?

Wer in den Morgenstunden Radio hört, um sich zu informieren oder unterhalten zu lassen, hört die gleichen kakophonen Hits, die an den Schallplattenständen millionenfach an Jugendliche verkauft werden. Man hat festgestellt, dass hierzulande Schüler und junge Menschen täglich zwei bis fünf Stunden derartige Musik hören und auf diese Weise ein Bedürfnis befriedigen, das als solches in den allgemeinbildenden Schulen kaum erkannt wird und somit auch bislang zu keiner ausreichenden musikalischen Grundbildung geführt hat. Folglich trifft der so unzureichend musikalisch Ausgebildete hilflos auf die ihn Tag und Nacht mittels Walkman und Transistorradio begleitende Trivialmusik. Bleiben wir auch in der Zukunft bei solcher Vernachlässigung der Bildung unserer emotionalen Fähigkeiten, dann haben wir es bald mit Generationen von kulturellen Analphabeten zu tun.

Bemerkungen zum Fortschritt

Das hier zum Ausdruck kommende Unbehagen an der modernen Technik reicht natürlich viel weiter. Doch bevor wir uns diesem Komplex in einiger Ausführlichkeit zuwenden, einige fundamentale Betrachtungen zum wissenschaftlichen und technischen Fortschritt, der von vielen als Quelle des allgemeinen Unbehagens empfunden wird, und zwar wollen wir uns fragen: Wo in der Kultur findet überhaupt Fortschritt statt, gibt es ihn – außer in Wissenschaft und Technik – auch in der Kunst oder, sagen wir, auch in der Philosophie? Hier liegt wohl der wesentliche Unterschied zwischen Wissenschaft und Technik auf der einen und Kunst und Philosophie auf der anderen Seite: Die Malerei von *Rembrandt, Greco, Dürer* und *Picasso; Beethovens, Mozarts* oder *Bachs* Musik; die Skulpturen der Antike wie der Neuzeit; kurz in der Vergangenheit geschaffene Kunst kann durch keinen Fortschritt überholt werden; und das gilt auch für die Philosophie, in der es zwar, wie in der Kunst, Wandel und Entwicklung, aber keinen zielgerichteten Fortschritt gibt. Wir verharren in keiner Philosophie, ebenso wenig in einer Kunstepoche. Quasi gesetzmäßig findet hier im Erproben neuer Möglichkeiten, neuer Ausdrucksformen eine immerwährende Evolution statt, an die sich aber nicht eine Meßlatte anlegen lässt, die das Ablesen irgendwelchen Fortschritts gestatten könnte. Selbstverständlich gibt es schlechte und gute Kunst bzw. Philosophie, aber solche Bewertung wie auch deren Kriterien lassen sich nicht aus der Idee des Fortschritts ableiten. Nachprüfbaren Fortschritt gibt es in der menschlichen Geschichte nur in den „exakten" Wissenschaften (Naturwissenschaften und Mathematik) und in der Technik einschließlich der Medizin. Sie entwickeln sich nicht nur gleichzeitig auf vielen parallelen Wegen, sondern auch kumulativ. Hier konnte eben eine fortschreitende Aufspeicherung aller neu gewonnenen Erkenntnisse und Methoden stattfinden. Es ist der Reichtum und die Zugänglichkeit dieses „Schatzes", die den Grad der evolutiven Potenz der Naturwissenschaften und Technik ausmachen, welche gerade in unseren Tagen durch die Schaffung der riesigen Computer-Gedächtnisse einen gewaltigen neuen Schub erfahren hat. Die menschliche Fähigkeit, die Zukunft neu zu gestalten, ist eben proportional zu der Fähigkeit, auf gespeicherte Vergangenheit zurückzugreifen, auf ihr aufzubauen, von ihr fortschreiten zu können. Und es wird Fortschritt auf immer breiterer Front in den „exakten" Wissenschaften und in der Technik stattfinden, solange die geistige gesellschaftliche Umwelt solcher Entwicklung günstig ist; und das war so seit der Epoche der Aufklärung, in der die Erschaffung einer Willens- und Verstandeswelt ihren Ursprung hatte. Ohne die Stärkung des Verstandes, also des begrifflichen, in Einzelschritten vollziehbaren und in Handlungen umsetzbaren Denkens, und ohne die von den immer weiter steigenden Erwartungen der Gesellschaft geförderte Entschlossenheit des Willens, das zu tun, was der Verstand denken kann, hätte der technische Fortschritt seit Beginn der ersten industriellen Revolution vor gut 200 Jahren nicht stattgefunden; ein Prozess, der sich dadurch selbst verstärkte, dass der Verstand auch das auszudenken vermag, was solcher Wille wollen kann. Die Entwicklung der Kriegstechnik liefert für diese Behauptung ein beredtes Zeugnis.

Wille und Verstand, diese „siamesischen Zwillinge" menschlichen Vermögens, erfuhren in unserer Epoche eine – in ihrer Ausschließlichkeit und in der Erfassung breitester Bevölkerungsschichten – in früheren Zeiten ungekannte Ausbildung, die den technischen Fortschritt als Ausfluss eines nicht von Vernunft geleiteten Willens- und Verstandestrainings der Unmenschlichkeit preisgeben könnte, stände dem nicht unser instinktives Wissen entgegen, dass Technik kein Versagen der Vernunft auszugleichen vermag. Dabei verstehe ich unter Vernunft ein menschliches Verhalten, das sich nicht mit der Betrachtung von Teilaspekten begnügt, nicht der Verfolgung partikulärer Interessen dient, sondern das sich um die Wahrnehmung des jeweils betroffenen Ganzen bemüht. Der Mensch handelt insoweit vernünftig, wenn er bei der Lösung eines Problems, zum Beispiel dem der Energieversorgung, nicht nur die technischen Möglichkeiten in Erwägung zieht, nicht nur die wirtschaftlichen Aspekte, nicht nur die Interessen bestimmter Industrien und Wirtschaftskreise, aber auch nicht nur – wie manche Bürgerinitiativen – allein die Risiken für Mensch und Natur. Vielmehr erfordert Vernunft, dies alles und vieles mehr gleichzeitig in Betracht zu ziehen und nach der schwierigen Abwägung des Für und Wider bei so unterschiedlichen Gesichtspunkten den Versuch zu machen, mit der stets fälligen, ja unausweichbaren Entscheidung unparteiisch das Gesamtinteresse nach bestem Wissen und Gewissen wahrzunehmen. Das erfordert dann auch den Mut, das auf solche Weise als notwendig Erkannte möglich zu machen.

Aussagen darüber, dass menschliche Vernunft und wissenschaftlich-technischer Fortschritt sich auf Dauer gegenseitig ausschließen, sind keine Erfindung unserer Tage, ebenso wie die das Gegenteil behauptenden Bekenntnisse, die ihren Urvater in Sir *Francis Bacon* haben, der 1620 seine große Utopie mit dem Titel „Novum Organum" veröffentlichte und damit den Glauben an den unaufhaltsamen Fortschritt begründete, der seit dem 18. Jahrhundert Philosophie und Naturforschung mit dem Ziel der Naturbeherrschung zum Wohle der Menschheit beseelte.

Stimmen zur Technik-Kritik

Aber die, welche der Wissenschaft und der Technik mit unverhohlenem Unbehagen, ja häufig mit grimmiger Ablehnung in Büchern und Pamphleten gegenübertreten, waren stets in der Mehrzahl. *Jean-Jacques Rousseau* war wohl der hervorragendste unter denen, die Wissenschaft und Technik verdammten, und dessen Sprache heute wieder die „Grünen" sprechen. Er war zutiefst davon überzeugt, dass durch die Entwicklung von Wissenschaft und Technik der Verfall der Kultur unaufhaltsam geworden sei. Ich will der Versuchung widerstehen, Sie mit vielen Zitaten der „Grünen" vergangener Zeiten bis in die Gegenwart hinein zu langweilen bzw. zu ergötzen. Eines gilt für alle: Ihre Geringschätzung der Technik wird nur noch von der Maßlosigkeit ihrer Sprache übertroffen; sie waren und sind nach meiner Kenntnis alle Nicht-Techniker. Dies ist vielleicht auch der Grund dafür, dass sie in der Öffentlichkeit ein ganz besonders großes Echo gefunden haben, da bis in die jüngste Vergangenheit hinein der deutsche Bildungsbürger technisches Wissen gering schätzte, ja sich gern damit brüstete, von technischen Dingen nichts zu verstehen. Ein Ingenieur dagegen gilt nur dann als gebildet, wenn er sich auch auf musisch-kulturellem Gebiet ausweisen kann.

Natürlich gibt es unter den Literaten, Theologen und Philosophen auch Stimmen, die sich bemühen, tiefer zu schauen, so z. B. *Julius Goldstein,* der sich vor dem ersten Weltkrieg gründlich mit *Bacons* Utopie auseinander setzte und in seiner Kritik ausführte:

„Zwei Dinge sind nicht in Rechnung gezogen:

1. Neue Erfindungen erzeugen selbst immer neue Probleme.

2. Der Vervollkommnung der Technik geht nicht eine sittliche Vervollkommnung des Menschen parallel, während tatsächlich mit gesteigerter Technik höhere Anforderungen an die sittliche Kraft des Menschen gestellt werden müssen."

Da ist dann auch die heute noch lesenswerte Arbeit von *Hanns Lilje,* der in seinen jungen Jahren Studentenpfarrer an der Technischen Hochschule Hannover war und nach dem zweiten Weltkrieg als hannoverscher Landesbischof eine weit über sein eigentliches Kirchenamt hinausstrahlende Tätigkeit entfaltete. Weil ich ihn persönlich gut gekannt habe, möchte ich ihm hier besondere Aufmerksamkeit widmen. Er schrieb 1928 als Studentenpfarrer das Buch „Das technische Zeitalter", zu einer Zeit also, als schon viele – kurz vor dem schweren Zusammenbruch der Weltwirtschaft – das Trügerische der Nachkriegsscheinblüte spürten. Er war kein Romantiker, der der „guten alten Zeit" nachtrauerte; so erinnerte er sogleich daran, dass hundert Jahre zuvor die Menschen von 1828 in vieler Hinsicht gequälter, bedrohter als wir lebten, dass damals Krankheiten, Schmutz,

Willkürherrschaft, Rechtlosigkeit, Feudalismus, Massenelend, Enge, Armut, Seuchen und Ausschluss der meisten Bürger von den Werten der Kultur schlimmere Lasten für die Menschen waren als die Umweltbelastung und der Betriebsstress der Menschen von 1928. Hierher gehört auch das Zitat: *„Immer wieder erliegen die unbedachten Lobredner der Vergangenheit unbewußt der Gefahr einer falschen aristokratischen Geschichtsbetrachtung. Was sie an großen Zeiten der Vergangenheit rühmen, dass sie dem einzelnen Menschen ein Leben als freie Persönlichkeit gestatteten, das ist ja nur auf dem Hintergrunde von tausenden von Entrechteten und Versklavten möglich gewesen.“*

Lilje erkannte auch, dass man der Technik nie rein begegnet, sondern fast immer in ihrer Verflechtung mit dem Leben, Schicksal, Beruf, in der Geschichte. Und dann kommt von ihm die Forderung ähnlich fundamentalen Inhalts, wie die bereits zitierte von *Julius Goldstein,* nur noch eindringlicher: *„Die Technik verlangt eindeutig eine religiöse Sinngebung des gesamten Daseins“*, ein Satz, der vielleicht erst heute, da wir mit dem furchtbarsten Produkt moderner Technik, der Atombombe und den übrigen Kernwaffen, leben müssen, uns in seiner vollen Bedeutung klar wird. Für *Lilje* war dies eine Selbstverständlichkeit; er hat sich stets geweigert, das Leben in eine große Zweckmäßigkeitsrechnung aufzulösen: *„Das ist in der Tat ein durchgehender Unterschied der Lebensanschauungen, ob man ... schuldig wird und darum Vergebung braucht, oder ob man sich bloß verrechnet hat.“*

Wenn man heute die Stimme vieler Seelsorger der Nachkriegsgeneration hört, möchte man wünschen, dass sie vor dem Ergreifen des Worts *Liljes* Buch gelesen und dabei die Erfahrung gemacht hätten, welch große Schau, welch tiefer Ernst und welche redliche Klugheit aus seinen Worten spricht. Man höre dagegen die verächtliche Arroganz eines Theologen auf dem 1952-er Darmstädter Gespräch zum Thema „Mensch und Technik“: *„Das Urbild des homo faber ist Hephäst, diese mißgestaltete Gottheit. Schon auf seiner Zeugung liegt ein Makel, und deshalb kommt er hinkend zur Welt.“*

Hephäst war in der Tat einer der hässlichsten Götter in der griechischen Mythologie, von vielen gehasst, der zweimal aus dem

Olymp hinausgeworfen wurde und bei der Landung auf der Insel Lemnos nach dem zweiten Himmelssturz seine Beine brach und seitdem hinkte. Aber es wäre auch zu erwähnen gewesen, dass trotz ihres Widerwillens, trotz ihrer Abneigung gegenüber Hephäst viele der anderen Götter sich eifrig seiner technischen Fähigkeiten bedienten; Hephäst beherrschte die gesamte Technik seiner Zeit: Er war Architekt, Schmied, insbesondere Waffenschmied, Wagenbauer und bildender Künstler, ja er lieferte den Göttern jene goldenen Schuhe, mit denen sie fliegend durch die Lüfte reisen konnten. Kurzum, er war unentbehrlich für das Funktionieren des Olymps, der ihn im Übrigen verabscheute.

Wenn auch die „Grünen" von heute keine griechischen Götter sind oder sein wollen, auf die Ergebnisse der von ihnen gering geschätzten modernen Technik, sei es Elektrizität, Auto, Flugzeug oder Telefon, wollen sie in ihrem Privatleben auch nicht verzichten. „Zurück zur Natur wollen viele – aber nicht zu Fuß!", wie mein verehrter Kollege Professor *Magnus* in seinem beachtenswerten Vortrag zum Thema „Neue Fronten im Streit um die Technik" vor einigen Jahren spöttisch bemerkte. Wenn heute ein „Aussteiger" irgendwo in der Lüneburger Heide sein Aussteigertum zelebriert, ist er stets von einem ihn kräftig abstützenden Maß an technischer Kultur begleitet. Er kann gar nicht anders, als mit seinem „alternativen Leben" parasitär an der Technik teilhaben.

Nicht ganz soweit gehen diejenigen – und deren Zahl ist nicht klein –, welche die Forderung nach „sanfter Technik", einer „Technik nach menschlichem Maß" stellen. Die dafür – unter Verzicht auf „harte" Großtechnik – angebotenen Szenarien sind ausnahmslos normativer Natur, d.h. sie setzen neue Normen, die bei ihrer Durch- und Umsetzung der weit überwiegenden Mehrheit unserer Bevölkerung einen Lebensstil aufzwingen würden, den nur eine verschwindend kleine Minderheit will. Eigentlich hätten die, die „das sanfte Leben" propagieren, auf den Gedanken kommen müssen, dass Menschen, wären sie in ihrer Mehrheit oder gar Gesamtheit fähig, freiwillig den ihnen von „sanfter Technik" abverlangten Lebensstil auf sich zu nehmen, dann auch in der Lage wären, die moderne Technik, sei sie groß oder klein, hart oder sanft, sicher zu meistern sowie sinnvoll und maßvoll zu nutzen. Bei solchen idealen Menschen würde es also der Einführung einer „sanften Technik“ überhaupt nicht bedürfen. Dass man dennoch von diesen Tendenzen lernen kann, darauf komme ich später noch zurück.

Protest gegen die Technik im gesellschaftlichen Umfeld der Gegenwart

Mit Sicherheit steht hinter dem Protest eine Grundhaltung, die nicht nur überhaupt Großtechnologien ablehnt, sondern auch jegliche große Machtkonzentration in staatlichen und privatwirtschaftlichen Organisationen, die in ihren Funktionen und Zielen, ja in ihrem Funktionieren nicht mehr über- und durchschaubar sind, denen gegenüber sich der einzelne machtlos fühlt, ein Rädchen im großen Getriebe, dessen Sinn andere – zumeist unerreichbare – bestimmen. Die Akzeptanzkrise gegenüber einzelnen Technologien ist im Grunde genommen eine tiefgreifende Vertrauenskrise, die bei ihrem Fortbestehen unabsehbare Folgen haben dürfte.

Ist diese Vertrauenskrise wirklich ein Grund zur Sorge? Man könnte ja abwinken: Alles schon dagewesen! Protest gegen die Technik hat es – wie wir gesehen haben – schon immer gegeben, aber er hat dem ständigen technischen Fortschritt keinen Abbruch getan, da praktisch seit über zweihundert Jahren die politische und gesellschaftliche Umwelt dem Fortschritt günstig war. Doch hier liegt der große Unterschied unserer gegenwärtigen Situation gegenüber früher: Das heutige gesellschaftliche Umfeld ist erheblich verändert, seitdem vor mehr als zehn Jahren die Revolte gegen die Kernenergie das Signal gab, ganz allgemein jegliche Großtechnik als nicht über- und durchschaubar, unverständlich, kulturfeindlich und inhuman zu bekämpfen. Zu sehr hat sich der Bürger durch zum Teil gewalttätige, professionell organisierte Großdemonstrationen von Zehntausenden verunsichern lassen, eine Verunsicherung, die auch viele politische Entscheidungsträger ergriff.

Was sind nun die wesentlichen Argumente gegen die moderne Technik? Und was ist an ihnen dran? Da ist einmal der schon angesprochene Vorwurf, in der modernen Großtechnik sei alles so komplex, dass der in unserer Demokratie letztlich für alles zuständige und mitverantwortliche Bürger dies nicht mehr begreifen könne, und da man ihm die technischen Zusammenhänge offenbar nicht verständlich machen könne, so dürften die Erbauer und Betreiber so komplexer Anlagen diese wohl auch selbst nicht ganz durchschauen und somit nicht sicher beherrschen. Leider kommt man nur selten auf die durchaus legitime Gegenfrage: „Muss der Bürger eigentlich alles erklärt bekommen, und zwar so, dass er es auch versteht?" Nichtverstehen technischer Vorgänge hat bis heute keinen davon abgehalten, sich ihrer zu bedienen. Gut, aber da ist das riesige Ausmaß und die unheimliche Komplexität moderner Großtechnik, was nicht nur Unbehagen, sondern zuweilen furchterregende Visionen schrecklicher Katastrophen hervorruft. Doch auch gegen dieses aufs Quantitative zielende Argument lässt sich ins Feld führen, dass Großtechnik z. B. in der chemischen Industrie, schon vor mehr als einem halben Jahrhundert nichts Besonderes war. Und die von dieser verursachte Umweltbelastung – obwohl viel stärker als die heute von modernen Großanlagen ausgehende – hat früher nicht zu Protesten des heutigen Massendemonstrationstyps geführt.

Forderung nach Transparenz und Risikofreiheit

Schön, die früheren Anlagen waren einfacher und die in ihnen stattfindenden Prozesse wohl auch einfacher – zumindest für den Fachmann – zu durchschauen. Die Anlagen moderner Großtechnik sind jedoch zweifelsfrei mit bedeutend zuverlässigeren Sicherungen gegen Versagen und mit weit aufwendigeren Umweltschutzmaßnahmen ausgestattet als die alten Anlagen. Doch damit gibt man sich nicht zufrieden. Transparenz ist heute eine unabdingbare Forderung, die in unserer heutigen Demokratie den überall erhobenen Anspruch auf aktive Mitbestimmung wie ein Schatten begleitet. Aber man kann es nicht genug betonen: Transparenz hat Grenzen, vornehmlich fach- und problembedingte Grenzen. Zur Herstellung von „Transparenz" industrieller Anlagen und der sich hier abspielenden Vorgänge sind zumindest zwei Voraussetzungen zu erfüllen:

1. Beschreibung der technischen Anlage, Erklärung der in ihr stattfindenden Produktionsvorgänge einschließlich der Verarbeitung der eingesetzten Rohstoffe, Abschätzung der Umweltbelastung sowie der Unfall- und Störfallrisiken, Nützlichkeit des hergestellten Produkts, Kosten-Nutzen-Analyse etc.

2. Eine „Öffentlichkeit", die willens und in der Lage ist, die unter 1. angebotenen Materialien zu studieren, zu verstehen und „objektiv" zu bewerten.

Natürlich liegen die unter 1. aufgeführten Materialien vor, da sie ja von den beteiligten Unternehmen schon in der Planungsphase erstellt werden müssen. Allerdings sind sie in dieser Form für den Laien unverständlich und außerdem viel zu umfangreich. Also sind die unter 1. aufgelisteten Materialien in stark vereinfachter und verkürzter Form darzustellen. Die so konzipierten Gedankengebilde oder „Modelle", die diese Materialien der Öffentlichkeit allgemeinverständlich vermitteln sollen, sind dann notwendigerweise ungenau und unvollständig, zumal sich in der Regel chemische, thermodynamische, elektrische und viele andere in industriellen Anlagen stattfindende Prozesse einer hinreichend genauen und gleichzeitig für den Laien verständlichen Beschreibung entziehen. *Magnus* hat dementsprechend in dem oben erwähnten Vortrag analog zur Heisenbergschen Unschärferelation eine intellektuelle „Unschärferelation" formuliert: *Man kann die Natur nicht zugleich exakt und allgemeinverständlich beschreiben!*

Und schließlich, wie viel Bereitschaft ist überhaupt vorhanden, das verstehen zu wollen, was zur Aufhellung technischer Vorgänge und wissenschaftlicher Zusammenhänge dargeboten wird. Herstellung von Transparenz sei eine „Bringschuld" der Ingenieure und Wissenschaftler, wird laut verkündet. Aber wer hört denn wirklich hin, wenn dieser Bringschuld entsprochen wird? Und was heißt schon Bringschuld? Wer Entscheidungen in Dingen zu treffen hat, deren Wesen er nicht versteht, der trete seine Entscheidungskompetenz ab oder wende sich bitte an die, welche aufgrund ihres Wissens und ihrer Erfahrung berufen sind, sie zu belehren. Insofern hatte Professor *Reimar Lüst,* früher Präsident der Max-Planck-Gesellschaft, völlig recht, als er vor wenigen Jahren von einer „Holschuld" der Politiker sprach.

Eine weitere immer wieder vorgebrachte Forderung ist die nach Risikofreiheit der Technik. Davon sei die Akzeptanz moderner Technik, insbesondere der Kerntechnik, abhängig zu machen. Zunächst sei unmissverständlich festgestellt, dass die Forderung nach Risikofreiheit eine unsinnige Forderung ist. Absolute Sicherheit, also Nullrisiko, gibt es nicht, kann und wird es nie geben. Andererseits ist die Forderung, dass alles getan werden muss, Anlagen der Chemie- und der Energietechnik so sicher wie sinnvoll möglich auszulegen und zu bauen, sowie dauernd mit großer Sorgfalt zu betreiben und zu überwachen, eine für den Ingenieur völlig selbstverständliche Forderung. Dies brauchen Politiker den Ingenieuren nicht ständig vorzubeten, als seien diesen die Gebote der Verantwortungsethik fremd und als müsse man die Öffentlichkeit über die möglichen riesigen Gefahren aufklären, damit sie frühzeitig den Anfängen wehren könne. Nun, Aufklärung ist an sich eine gute Sache. Aber wer sich mit den Gefahren der Technik in der Öffentlichkeit auseinandersetzt, kann nicht sorgfältig genug sein. Aufgrund eigener Erfahrung möchte ich feststellen, dass grundsätzlich Vorsicht bei der Darstellung von Gefahrenpotentialen, also von Gefährdungsmöglichkeiten, geboten ist, besonders bei der Heranziehung einprägsamer bildhafter Ausdrucksmittel. Emotional konditionierte Gegner moderner Technik saugen solche Informationen geradezu begierig auf und sind dann kaum noch mit rationalen Argumenten zu erreichen.

Wie sicherlich viele, so weiß auch ich aus eigener Erfahrung, wie schwer einmal festgesetzte Überzeugungen in einem selbst überwunden werden können, ja wie man innerlich bereit ist, Informationen, die solche Überzeugungen bestätigen, für bare Münze zu nehmen, insbesondere, wenn sie aus „professionaler Feder“ stammen.

Nun, es kann kein Zweifel darüber herrschen, dass der Mensch zu allen Zeiten von Gefahren der unterschiedlichsten Art umgeben war. Den heute in den Industrieländern lebenden Menschen umlauern, ob er sich dessen bewusst ist oder nicht, Umweltgefahren, deren Gesamtpotential, würde es in „geeigneter“ Form hundertprozentig freigesetzt, die ganze Menschheit vieltausendmal umbringen könnte. Die tatsächliche Gefährdung wird jedoch weit stärker durch die Freisetzungsmöglichkeiten des betrachteten Gefahrenpotentials bestimmt, also durch die möglichen Mechanismen seiner Freisetzung (z. B. durch Brand, Explosion, Erdbeben, Flugzeugabsturz auf die Anlage, Bedienungsfehler usw.), ferner hängt die wirkliche Gefährdung ab von der Zahl, Redundanz, Verschiedenartigkeit und Wirksamkeit der Sicherheitseinrichtungen.

Genug der Einzelheiten zur Risikoeinschätzung! Dennoch sei hier abschließend festgestellt, dass die gewalttätigen Massendemonstrationen für angeblich mehr Sicherheit vor den Folgen der modernen Technik, sei es Ziviltechnik oder Kriegstechnik, geradezu absurd und grotesk anmuten, wenn man bedenkt, dass die gleichen Menschen das Risiko des Rauchens und Trinkens, des Automobilverkehrs oder des Sports, ohne mit der Wimper zu zucken, auf sich nehmen. Man bedenke nur, dass innerhalb der zweiten Hälfte dieses Jahrhunderts der Automobilverkehr auf der ganzen Welt über 5 Millionen Tote fordern wird und darüber hinaus zehnmal so viele Schwerverletzte!

Neben solcher Risikofreudigkeit ist in der Tat die sich in den Massendemonstrationen entladende Sucht nach Sicherheit rational nicht zu begreifen. Genauso irrational ist der weltweite Aufwand für Militärausgaben, wobei die beteiligten potentiellen Gegner jeder für sich meinen, rational angesichts der Aufrüstung des anderen zu handeln. Das

Rationale der Teile erweist sich hier als das Irrationale des Ganzen, weil hier eben keine Vernunft am Werke ist, die sich ja stets um die Wahrnehmung des Ganzen bemühen sollte. Und so sorgt die Befriedigung der Sucht nach partikulärer Sicherheit durch immer aufwendigere kriegstechnische Systeme am Ende nur dafür, dass gleiche Sicherheit für alle in gleiche Unsicherheit für alle umschlägt. Hier wird der technische Fortschritt in der Tat auf fürchterliche Weise missbraucht.

„Bezüge sind das Leben"

Dass die uns durch den technischen Fortschritt zugewachsene Freizeit von vielen, ja allzu vielen, ebenfalls durch Nutzung von Mitteln, die dem technischen Fortschritt entspringen, missbraucht wird, hatten wir schon eingangs gesehen. Hier ist die – meinetwegen elitäre – Feststellung am Platze: Je mehr sich der materielle Wohlstand in unserer Zivilisation ausbreitet, desto weniger wird der wahre Lebensstandard durch die Unterschiede in dem Besitz und in der Nutzung materieller Güter geprägt sein, aber um so mehr durch die Art, wie die zunehmende Freizeit genutzt wird, durch den Lebensstil, der durch die Fähigkeit des persönlichen Erlebens unseres musisch-kulturellen Erbes gestaltet wird. In einem vor 150 Jahren vom 80jährigen *Goethe* geschriebenen Brief an *Carl Friedrich Zelter* steht der Satz: *„Bezüge sind das Leben"*. Er meinte damit die Bezüge, die der Mensch im Laufe seines Lebens zunächst zu seiner Mutter, dann zum Vater, zu Geschwistern, Onkeln und Tanten, Freunden, Lehrern und Mitschülern, später zum Ehegatten und zu seinen Kindern bildet, aber auch zu Sachen, wie der elterlichen Wohnung, seinem Schulhaus, zu Büchern und Musikinstrumenten und schließlich auch zu geistigen Begriffen wie Freiheit, Solidarität, Gerechtigkeit. Je weiter gefächert und je intensiver solche vielgestaltigen Bezüge sind, desto reicher gestaltet sich die Persönlichkeit. Nebenbei bemerkt, in diesem Lichte erkennt man auch, wie eine Persönlichkeit verarmt, wenn sie ihre wesentlichen Bezüge nur aus einer zentralen Ideologie ableitet, wie wir es besonders bei politischen und religiösen Fanatikern immer wieder erleben, die von dem vielfältigen Reichtum der wirklichen Welt geradezu abgeschnitten zu sein scheinen. Bezüge werden nicht allein vom Verstand hergestellt, an ihrem Aufbau sind alle Fähigkeiten des Menschen beteiligt, nicht zuletzt – ja ich meine zuvorderst – die emotionalen Kräfte. Möglichkeiten zu ihrer sinnvollen Entwicklung zu eröffnen, den rechten Umgang mit ihnen zu fördern, darin sehe ich ein ganz wesentliches Ziel künftiger Kulturpolitik.

Ich habe diesen kurzen Exkurs über fundamentale Fragen zur Gestaltung unseres kulturellen Lebens eingeschoben, weil ich mich des Eindrucks nicht erwehren kann, dass wir angesichts der riesigen materiellen Probleme, denen sich die Welt gegenübersieht, diesem so entscheidend wichtigen Aspekt unseres Daseins nicht die rechte Bedeutung beimessen. Wir können hier mit unseren Klagen bei unseren Schulen anfangen, wo wir in – wie ich meine – falscher Überbetonung der kognitiven Lehrinhalte eine übermäßige Förderung intellektueller Fähigkeiten – und seien sie noch so mittelmäßig oder gar völlig unzureichend – zu betreiben suchen, und somit einen großen Teil unserer Jugend – unter Vernachlässigung der Heranbildung ihrer praktischen Begabungen und ihrer emotionalen Anlagen – auf einen falschen Bildungsweg gelenkt haben und noch lenken. Und wir können aufhören mit der einseitigen Sichtweise, in der wir immer noch glauben, die großen nationalen und internationalen Probleme mit den Mitteln des technischen Fortschritts allein lösen zu können.

Zu den Zielen des technischen Fortschritts

Diese letzte Bemerkung möge nicht als Aufforderung verstanden werden, sich gegen den durch Forschung beflügelten technischen Fortschritt aufzulehnen. Sicherlich kann man es beklagen, dass die Anwendung der Technologie es mit sich bringt, dass die Bedürfnisse, die Verhaltensweisen von immer mehr Millionen Menschen sich ständig mehr dem Materiellen zuwenden, dass der Erwartungshorizont von immer mehr Menschen immer höher wächst, dass daraus ständig neue, immer größere Forderungen resultieren, die in wachsendem Maße nur durch den Staat oder andere zentrale auf immer größere Konzentration hinstrebende Organisationen und Institutionen befriedigt werden können. Aber es gibt kein Zurück auf dieser Straße. Ohne eine stets größere menschliche Bereiche und weitere Erdregionen durchdringende Technologie kann die heute schon fast 5 Milliarden betragende und schnell wachsende Weltbevölkerung nicht erhalten werden. Neues Wissen und Können als Ergebnis kreativer Forschungsarbeit, zäher Neu- und Weiterentwicklung und mutiger Innovation gehören zwangsläufig zur permanenten Lebensnotwendigkeit aller menschlichen Gemeinschaften, insbesondere aller hochentwickelten Industriegesellschaften.

Aber der technische Fortschritt und das damit verbundene wirtschaftliche Wachstum dürfen nicht ziellos erfolgen. Die in Politik, Wirtschaft und Technik tätigen Menschen sollten sich bemühen, einen weitgehenden Konsens über langfristige Ziele für den erstrebten Zustand ihrer natürlichen, sozialen und materiellen Umwelt herzustellen, denen sie entgegenwachsen wollen. In unserem vor über zehn Jahren erschienen zweiten Bericht an den Club of Rome mit dem Titel „Menschheit am Wendepunkt“ haben *Mesarovic* und ich eine solche Entwicklung „organische Entwicklung“ genannt, weil ja auch das organische Wachstum in der Natur zielorientiert ist. Und so wird es für menschliche Gemeinwesen keine gesunde Entwicklung geben, ohne dass sie sich klare Ziele stecken, die eine Reihe von Bedingungen erfüllen müssen:

- Die einzelnen Zielvorstellungen müssen miteinander vereinbar sein.
- Sie müssen den tatsächlichen Bedürfnissen und Wünschen der betroffenen Menschen entsprechen.
- Es muss die Aussicht bestehen, dass sie mit dem Potential an vorhandenen Fähigkeiten dieser Menschen und mit den erreichbaren materiellen Ressourcen auch realisiert werden können.

Gerade was die Fähigkeiten der Menschen und die materiellen Ressourcen betrifft, gibt es erhebliche regionale Unterschiede in der Welt; die organische Entwicklung wird sich daher ebenfalls in den verschiedenen Teilen der Welt in unterschiedlicher Weise entfalten. Außerdem: Bedürfnisse und Wünsche ändern sich im Laufe der Zeit ebenso wie die verfügbaren Mittel, weshalb die Ziele immer wieder neu definiert werden müssen.

Jede Generation steht also vor der Aufgabe, die Ziele für die Lebensgestaltung der nachfolgenden Generation neu zu formulieren. Dies allein genügt jedoch noch nicht. Die Generation von heute muss auch bereit sein, eine Vorbildfunktion auszuüben. Dies gilt insbesondere für die im industrialisierten Westen lebenden Menschen. Unser Lebensstil wird von immer mehr Menschen in den Schwellen- und Entwicklungsländern als Vorbild betrachtet. Die politischen Eliten, selbst in den ärmsten Ländern, leben wie die Reichen bei uns und wirken dabei als nachstrebenswerte Vorbilder für ihre Mitbürger bzw. Untertanen. Sollten in den nächsten 20 bis 50 Jahren 4 bis 5 Milliarden Menschen zusätzlich zu der einen Milliarde von Menschen, die heute im Wohlstand leben, die Konsumgesellschaft in unerträglichem Maße vergrößern, dann würde in der Tat eine Situation eintreten, wie wir sie aus „Grenzen des Wachstums“ kennen. Also müssen hier und heute die in Wohlstand lebenden Menschen endlich energisch und umfassend die Aufgabe angreifen, den technischen Fortschritt so zu lenken, dass er stets mit der jeweils gegebenen und sich mit der Zeit verändernden natürlichen und sozialen Umwelt verträglich ist. Das wird dann zumeist zu keiner primitiven Technik führen, sondern zu einer Technik, die in vieler Hinsicht ganz erhebliche wissenschaftliche Anstrengungen erfordert. Denken Sie z. B. an das äußerst schwierige Problem der Photolyse, der Direkterzeugung von Wasserstoff durch Sonnenenergie. Gelänge dies mit einem Wirkungsgrad von, sagen wir 20 Prozent, dann wäre das Energieproblem der Menschheit sowohl wirtschaftlich wie umweltfreundlich für alle Zeiten gelöst. Dies würde in der metallurgischen und in der chemischen Industrie, im Transportwesen usw. einen technischen Wandel herbeiführen, der den Wohlstand von immer mehr Menschen auch für die biologische Umwelt erträglich machen würde.

Warum müssen wir eigentlich immer warten, bis solche Technologien „wirtschaftlich“ werden, wenn wir es uns wegen der ständigen Produktivitätssteigerung leisten können, gleichzeitig neben einer sich laufend verbessernden Entlohnung der Erwerbstätigen noch ein Heer von Millionen Arbeitslosen materiell vor der Armut zu schützen? Ich meine, es ist an der Zeit, den technischen Fortschritt in einem langfristigen und holistischen Rahmen zu betreiben, die Wirtschaftlichkeit neuer technischer Entwicklungen nicht im engen Vergleich mit traditioneller Technik zu sehen, sondern in den Kostenvergleich auch die geringere Umweltbelastung und die Entlastung des Arbeitsmarktes, die solche arbeitsaufwendigen Technologien z. B. der Kohleverflüssigung oder der Nutzung der Solarenergie mit sich bringen – denn sonst wären sie ja nicht teurer –, sowie die Absicherung gegen nicht kontrollierbare äußere Einflüsse – wie z. B. die willkürliche Festsetzung der Erdölpreise – mit einzubeziehen und schließlich auch nicht den psychologischen Auftrieb gerade für die jungen Menschen außer acht zu lassen, der das energische Anpacken zukunftsträchtiger Aufgaben begleitet.

Zur Glaubwürdigkeit der Sorge um den technischen Fortschritt

Ich habe also durchaus Verständnis für die, welche den gegenwärtig sich vollziehenden technischen Fortschritt mit einiger Sorge betrachten. Aber ich möchte den so Besorgten auch sagen, dass sie ihre Glaubwürdigkeit erheblich stärken würden, wenn sie zusammen mit ihren Bedenken auch alle Tatsachen mit auf den Tisch legen oder zumindest als relevant zur Kenntnis nehmen würden, die diese Bedenken abmildern oder gar entkräften könnten. Und das gleiche gilt für die Gegenseite. Alle sollten sich nach Kräften um ihre Glaubwürdigkeit bemühen! Seien wir uns darüber im Klaren, dass die Wirksamkeit der

Wahrheit entscheidend von der Glaubwürdigkeit derer abhängt, die sie verkünden. Glaubwürdigkeit erfordert aber auch das Zugeben von Fehleinschätzungen, auch wenn dadurch vorübergehend die eigene Glaubwürdigkeit von dem politischen Gegner propagandistisch in Frage gestellt werden kann.

Glaubwürdigkeit gewinnt auf Dauer nicht der, welcher an einmal gefassten Meinungen und Vorurteilen auch dann noch festhält, wenn er inzwischen so viel dazugelernt hat, dass eine Revision seiner Ansichten fällig ist. Rechthaberei ist kein Ersatz für Glaubwürdigkeit, ebenso wenig wie moralische Überheblichkeit.

Ein Appell an alle

Zum Schluss möchte ich daran erinnern, dass die großen kritischen Probleme unserer Zeit letztlich durch den Menschen mit all seinen zumeist guten, manchmal aber auch bösen Absichten selbst geschaffen worden sind. Sie sind damit letztlich auch das Ergebnis einer sich mehr und mehr einseitig entfaltenden Geisteshaltung des abendländischen Menschen. Helfen wir mit, dass der abendländische Mensch einen Gesinnungswandel erfährt, der ihm zwar die gläubige Tatkraft zum Anpacken unserer Probleme erhält, aber seine Ziele mehr als bisher auf ein in allen Aspekten menschliches Leben ausrichtet.

Ein ganz persönlicher Appell möge am Ende dieser Ausführungen stehen, ein Appell, der mich zum ersten Male betroffen machte, als wir in der Schule *Friedrich Schillers* Antrittsvorlesung über das Thema, „Was heißt und zu welchem Ende studiert man Universalgeschichte?“ lasen, die *Schiller* – damals gerade 30 Jahre alt – im schicksalsschweren Jahr 1789, dem Jahre der Französischen Revolution, vor seinen Studenten in Jena hielt, als der Kulturwandel mit Macht einsetzte, der in uns noch heute, wohl stärker als je zuvor, lebendig wirksam ist und immer mehr Menschen im Erdenrund erfasst. *Schiller* schloss damals mit den Worten:

„Und welcher unter Ihnen, bei dem sich ein heller Geist mit einem empfindenden Herzen gattet, könnte dieser neuen Verpflichtung eingedenk sein, ohne dass sich ein stiller Wunsch in ihm regte, an das kommende Geschlecht die Schuld zu entrichten, die er dem vergangenen nicht mehr abtragen kann? Wie verschieden auch die Bestimmung sei, die in der bürgerlichen Gesellschaft Sie erwartet – etwas dazusteuern können Sie alle.“

Ist unsere Demokratie überlebensfähig? Zur Frage der Grenzen von Regierbarkeit

Vortrag, gehalten am 16.11.1978 in Bremen in der Reihe »Geistige Begegnungen in der Böttcherstraße«. Erstabdruck in: Eduard Pestel, Unsere Chance heißt Vernunft. Lernen für die Welt von morgen. Braunschweig 1980.

Der Text dieses Beitrags wurde redaktionell geringfügig bearbeitet (s. Anhang, Editorische Hinweise).

In seinem 1776 erschienenen Werk »Der Wohlstand der Nationen« vertrat Adam Smith den Gedanken, dass jemand, der es eigentlich nur auf seinen eigenen Gewinn abgesehen habe, dennoch, gleichsam von einer unsichtbaren Hand geleitet, zur Förderung des Allgemeinwohls beitrage. Obwohl Adam Smith nicht darauf bestand, dass »die unsichtbare Hand« stets solches bewirken würde, ging von dieser bildhaften Idee eine solche Faszination aus, dass seither sich in vielen, vielen Menschen – darunter häufig politisch sehr aktiven – die Überzeugung festgesetzt hat, Entscheidungen, von einzelnen in Freiheit getroffen, würden sich in der Tat auch als die für die Gemeinschaft besten Entscheidungen erweisen. Es erscheint mir wichtig, diese Annahme einer grundsätzlichen Prüfung zu unterwerfen. Denn sollte sie solcher Kritik nicht standhalten, so würden damit auch unsere persönlichen Freiheitsrechte in Frage gestellt, zumindest aber darauf zu überprüfen sein, welche es wert sind, verteidigt zu werden. Ich möchte diese grundsätzliche Betrachtung an Hand eines von Garrett Hardin in seinem berühmten Essay »The Tragedy of the Commons«*erörterten Beispiels durchführen.

* Garrett James Hardin (1915 - 2003), amerikanischer Mikrobiologe und Ökologe. Der zitierte Essay erschien 1968 in der Zeitschrift Science – d. Red.

Stellen Sie sich eine große Weide vor, allen Gemeindemitgliedern offen zur freien Nutzung. In England gibt es noch heute in den Randgebieten vieler Städte solches im Gemeindebesitz befindliches Land, genannt »the commons«. Man kann davon ausgehen, dass jeder Besitzer von Rinderherden sich der Versuchung ausgesetzt sah, so viele Rinder wie möglich auf diesem Land, the commons, zu weiden. Das mochte lange Zeit gut gehen, solange nämlich die Zahl der Menschen und Tiere genügend weit unter der lag, die das Land – sagen wir – verkraften konnte. Schließlich wurde aber diese Grenze erreicht, und die diesem Nutzprinzip entsprechende Logik der individuellen Ausbeutung von Gemeingut führte zu dem, was Hardin »The Tragedy of the Commons« nennt, und – ich meine – zu Recht eine Tragödie nennt, weil sich der nun folgende Entscheidungsprozeß der beteiligten Personen mit der Unausweichlichkeit vollzieht, wie die Schicksale der Akteure in einer griechischen Tragödie.

Jeder Herdenbesitzer wird stets versuchen, seinen Gewinn zu maximieren. Dabei wird er sich die Frage stellen: »Welchen Nutzen bedeutet es für mich, wenn ich noch ein weiteres Tier auf die Weide schicke?«

Nun, da der Verkaufserlös dieses zusätzlichen Tieres ihm allein zukommt, liegt der Nutzen, von dieser Seite aus gesehen, für ihn auf der Hand. Andererseits wird er als ein mit Vernunft begabtes Wesen bedenken, dass durch dieses zusätzliche Tier eine schädliche Überweidung stattfindet. Doch wird er sich gleich damit beruhigen, dass ja der durch diesen Überweidungseffekt entstehende Schaden von allen anderen Herdenbesitzern mitgetragen wird, so dass auf ihn nur ein Bruchteil des Schadens zukommt. Und so gelangt er folgerichtig zu dem Schluss, dass sich für ihn durch Hinzufügung eines weiteren Tieres zur Herde fraglos ein Vorteil ergibt. Nun, dann kann er mit Hilfe der gleichen Logik gleich ein weiteres hinzufügen, und so fort....

Es ist aber natürlich nicht nur ein Herdenbesitzer, der zu diesem Schluss und damit zu diesem Entschluss kommt. Alle werden so denken und handeln. Darin liegt eben die Tragödie, the tragedy of the commons, dass jeder Teilhaber in ein System eingespannt ist, das ihn ob seiner Freiheit dazu verführt, ja – ich möchte fast sagen – dazu zwingt, seine Herde grenzenlos zu vergrößern, auf einer Weide, die ihre Grenzen hat. Unausweichlicher Niedergang ist das Schicksal aller in einer Gemeinschaft lebenden Menschen, wenn ihnen der freie Zugriff zum Gemeingut ungehindert zusteht und dieser dann bedenkenlos genutzt wird.

Da werden einige – vielleicht sogar nicht wenige – sagen, dies sei doch eine Plattitüde. Wer dieser Meinung ist, muss dennoch zugeben, dass die Menschen unserer wie früherer Tage – wohl gar in ihrer Mehrzahl – nicht in der Lage sind, selbst solche Plattheiten in sich gedanklich zu verarbeiten und somit ihre durch Selbstsucht gekennzeichneten Verhaltensweisen zu überprüfen und zu ändern. Ein Beispiel zum Beleg für diese Behauptung aus einer Zeitungsmeldung: Nach dieser Meldung hatte in Bremen die Stadtverwaltung den Bürgern der Stadt 60 Fahrräder zur freien Benutzung zur Verfügung gestellt, um für das Fahrrad als einem umweltfreundlichen Transportmittel zu werben.

Das Experiment war erst zwei Tage alt, als bereits die Hälfte der Fahrräder gestohlen war und von den verbleibenden 30 Rädern 15 so beschädigt waren, dass sie nicht repariert werden konnten. So kam das wohlgemeinte Experiment zu einem frühen Ende.

Ich wage die Behauptung, dass die Idee des freien ungehinderten Zugriffs zum Gemeineigentum, würde sie mit letzter Konsequenz überall in die politische Praxis umgesetzt, unerbittlich zur Anarchie führen muss, mit weltweiten desaströsen Konsequenzen für Freiheit und Wohlergehen der betroffenen Menschen. Obwohl nur wenige dieser Behauptung widersprechen würden, so wird dennoch jede neu auferlegte Einschränkung der »freedom of the commons« – wie zum Beispiel die Einschränkung des Demonstrationsrechtes, der Pressefreiheit, Geschwindigkeitsbeschränkungen und dergleichen – von lauthals vorgetragenen Anklagen begleitet, freiheitliche Grundrechte würden durch solche Maßnahmen und Gesetze gefährdet. Im Gegensatz dazu möchte ich mir die Feststellung erlauben, dass praktisch jedes Mal, wenn die Menschen für ihr Zusammenleben die unabweisbare Notwendigkeit gegenseitiger Beschränkung der individuellen Freiheit erkannten und daraus zweckmäßige Konsequenzen zogen, sie im Grunde genommen einen Zuwachs an Freiheit erfuhren, zumindest die Mehrheit, und zwar in dem Sinne, dass die zuvor zur Verteidigung gegen die Willkür anderer, zum Beispiel mächtigerer Mitmenschen, vergeudeten Kräfte nun für die Förderung ihres eigenen Wohles und des der Gemeinschaft frei wurden.

So ist der Satz: »Freiheit besteht in der Anerkennung von Notwendigkeiten« mit Recht einer der Eckpfeiler des modernen demokratischen Staates geworden. Nur mit diesem Freiheitsverständnis ist ein Staat möglich, der das Zusammenleben der Menschen in einer Weise ordnet, die ein menschenwürdiges, das heißt dem Menschen als selbstverantwortlichem Wesen gemäßes Dasein ermöglicht und fördert. Darum kann die Garantie der Menschenwürde nicht ohne Gesetz und Ordnung und somit auch nicht ohne Herrschaft von Menschen über Menschen gewährleistet werden. Letztere ist Voraussetzung für die Wirksamkeit des Staates, in dem Ordnung, gegründet auf Gerechtigkeit, seine eigentliche Leistung darstellt, Friede nach innen und außen ihre unmittelbare Folge ist.

Ideal ist der Staat, der diesen Bedingungen genügt. Von allen Staatsformen dürfte die Volksherrschaft, in der die dem Gesetz Gehorchenden auch zugleich die Gesetzgebenden sind, wohl das Höchstmaß an Freiheit und Selbstverantwortung der Bürger zu verwirklichen in der Lage sein.

Wie eine moderne ideale Demokratie in einem Millionen von Bürgern umfassenden Staat funktionieren sollte, um Herrschaft durch das Volk für das Volk zu garantieren, brauche ich wohl nicht zu erklären. Erlauben Sie mir jedoch dazu insoweit einige Bemerkungen, dass Sie selbst erkennen mögen, in welchem Maße unsere parlamentarischen Demokratien sich in der rauen Wirklichkeit diesem Ideal nähern bzw. noch von ihm entfernt sind.

Im Idealfalle würden die parlamentarischen Vertreter eine wahre Elite bilden, sie würden ihr Amt ohne imperatives Mandat ausüben, allein ihrem Gewissen verantwortlich und dem Wohl der Nation verpflichtet, nicht irgendwelchen partikularen Interessen. Ungewöhnlich hohe berufliche Qualifikation, moralische Integrität und persönliche Unabhängigkeit würden unerlässliche Voraussetzungen für die Übertragung eines Regierungsamtes sein. Alle Beamtenstellen würden mit hochqualifizierten, parteipolitisch unabhängigen Personen zu besetzen sein, die im Dienen ihre erste Pflicht sehen. Das Prinzip sauberer Trennung von Legislative, Exekutive und Judikative, also klare Gewaltenteilung, würde auf das genaueste beachtet usw. usw.

Wir alle wissen: Niemals war und niemals wird ein idealer Staat dieser Art auf Erden Wirklichkeit werden, weil es eben keine idealen Menschen gibt. Menschen sind keine Engel. In Wirklichkeit würde jede Regierung, ganz gleich welcher Art, elendig scheitern, wenn sie von einem Menschenbilde ausginge, dem nicht das »Durchwachsene unserer Natur«[1] eigen ist, was ja gerade uns Menschen von den Engeln unterscheidet, die wir zu Recht als Wesen anderer Art empfinden; sie würde also Schiffbruch erleiden, wenn sie insbesondere nicht die Fähigkeit des Menschen berücksichtigte, moralische Grundsätze und jegliche Vernunft außer acht zu lassen, um sich seinen Gefühlen und Leidenschaften hinzugeben – seien sie nun Furcht, Angst, Ärger, Liebe, Hass, Selbstsucht oder apathische kalte Gleichgültigkeit. Und sie würde wohl auch versagen, wenn sie nicht berücksichtigte, dass nur sehr wenige Menschen mehr als einen schmalen Ausschnitt der Wirklichkeit erfassen, mehr als nur einen kleinen Zipfel, an dem zufällig ihr besonderes Interesse hängt. Denn die Menschen sind sehr selten, die fähig sind, sich ein umfassendes, nicht einseitiges, nicht ein von partieller Blindheit verzerrtes, reduziertes und getrübtes Bild vom Zustand und von der zeitlichen Entwicklung unserer so vielgestaltigen, komplexen Welt zu machen.

Man darf also wohl zusammenfassend feststellen, dass die eigentlichen Grenzen der Regierbarkeit dieser Welt im Menschen selbst zu suchen sind. In ihm liegen auch die wesentlichen Gefahren für die Stabilität des Staates – ganz gleich, welcher Art er sei.

Kommen wir nun zum eigentlichen politischen Geschäft, das – Sie werden mir zustimmen – in erster Linie und ganz allgemein darin besteht, gute Entscheidungen bei der Regelung unserer gemeinsamen Angelegenheiten zu treffen, auf dass sich unser Zusammenleben für möglichst viele vorteilhaft entwickeln und gestalten möge.

Kein Zweifel, dies erfordert zumindest ein gutes Verständnis der zu regelnden Angelegenheiten und aller möglichen Begleitumstände. Es ist jedoch eine Tatsache, dass in der Welt, wie sie nun einmal ist, Entscheidungen – große und kleine – täglich getroffen werden müssen, trotz eines außerordentlichen Mangels an zuverlässigen und umfassenden Informationen, ebenso wie angesichts weit voneinander abweichender Einschätzungen der Konsequenzen solcher Entscheidungen. Überdies müssen Entscheidungen von Menschen aufgrund der von ihnen kraft ihres öffentlichen Amtes ausgeübten Macht getroffen werden, in der Regel, ohne dass sie sich dabei auf eigene fachliche und sachliche Kompetenz abstützen können. In den meisten komplexen Problemen der Gegenwart sind die Entscheidungsträger fast völlig auf fremde Sachkenntnis angewiesen. Ihre Verantwortung aber können sie nicht delegieren.

Folglich müssen im politischen Leben diejenigen, welche die Entscheidungen treffen, in der Tat Verantwortung für politische Akte tragen, deren häufig komplexe Voraussetzungen sie zumeist nicht ganz verstehen und deren Folgen sie in all ihren vielzweigigen Konsequenzen nicht vorhersehen können. Sich aber vor Entscheidungen unter diesen Voraussetzungen überhaupt zu drücken, wäre auch ein politischer Akt mit oft ebenso unvorhersehbaren Folgen wie jene, die infolge der politischen Entscheidungen eintreten würden, die zu treffen man sich aufgrund ihrer zweifelhaften Folgen geweigert hat.

Was ist nun das wesentliche Motiv, das Menschen veranlasst, sich diesem politischen Geschäft hinzugeben? Ich meine, die wohl am stärksten treibende Kraft hinter politischer Tätigkeit ist das Streben nach Macht: der Drang, an die Macht zu kommen, ebenso wie der Wille, an der Macht zu bleiben. Denn ohne Macht gibt es kein Regieren. Würde ein Staat versuchen, sein Wirken nur auf Appelle an das Gewissen seiner Bürger zu gründen, würde er schnell verfallen, wie zuvor in der »Tragedy of the Commons« dargelegt wurde. Das bedeutet nicht, dass oft und beharrlich geäußerte Appelle unnötig wären. Im Gegenteil: Für einen allmählichen Bewusstseinswandel, der ein Volk zum Erkennen seiner wahren Probleme führen soll, sind solche Appelle unerlässlich.

In der Konkurrenz um die Macht sehe ich allerdings einen der wesentlichen limitierenden Faktoren für effektives Regieren unter den Bedingungen einer parlamentarischen Demokratie. Aber bevor ich eine Anzahl in dieser Hinsicht relevanter kritischer – und vielleicht manchmal überspitzt formulierter – Bemerkungen zu den meines Erachtens angeborenen Schwächen dieser Staatsform mache, lassen Sie mich zweifelsfrei erklären, dass ich keine bessere Staatsform kenne als die, in der die Macht vom Volke ausgeht, oder besser, die Macht durch das Volk für das Volk ausgeübt wird. Ich halte es jedoch für unbedingt erforderlich, ihre Schwächen ebenso wie die Gefahren für das Überdauern unserer parlamentarischen Form der Demokratie unnachsichtig aufzudecken. Denn, wie Robert Lee Stevenson einmal sagte, »*die Wahrheit, die von Freunden unterdrückt wird, ist die bequemste Waffe in der Hand des Feindes*«.

Noch eine letzte Bemerkung, bevor ich diesen – sicherlich unvollständigen – kritischen Überblick vornehme. Man mag sich fragen, warum ich mich in dieser kritischen Betrachtung auf das System der repräsentativen Demokratie beschränke, wenn über drei Viertel der Menschheit unter anderen Regierungsformen leben, die meistens der Freiheiten entbehren, derer wir uns erfreuen dürfen; wenn die meisten der vielen neu gegründeten Staaten in den Entwicklungsländern offensichtlich noch nicht für unseren Stil der Demokratie „reif“ sind; und nicht zuletzt, wenn angesichts unserer bisher erschreckenden Unfähigkeit, bei der Lösung der großen Weltprobleme auch nur etwas voranzukommen, durchaus die Frage am Platze ist, ob und mit welch innerer Überzeugung unsere kritischen und skeptischen jungen Menschen noch bereit sind, unsere parlamentarische Demokratie zu verteidigen.

Lassen Sie mich also die Frage nach den Gründen für meine Beschränkung auf die Probleme unserer Staatsform damit beantworten, dass erstens Kritik immer im eigenen Hause beginnen sollte, und dass zweitens die bei weitem größte wirtschaftliche Macht bei den westlichen Demokratien liegt, die darum gegenwärtig und in der absehbaren Zukunft auch die größte Verantwortung für das künftige Wohlergehen dieser Welt tragen, und dass ich schließlich nur geringe Hoffnung auf eine geordnete friedliche Entwicklung setzen möchte, wären wir nicht in der Lage, unsere Staatsform gegen politische Angriffe von innen und außen zu behaupten, was sicherlich nicht ohne eigene Einsichten in die Schwächen unseres Regierungssystems und die daraus zu ziehenden Konsequenzen möglich sein dürfte.

Lassen Sie mich nun einige wenige Faktoren erörtern, die meines Erachtens effektives Regieren in einer parlamentarischen Demokratie erschweren oder zuweilen gar verhindern.

1. Das Regierungsmandat muss erworben werden. Es muss regelmäßig in allgemeinen Wahlen unter heftigen Wettbewerbsbedingungen wieder erkämpft werden. Hierdurch stehen im modernen demokratischen Staat Regierung wie Parlament unter dem ständigen Druck der Erwartungen und Forderungen der Wählerschaft, die in der Regel nicht gewillt ist, Entscheidungen, die Opfer weiter Bevölkerungsteile fordern, zu akzeptieren, wenn dies ihr nicht als unabwendbar notwendig vor Augen steht.

2. Der Wettbewerb um das Amt verführt politische Entscheidungsträger nicht selten dazu, an die Lösung ihrer Probleme so heranzugehen, dass möglichst ihre eigene politische Anhängerschaft zufriedengestellt wird. Diese Situation wird häufig durch die Tatsache verschlimmert, dass Regierungsmitglieder in der Regel nicht nur führende Mitglieder ihrer politischen Parteien, sondern oft auch Gewerkschaftsführer oder eng mit der Leitung der Arbeitgeberschaft oder anderer außerparlamentarischer Machtgruppen liiert sind. So kann zuweilen die Verfolgung partikularer Interessen die Sorge um das Ganze verdrängen. Diese, einer von Vernunft geprägten Verhaltensweise entgegengesetzte Einstellung

verengt nicht nur den politischen Spielraum, ja sie verstellt häufig den Blick für das Ganze in solchem Maße, dass viele Probleme unter diesen Voraussetzungen überhaupt nicht mehr gesehen werden, geschweige denn in Angriff genommen werden können.

3. Die Regierung steht ständig unter dem Druck, sich mit zahllosen unbedeutenden, ja kleinkarierten Problemchen befassen zu müssen, die von ihren Konkurrenten im Wettlauf um politische Macht laufend quasi erfunden werden. So wird ihre Aufmerksamkeit oft von wirklich wichtigen Entscheidungen abgelenkt, und die Kräfte der Regierung werden dadurch vergeudet, dass sie sich dauernd mit zahlreichen Angelegenheiten geringer Bedeutung zu befassen hat.

4. Im Wettbewerb um die Regierungsmacht stehen im allgemeinen die unmittelbar drängenden Probleme im Brennpunkt. Daher leiden in der Regel die politischen Kräfte in unseren westlichen Demokratien an einer Art struktureller Kurzsichtigkeit. Obwohl es bekannt ist, dass viele Probleme unserer Zeit deutlich ihre Wurzeln in politischen Entscheidungen haben, die vor langer Zeit getroffen wurden, scheinen Politiker nicht gewillt zu sein, daraus den Schluss zu ziehen, dass sie neben den kurzfristigen stets auch die langfristigen Folgen ihrer politischen Entscheidungen mit Bedacht abwägen sollten. Im allgemeinen scheinen sich nicht allzu viele Politiker der Tatsache bewusst zu sein, dass häufig durch ihre politischen Entscheidungen und Handlungen nicht umkehrbare Entwicklungen in Gang gesetzt werden.

5. Im Kampf um die Wählergunst besteht die Tendenz, in der öffentlichen Debatte Probleme zu vereinfachen, die in Wirklichkeit äußerst komplex sind. Daraus resultiert häufig die Versuchung, dann auch in der politischen Praxis die Lösung solcher Probleme auf diesem niedrigen Denkniveau anzugehen, obwohl sie tatsächlich in ihrer ganzen Komplexität erfasst werden müssten, bevor man sich ihrer Bewältigung annimmt. „Simple“ Lösungen kom-

plexer Probleme ergeben zumeist unerwartete Folgen zweiten und dritten Grades, die weit schwerwiegender und langfristiger sind als die unmittelbar anvisierten Ergebnisse.

6. Der Wettbewerb, die Mehrheit der Wähler für sich zu erobern, führt nahezu zwangsläufig zum stetigen Wachstum der Ausgaben öffentlicher Gelder für immer mehr staatliche Dienstleistungen und folglich für eine ständig wachsende Bürokratie, deren Wirkungsgrad im allgemeinen mit ihrer Größe abnimmt. So bekommt der gewöhnliche Bürger in der Regel weniger Dienstleistungen oder solche minderer Qualität, für die er über zusätzliche Steuern und andere staatliche Abgaben zur Kasse gebeten wird, wenn Wahlversprechen tatsächlich auch gehalten werden. Der Vollständigkeit halber sei angefügt, dass Regierungen es selten wagen, die Steuern bis zu der Höhe zu erhöhen, die notwendig ist, um alle öffentlichen Ausgaben laufend zu decken, was zur Erhöhung der öffentlichen Schuldenlast Jahr für Jahr führt und eine unverantwortliche finanzielle und wirtschaftliche Belastung künftiger Generationen bedeuten würde, wäre man sich nicht einer schleichenden Entwertung unseres Geldes sicher.

Eine weitere Folge der im Zuge der Ausgabenerhöhung ständig wachsenden Bürokratie ist das Bestreben, ihren Tätigkeitsbereich laufend auszudehnen und ferner auf mehr Institutionen, die sich bisher einer weitgehenden Autonomie erfreuten, kontrollierend einzuwirken, wobei sie leider zuweilen auch von parlamentarischer Seite die entscheidende Unterstützung erfährt. Natürlich denke ich hier sogleich – was läge mir näher? – an die durch das Hochschulrahmengesetz erzwungene Hochschulgesetzgebung der Länder, die in den vergangenen zehn Jahren äußerst schädliche Unruhe in die Hochschule getragen und von den eigentlichen Notwendigkeiten der Hochschulreform abgelenkt hat, und die nunmehr bei der Umsetzung in Verordnungen und Erlasse dazu führt, die Hochschulverwaltung auszuweiten, Lehre und Forschung trotz laufend steigender finanzieller Aufwendungen nachteilig zu beeinträchtigen, und ein gespanntes Verhältnis zwischen Hochschule und staatlichen Behörden auf Dauer zu erzeugen. Meine persönliche Unabhängigkeit als Minister hat es mir stets erlaubt, meine auf Erfahrung gegründete Überzeugung auch offen auszusprechen, dass nämlich in der Ablösung des Satzungsrechts der Hochschulen durch die erwähnte Gesetzgebung ein Irrweg beschritten wurde, und zwar unter Beteiligung aller – hier im Gleichschritt marschierender – politischen Parteien. In eine ähnliche Kategorie gehören Einmischungen des Staates in Aufgabenbereiche, von denen er nichts oder nur wenig versteht, so zum Beispiel der Versuch der Rechnungshöfe, die Arbeit der Stiftung Volkswagenwerk zu kontrollieren.

7. Die Konkurrenz um Wählerstimmen macht es Regierungen schwer, die Lösung eines nationalen Problems hintanzustellen, um sich vorrangig der Bewältigung schwerwiegender internationaler Probleme zuwenden zu können. Gewöhnlich werden nur halbherzige Versuche gemacht, die Wähler von der ungeheuren Bedeutung zu überzeugen, die zum Beispiel die Schließung der Wohlstandslücke zwischen Nord und Süd für die friedliche Entwicklung dieser Welt haben würde, ferner klarzustellen, welche immensen Opfer hierfür zu bringen wären, oder – um ein anderes universales Problem anzusprechen – deutlich darzulegen, welche Anstrengungen auf übernationaler Basis gemacht werden müssten, um weitere grenzüberschreitende Umweltzerstörung zu verhindern. Stattdessen überwiegen in der öffentlichen Diskussion nationale, häufig sogar nur lokale Angelegenheiten und stehen dadurch auf der Prioritätenliste unweigerlich obenan gegenüber weltweiten bzw. regionalen Aufgaben.

8. Eine weitere Schwäche der parlamentarischen Demokratie wurde mir aus Bemerkungen deutlich, die anlässlich eines Zusammentreffens europäischer Parlamentarier an meinem Institut für Systemanalyse und Prognostik vor einigen Jahren der frühere dänische

Finanzminister Peterson machte. Er sah geradezu den Verfall der parlamentarischen Demokratie als unvermeidlich voraus, wenn es nicht gelänge, das Parlament aus seiner gegenwärtigen Rolle als Schauplatz für das Agieren von Politikern, die gegenüber den von einer riesigen Expertokratie gestützten Regierungsvertretern an Information und Sachverstand völlig unterlegen seien, zu befreien. Insbesondere ist davon betroffen die jeweilige Opposition, die daher sich zumeist auf harte Konfrontation beschränkt und nur selten zu wohlbegründeten konstruktiven Vorschlägen in der Lage ist, die nicht sogleich den Argumenten des in den großen Ressorts zusammengeballten Sachverstands – und sei er noch so einseitig – zum Opfer fallen. Die Umwelt und Energiedebatten der vergangenen Jahre, die zumeist vor praktisch leeren Parlamentsbänken stattfanden, legen beredtes Zeugnis für diese Situation ab, und dies hat auch in unserem Lande vor kurzem zu Anregungen von Seiten einiger Bundestagsabgeordneter geführt, die auf eine wirksame Abhilfe dieser lamentablen Entwicklung der Parlamentsarbeit hinzielen.

9. Lassen Sie mich auch, und zwar mit besonderem Nachdruck, meiner tiefen Beunruhigung dahingehend Ausdruck geben, dass ich die Struktur unserer politischen Institutionen für die effektive Bewältigung der wirklich großen Probleme, die unser Land und die Welt im ganzen heute und in Zukunft bedrängen, für nicht voll geeignet erachte.

Diese Probleme sind vom strukturellen Gesichtspunkt gesehen horizontale Probleme, und zwar in dem Sinn, dass sie sich über eine Reihe verschiedener Dimensionen erstrecken. Zum Beispiel ist das Problem, die Nahrungsmittelproduktion in den volkreichen Entwicklungsländern zu erhöhen, nicht einfach ein Problem der Landwirtschaft, sondern auch ein Problem der Erziehung, der Berufsausbildung und der Forschung, zum Beispiel der biologischen, genetischen und der Bodenforschung; Probleme der Ökologie, der industriellen Infrastruktur, der Energieversorgung, des

Transportwesens, der Nahrungsmittellagerung, Verteilung und Verarbeitung, des Einkommens der Massen, der internationalen Zusammenarbeit, des Umweltschutzes usw. treten hinzu und erfordern somit die interdisziplinäre Zusammenarbeit vieler Ressorts, Institutionen und Dienststellen.

Im Gegensatz zu dieser Problemlage sind die Regierungsstrukturen im wesentlichen vertikal gegliedert, wobei jede Abteilung eifersüchtig über die Wahrung ihrer Kompetenz wacht. So hat einmal jemand maliziös behauptet, die wesentlichen von der Bürokratie wahrgenommenen Aufgaben bestünden erstens in der Wahrung ihrer jeweiligen Kompetenzen und zweitens in der Verhinderung jeglichen Wandels.

Die unmittelbare Folge ist, dass hier häufig immer nur ein Aspekt des anstehenden Problems, und zwar isoliert von den anderen, gesehen wird. Und so ist es kein Wunder, dass eine umfassende Problemsicht und eine konzertierte Inangriffnahme solcher komplexen Probleme eher die Ausnahme als die Regel sind. An die Stelle tritt zumeist eine Kur von Symptomen, was gewöhnlich nur zu einer weiteren Verschlimmerung der Situation führt.

10. Erlauben Sie mir schließlich, Ihre Aufmerksamkeit auf ein anderes ernsthaftes Problem zu lenken, das seit einiger Zeit bei vielen großen westlichen Demokratien, so zum Beispiel in der Bundesrepublik Deutschland, in Italien, in Frankreich und Großbritannien aufgetreten ist, ein Problem, das geeignet ist, die zuvor geschilderten Schwächen und Schwierigkeiten zu verstärken. Ich meine die knappen parlamentarischen Mehrheiten, häufig nur durch mehr oder weniger stabile Koalitionen erreicht, auf die sich die Regierung stützen kann. Hierdurch wird die Fähigkeit der Regierung, mutige Maßnahmen zur Lösung lebenswichtiger Probleme zu ergreifen, erheblich geschmälert, wenn nicht sogar zuweilen völlig ausgeschaltet. Diese Situation hat sich in

jüngster Zeit dadurch noch weiter verschlechtert, dass Bürgerinitiativen sich auf schmaler, aber für bestimmte, zumeist junge Wählerschichten, attraktiver Programmbasis zu politischen Parteien zusammengeschlossen haben. Sollten diese „Grünen" auch noch in die Parlamente einziehen, würden sie in vielen Fällen wahrscheinlich das Zünglein an der Waage werden: Gouvernementale Instabilität wäre die unmittelbare Folge. Wir können daher gegenwärtig ein äußerst vorsichtiges Verhalten der größeren Parteien zu den Anliegen der Bürgerinitiativen feststellen. Als Beispiel möge die Diskussion um die Kernenergie dienen. Hier findet diese vorsichtige Haltung in programmatischen Leerformeln Ausdruck, wie »Kernenergie ja, aber so wenig wie möglich«, eine Aussage, die sicherlich kein Vertrauen zu dieser Art der Energieerzeugung einflößt und in der Tat die nur vor wenigen Jahren gemachten Ankündigungen gewaltiger Kernenergie-Programme durch die gleichen Parteien und Regierungen der Lächerlichkeit preisgibt. Auch in der Behandlung anderer Angelegenheiten beobachten die Politiker der traditionellen Parteien sorgfältig den sich in den Bürgerinitiativen bildenden Meinungsprozess, nicht zuletzt weil hier ein Wählerpotential angesiedelt ist, das – wegen der knappen Parlamentsmehrheiten unserer Tage – den Ausgang zukünftiger Wahlen entscheidend beeinflussen kann.

Schließlich mögen sich die etablierten Parteien nicht darüber hinwegtäuschen, dass hier auch ein Überdruss an ihrer in der Vergangenheit häufig mehr von Parteiegoismus als vom Dienst an der Gemeinschaft geprägten Arbeit zum Ausdruck kommt. Je stärker die Stoßrichtung der „Grünen" von Einzelproblemen wie der Kernenergie wegschwenkt zu solch allgemeinen Ursachen der „Parteimüdigkeit", um so mehr werden sie zu einer Gefahr für die Alleinherrschaft der gegenwärtig im Bundestag vertretenen Parteien, und zwar aller.

Fraglos haben die soeben vorgetragenen kritischen Bemerkungen in manchem meiner Zuhörer den Eindruck einer äußerst pessimistischen Sicht der Chancen für das Überleben unserer demokratischen Staatsform vermittelt. In der Tat – so meine ich – würden bei Fortsetzung der hier aufgezeigten Tendenzen sich langfristig zumindest die drei im folgenden genannten ernsten Konsequenzen einstellen:

1. Männer und Frauen, die nicht länger willens sind, unter solchen, zum Teil entwürdigenden Umständen in den politischen Wettbewerb einzutreten, werden von der politischen Bühne verschwinden und damit schließlich das Feld kurzatmig pragmatischen Opportunisten überlassen.

2. Das politische Geschehen wird sich auf Tagesfragen konzentrieren unter völliger Nichtbeachtung mittel- und langfristiger Folgen politischer Entscheidungen. Dies wird zwangsläufig dazu führen, dass den häufig kaum erkennbaren Anfängen unheilvoller Entwicklungen keine Aufmerksamkeit geschenkt wird, und damit versäumt wird, dies zu einer Zeit zu tun, in der noch mit verhältnismäßig geringen Mitteln wirkungsvoll gegengesteuert werden könnte.

3. Die repräsentative Demokratie wird endlich nur noch als ein technisches Instrument, als eine Methode des Regierens gesehen, die Routinemechanismen für die Erledigung unserer öffentlichen Angelegenheiten bereithält, ohne Ziele zu setzen, welche die jüngere Generation wieder begeistern könnten, die Ansporn sein könnten, für unser Gemeinwesen erneut große und ausdauernde Anstrengungen und Opfer auf sich zu nehmen. Kurz gesagt, das Regieren würde auf das Verwalten – und zwar im eng gefaßten Sinne dieses Begriffs – reduziert.

Nun, angesichts dieser kritischen Mängel und so gesetzter Grenzen für effektives Regieren, was kann bzw. sollte getan werden, um unseren freiheitlichen Lebensstil in einer Zeit zu bewahren, in der nicht nur die westlichen Demokratien, sondern die ganze Welt die wohl entscheidungsreichste Phase in der Menschheitsgeschichte zu durchschreiten haben? Es wird Sie nicht erstaunen, dass ich keine Patentrezepte anbieten kann. Nur einige Hinweise und Anregungen traue ich mir zu.

Am wichtigsten scheint mir zu sein, die Menschen zur Einsicht zu bringen, dass zur Bewältigung unserer wahren Probleme kurzfristig Nachteile und Opfer zugunsten langfristiger Vorteile in Kauf genommen werden müssen. Dies ist schwierig genug, aber noch schwieriger wird es sein, nun auch tatsächlich aus solcher Erkenntnis die politischen und wirtschaftlichen Konsequenzen zu ziehen.

Solch zukunftsgerichtetes politisches Handeln allerdings ist – so glaube ich – ohne sorgfältige Erarbeitung und Abwägung einer Reihe von Alternativen kaum möglich, was nach meiner Überzeugung den Einsatz glaubwürdiger und umfassender Planungsinstrumente erfordern wird. Nur so dürften nationale Entscheidungsträger in der Lage sein, optimale und realisierbare Lösungen für die vor ihnen stehenden nationalen und internationalen Probleme zu finden und durchzusetzen. Unsere Weltmodelle, vor allem aber das im ISP Hannover* in den vergangenen drei Jahren erstellte Deutschlandmodell[2] stellen erste – und meines Erachtens bedeutsame – Schritte auf dieses große Ziel hin dar.

Sollte es auf solche oder andere Art möglich werden, die Menschen glaubwürdig zu überzeugen, dass kurzfristig Opfer für eine langfristig günstige Entwicklung gebracht werden müssen, werden viele, vielleicht sogar die Mehrheit dazu bereit sein. Sind nicht – so frage ich – die meisten Eltern bereit, zum Teil ganz erhebliche Opfer für das gesunde Aufwachsen und für eine bessere Ausbildung ihrer Kinder zu bringen, weil sie hier von den langfristigen Vorteilen

* heute: ISP Eduard Pestel Institut für Systemforschung e.V., Hannover – *d. Red.*

überzeugt sind? Welchen Wert allerdings würden diese Opfer haben, wenn diese Kinder, nachdem sie ins Erwachsenenalter getreten sind, eine Welt vorfinden, deren katastrophenträchtiger Kurs nicht mehr abzuwenden ist?

Da ich mich trotz meiner politischen Tätigkeit noch immer – und dies vorrangig – als Wissenschaftler sehe, erlauben Sie mir im Zusammenhang mit den von mir favorisierten Planungsinstrumenten auch eine Frage – sozusagen als Herausforderung – an andere Wissenschaftler zu richten, insbesondere an jene, die in der Vergangenheit meine Bemühungen und die meiner Freunde in der Durchdringung und Darstellung der systemaren Zusammenhänge der großen Probleme unserer Zeit, wenn nicht mit verachtender Abwertung, so doch mit kaum verhüllter Skepsis begleitet haben. Diese möchte ich fragen, und es ist nicht das erste Mal, dass ich diese Frage stelle, ohne eine überzeugend positive Antwort zu erhalten:

»Was hat eigentlich die Wissenschaft getan, um den politischen Entscheidungsträgern rationale Instrumente an die Hand zu geben, die sie in die Lage versetzen würden, der Öffentlichkeit gegenüber glaubhaft darzulegen, warum, um eine, langfristig gesehen, nützliche Entwicklung einzuleiten, gewisse politische Entscheidungen gegenwärtig getroffen werden müssen, obwohl sie kurzfristig – oberflächlich betrachtet – Nachteile mit sich zu bringen scheinen und unerwünschte finanzielle Belastungen verursachen?«

Wir Wissenschaftler müssen uns diese und ähnliche Fragen stellen; denn wir sollten nicht darüber im Zweifel sein, dass die Bürger in unseren westlichen Demokratien solche Hilfe von der Wissenschaft erwarten, ja mancher sich darüber wundern wird, dass es so etwas noch nicht gibt; denn wir leben schließlich zum ersten Mal in der Menschheitsgeschichte in einer Zivilisation, die sich materiell gänzlich auf Wissenschaft und Technik gründet. Ich zumindest bin davon überzeugt, dass Wissenschaftler eine große Anstrengung zu unternehmen haben, um die politischen Entscheidungsträger in dieser Weise zu unterstützen. Problemanalyse und, wenn alles gut geht, korrektes Problemverständnis genügen nicht, obwohl zugegeben werden muss, dass letzteres schwierig genug ist und häufig nicht gefunden wird; denn allein das gründliche umfassende Problemverständnis, das heißt nicht nur das Begreifen der Symptome, die nur allzu oft die Sicht des wahren Problems verstellen, solch umfassendes Verständnis erfordert allein schon zumeist das Zusammenwirken vieler, zum Teil weit auseinanderliegender Disziplinen.

Erlauben Sie mir in diesem Zusammenhang auf einen weiteren Punkt hinzuweisen, der sich auf den Wert umfassender, auf systemtheoretischer Basis erstellter Planungsinstrumente bezieht. Ich meine deren Eigenschaft, dem Benutzer eine holistische Sicht alternativer zukünftiger Entwicklungspfade zu vermitteln und nicht nur einen Einblick in die Entwicklung einzelner Lebensbereiche – so wichtig dies auch sein mag –, zum Beispiel in die Frage der wirtschaftlichen Entwicklung.

Wenn man die öffentliche Diskussion in den vergangenen Jahrzehnten verfolgt hat, dann kann man sich nicht des Eindrucks erwehren, als sei es für praktisch alle Regierungen ein ganz wesentliches Ziel gewesen, immer schnelleres Wirtschaftswachstum, gemessen am nationalen Bruttosozialprodukt, zu erzielen. Dies wahrscheinlich nicht so sehr, weil sie überzeugt waren, dass für die meisten Menschen wachsender materieller Wohlstand auch zunehmendes Glück bedeute, sondern wohl vielmehr, weil sie damit die Hoffnung verbanden, auf solche Weise ihre kurzfristigen wie langfristigen Probleme einfacher lösen zu können. Nun, spätestens seit der Veröffentlichung von »Grenzen des Wachstums« ist es in das Bewusstsein von immer mehr Menschen gedrungen, dass materielles Wachstum, und somit Wachstum des Bruttosozialprodukts, auf die Dauer unmöglich ist, und dass es nur eine Frage der Zeit ist – und dies ist in der Tat die umstrittene Frage –, wann spätestens auch bewusst in Richtung auf eine Verlangsamung des Wachstums hingewirkt werden muss. Nun glaube ich allerdings, dass der Mensch von seinem Wesen her Wachstum anstrebt, und dass er auch dieses Wachstum zu messen wünscht. Gegenwärtig scheinen wir uns noch auf den – wie ich meine – simplistischen Indikator des jährlichen prozentualen, realen Wirtschaftswachstums allein als Maßstab für mehr oder weniger erfolgreiches Wachstum festgelegt zu haben. Und so ist es auch nicht verwunderlich, dass die politischen Anstrengungen sich auf weiteres Wirtschaftswachstum als vorrangiges Ziel konzentrieren. Ich glaube, es ist an der Zeit, weitere Sozialindikatoren zu definieren und miteinander zu bündeln – möglicherweise mit unterschiedlicher Gewichtung, um den verschiedenen Vorstellungen von Lebensqualität entgegenzukommen. Wir würden auf diese Weise neue Maßstäbe für den gegenwärtigen Zustand und die zukünftige Entwicklung unseres Wohlergehens gewinnen. Damit würden wir auch in die Lage versetzt, ja geradezu dazu angeregt, umfassendere Zielvorstellungen als nur die mit materiellem Wachstum zusammenhängenden zu entwickeln; und wir würden dann unseren Erfolg oder Misserfolg in dem Bestreben, uns dem multidimensionalen Zielbündel zu nähern, messen können. Und ich meine ferner: Während wir solchen Zielen entgegenstreben, werden wir geneigt sein, sie immer dann neu zu definieren, wenn wir in unserem Fortschritt zur Erzielung so definierter Lebensqualität zu neuen Ein- und Aussichten gelangt sind. Wir haben hier also keinen quasi-statischen, sondern einen höchst dynamischen Prozess vor uns. Und das Ringen um einen Konsens in der Setzung multidimensionaler politischer Ziele wird auch dem Leben unserer parlamentarischen Demokratie neue Impulse geben und ihrer Reduzierung auf ein institutionelles technokratisches Methodenarsenal zur Erledigung unserer öffentlichen Angelegenheiten wirkungsvoll Einhalt gebieten können.

Nachdem ich nun einige Zeit auf die Erörterung des Beitrages verwendet habe, den rechnergestützte Planungsinstrumente leisten können, um gegenwärtig sichtbar gewordene Grenzen effektiven Regierens zu überwinden, erlauben Sie mir nun noch einige in diesem Zusammenhang zur Vorsicht mahnende Worte. Zunächst möchte ich deutlich machen, dass mathematisch – ebenso wie verbal – formulierte Modelle nie die ganze Komplexität der politischen Wirklichkeit abbilden können. Denn bei jeder Modellerstellung ist eine erhebliche Vereinfachung der betrachteten Wirklichkeit vonnöten.

Selbst in den „harten“ Wissenschaften, also in den Natur- und Ingenieurwissenschaften, kommen wir bei der wissenschaftlichen Analyse ohne solche Abstraktion von der Wirklichkeit nicht aus. In jedem Falle, wie detailliert die Untersuchung auch angelegt sein mag, müssen diejenigen, welche sich solcher Modelle als Planungsinstrumente bedienen wollen, ihre politische und wirtschaftliche Erfahrung, ihre Intuition und Fantasie bei der Übersetzung ihrer Wertvorstellungen, ihrer Ziele und ihrer Zukunftsvisionen in quantitativ formulierte Szenarien einbringen und dann natürlich auch bei der Interpretation der in den unterschiedlichen Modelläufen gewonnenen Ergebnisse einsetzen, ebenso wie bei der Beurteilung ihrer politischen Bedeutung, zum Beispiel hinsichtlich ihrer Realisierbarkeit.

Schließlich würde durch die Möglichkeit des öffentlichen Zugriffs auf solche Planungshilfsinstrumente, die von ihrem Wesen her ja zugleich riesige, verhältnismäßig einfach anzusprechende Datenbänke sind, das gegenwärtige Waffenungleichgewicht zwischen Regierung und Parlament zurechtgerückt werden können und somit das Zusammen- bzw. Gegeneinanderwirken von Regierung und Parlament in konstruktiver Weise erheblich belebt werden. Ja, auch der Bürger könnte über seine zumeist nur emotionale Teilhabe am politischen Leben hinaus ein rational begründetes Interesse an der Gestaltung unserer politischen Zukunft gewinnen.

Und zum Abschluss noch eine Warnung an alle, die aus den vorangegangenen Ausführungen über die Notwendigkeit und den Nutzwert von Planungsinstrumenten den Schluss ziehen möchten, dass auf solche Weise ein „weiser“ Staat Wirklichkeit werden könnte, in dem Vernunft bei allen Entscheidungen die Oberhand behielte, und dass infolgedessen dann im Vollzuge dieser Entwicklung dem Gemeinwohl durch »immer mehr Staat« am besten gedient werde. Gewiss, es dürfte meines Erachtens Schritt für Schritt möglich sein, auf solche Weise als vernünftig erkannte Inhalte politischer Planungen auch zur mehrheitlichen Anerkennung und damit zur gesellschaftlichen Durchsetzung zu verhelfen. Aber das bedeutet nicht, dass dies durch

»mehr Staat« besser als durch »weniger Staat« geschehen könne. Diese Schlussfolgerung wäre keinesfalls zwingend. Denn die Einführung von mehr Rationalität in die Politik – zum Beispiel aufgrund einer bei politischen Entscheidungen stärkeren Berücksichtigung ihrer langfristigen Folgen und in der Verfolgung langfristig gesetzter Ziele anstelle kurzatmig pragmatischen Reagierens auf jeweils mehr oder weniger unerwartete Ereignisse – solche verstärkte Rationalität im politischen Leben würde von Regierungen nur dann erfolgreich durchgesetzt werden können, wenn die Bürger selbst in ihrer Mehrheit Vernunft stärker honorieren würden als die Erfüllung ihrer unmittelbaren Begehrlichkeiten. Sonst würde nämlich mit Sicherheit die Vernunft im Kampf um die Macht auf der Strecke bleiben.

Ohne Vernunft des Bürgers gibt es auch keine Vernunft der Regierung. Wenn aber sich der Staat auf eine immer mehr von Vernunft geprägte Bevölkerung abstützen kann, dann dürfte immer »weniger Staat« besser für das Gemeinschaftswohl sein als umgekehrt, da ja »mehr Staat« auch immer mehr staatliche Macht bedeutet, und Macht, wie die Geschichte zeigt, korrumpiert. Sicherlich ist auch Kontinuität, die wohl bei zu weitgehender Privatisierung gefährdet wäre, in der Erledigung unserer politischen, wirtschaftlichen und kulturellen Angelegenheiten notwendig; aber dazu bedarf es in vielen Fällen nicht der direkten Tätigkeit des Staates. Zwischen den Extremen radikaler Privatisierung und umfassender Verstaatlichung gibt es einen mittleren Weg, für den wir nachahmenswerte organisatorische Vorbilder zum Beispiel in nicht-gouvernementalen Institutionen besitzen, welche die mit staatlicher finanzieller Hilfe garantierte Kontinuität ihres Bestandes vereinen mit der Möglichkeit, dass die in ihr Tätigen ihre individuell konzipierten Initiativen ohne unnötige staatliche Gängelung entfalten können, dass sie dabei gehalten sind, flexibel, effektiv und sparsam zu wirtschaften, und dass sie langfristigen Zielen dienen können, ohne der Kürze von Wahlperioden sachlich ungerechtfertigten Tribut zahlen zu müssen.

In solchen, vom unmittelbaren Einfluss staatlicher Bürokratie freien Institutionen kann dann noch eine Meritokratie wirksam werden, die Maßstäbe setzt, Maßstäbe, welche sich allein an sachlichen Notwendigkeiten und dementsprechenden Qualitätsansprüchen orientieren, Maßstäbe, die dann auch frei vom tagespolitischen Opportunismus und parteilicher Bevorzugung angewendet werden können. Hier können Maximen befolgt werden, die – würden sie auch im allgemeinen politischen Geschäft beachtet – dafür sorgen würden, dass in der Zukunft die Politik sich mehr auf Realismus und Rationalität gründen würde als in der Vergangenheit.

»The Tragedy of the Commons« würde uns in einem hierdurch geprägten demokratischen Staat erspart bleiben, in dem dann der Satz »Freiheit besteht in der Anerkennung von Notwendigkeiten« lebendige selbstverständliche Wirklichkeit in den Herzen seiner Bürger geworden wäre.

1 vgl. E. Albrecht: Der Staat – Idee und Wirklichkeit, Stuttgart 1976

2 siehe E. Pestel u.a.: Das Deutschlandmodell, Stuttgart, 1978

Anhang

Eduard Pestel – Biografische Angaben

Prof. Dr. Dr. h.c. mult. Eduard Christian Kurt Pestel (* 29. Mai 1914 in Hildesheim; † 19. September 1988 in Hannover) war seit 1953 Professor für Mechanik und ab 1957 Direktor am Institut für Mechanik der Technischen Hochschule Hannover.

1969 gründete er zusammen mit sechs anderen Wissenschaftlern und Wirtschaftsexperten den „Club of Rome", dessen Exekutivkomitee er zeitlebens angehörte. In seiner Zeit als Vorstand des Internationalen Instituts für Politik und Wissenschaft („Haus Rissen") in Hamburg war er einer der Gründer der Deutschen Gesellschaft Club of Rome, dessen Vorsitz er bis zu seinem Tod innehatte.

Aufgaben und Ämter

1966 wurde Eduard Pestel Mitglied im NATO-Wissenschaftsausschuss, 1969 Mitglied im Kuratorium der Stiftung Volkswagenwerk, 1971 Vizepräsident der Deutschen Forschungsgemeinschaft, 1974 Vorsitzender Senator der Fraunhofer-Gesellschaft, seit 1977 Mitglied des Kuratoriums des Stifterverbandes für die deutsche Wissenschaft.

1977 bis 1981 war er Minister für Wissenschaft und Kunst des Landes Niedersachsen. In dieser Funktion begründete er die von Albert Einstein 1924 gegründete und in der NS-Zeit verbotene Deutsche Technion-Gesellschaft, welche die Zusammenarbeit von jüdischen und deutschen Wissenschaftlern fördert, wieder neu. Eduard Pestel war bis zu seinem Tod Präsident dieser Gesellschaft. Der von ihm gestiftete Lehrstuhl für Mechanik in der Fakultät für Maschinenbau der Technischen Universität Haifa (Technion) wurde nach ihm benannt.

1975 gründete Eduard Pestel das Institut für angewandte Systemforschung und Prognose (ISP) Hannover, das nach seinem Tod ihm zu Ehren in Eduard Pestel Institut für Systemforschung umbenannt wurde.

Ehrungen

Neben vielen anderen Ehrungen und Auszeichnungen wurde Eduard Pestel 1982 die Max Born-Medaille für Verantwortung in der Wissenschaft verliehen, 1984 der Fraunhofer-Preis der Fraunhofer-Gesellschaft, posthum erfolgte in Chicago seine Ehrung als einer der „Thinker of the Twentieth Century".

Wichtige Werke

Menschheit am Wendepunkt (zus. m. Mihajlo Mesarovic), Reinbek bei Hamburg 1977

Das Deutschland-Modell. Herausforderungen auf dem Weg ins 21. Jahrhundert. Stuttgart 1978

Unsere Chance heißt Vernunft. Lernen für die Welt von morgen. Braunschweig 1980

Der Weg ins 21. Jahrhundert. Alternative Strategien für die Industriegesellschaft (zus. m. Aurelio Peccei u. Mihajlo Mesarovic), Wien 1987

Jenseits der Grenzen des Wachstums. Bericht an den Club of Rome, Stuttgart 1988

Quellen-Nachweise

Im Folgenden sind die Quellen angegeben, aus denen die einzelnen Kapitel dieses Bandes entnommen wurden:

Carl Hanser Verlag (Hrsg.): Jahresgabe des für die Freunde des Hauses zum Jahreswechsel 1985/86, München 1985 – *Quelle für*

Kultur und Technik (Seite 272-295)

Jay W. Forrester (Hrsg. Eduard Pestel): Der teuflische Regelkreis. Das Globalmodell der Menschheitskrise. Stuttgart1972 – *Quelle für*

Ein Globalmodell der Menschheitskrise (Seite 157-166)

Mihailo Mesarovic, Eduard Pestel: Menschheit am Wendepunkt. 2. Bericht an den Club of Rome zur Weltlage. Stuttgart 1974 – *Quelle für*

Menschheit am Wendepunkt (Seite 15-20)

Zur Natur der Weltkrisen (Seite 21-26)

Vom undifferenzierten zum organischen Wachstum (Seite 93-100)

Die Welt als System (Seite 147-156)

Mehrebenen-Modell des Weltsystems (Seite 167-187)

Kritische Würdigung des Weltmodells (Seite 188-194)

Aurelio Peccei, Eduard Pestel, Mihailo Mesarovic u.a.: Der Weg ins 21. Jahrhundert. Alternative Strategien für die Industriegesellschaft. Berichte an den Club of Rome, München 1983 – *Quelle für*

Konzept für organisches Wachstum (Seite 101-112)

Eduard Pestel u.a.: Das Deutschland-Modell. Herausforderungen auf dem Weg ins 21. Jahrhundert. Stuttgart 1978 – *Quelle für*

Ein Modell für Deutschland (Seite 195-226)

Eduard Pestel: Unsere Chance heißt Vernunft. Lernen für die Welt von morgen. Braunschweig 1980 – *Quelle für*

Fortschritt und Vernunft (Seite 27-40)

Einsichten aus den Grenzen des Wachstums (Seite 74-92)

Ziele und Aufgaben des Club of Rome (Seite 113-126)

Zur Methodik quantitativer Prognosen (Seite 129-146)

Energie im Blick der Gesellschaft. Erwartungen und Möglichkeiten (Seite 229-238)

Zur Frage der Welternährung. Symptome eines globalen Problemsyndroms (Seite 239-256)

Kultur und Zukunft (Seite 259-271)

Ist unsere Demokratie überlebensfähig? Zur Frage der Grenzen von Regierbarkeit (Seite 296-317)

Editorische Hinweise

Die Texte dieses Bandes wurden nach Themen, nicht nach dem Zeitpunkt ihres Entstehens geordnet. Bei der redaktionellen Bearbeitung haben wir uns bemüht, die Authentizität der Texte zu bewahren. An einigen Stellen, besonders bei längeren Abschnitten, wurden der besseren Lesbarkeit halber zusätzliche Absätze eingefügt. Die Schreibweise wurde an die Regeln der Neuen Rechtschreibung angepasst, offensichtliche inhaltliche Fehler wurden korrigiert.

Einige Stellungnahmen zu politischen, wirtschaftlichen und technischen Gegebenheiten erscheinen aus heutiger Sicht überholt, etwa die Bemerkungen des Verfassers zu „den Grünen" oder zur Kernenergie, die noch als weitgehend gefahrlos beurteilt wurde (wobei manche Passagen sicher auch seiner Funktion als Minister einer CDU-Regierung geschuldet sind). Solche Textstellen sollten als Beleg für seinerzeit sicherlich von vielen geteilte Überzeugungen gewertet werden – wir sind sicher, dass der Verfasser vieles heute anders beurteilen würde. Auf der anderen Seite hat er sich jedoch, zum Beispiel wenn Professor Pestel von der Vertrauenskrise der Menschen in Bezug auf Großtechnologien spricht, als erstaunlich weitsichtig erwiesen.

In den Texten, wo sich Inhalte wiederholen, weil der Autor schon früher verwendetes Material nutzt, wurden keine Streichungen vorgenommen, um den jeweiligen Sinnzusammenhang der Texte zu wahren. Kürzungen wurden jedoch dort vorgenommen, wo der Autor (Zahlen-)Material referiert, das sich ausschließlich auf die Zeit der Textentstehung bezieht, wenn es aus heutiger Sicht nicht mehr interessant erscheint und auch nicht zum Verständnis beiträgt. (Diese oft auch umfangreichen Darstellungen hätten darüber hinaus den Rahmen dieses Bandes gesprengt.) Naturgemäß sind auch viele Prognosen aus den 70/80er Jahren, in denen die Texte entstanden, von der Wirklichkeit überholt worden; in solchen Fällen wurde ebenfalls auf die Übernahme dieser Textpassagen verzichtet.

Alle redaktionellen Kürzungen wurden – jeweils mit einer kurzen Beschreibung des Inhalts der gekürzten Passage – an der entsprechenden Textstelle vermerkt; der interessierte Leser wird gebeten, sich darüber anhand der genannten Quellen zu informieren. Kürzere Streichungen wurden durch ... gekennzeichnet, notwendige redaktionelle Erläuterungen finden sich in den durch * gekennzeichnete Fußnoten.